마음

나츠메 소세키

목차

상 선생님과 나

중 양친과 나

하 선생님과 유서

상 선생님과 나

1

나는 그분을 항상 선생님이라고 불렀다. 따라서 여기서도 선생님이라고만 쓰고 본명은 밝히지 않는다. 이것은 남의 눈을 의식했다기보다는 그편이 더 자연스럽기 때문이다. 그의 기억을 떠올리는 것만으로 곧장 '선생님'이라고 부르고 싶어진다. 글로 적어도 그 마음은 같다. 거리감이 느껴지는 이니셜 따위를 쓰고 싶은 마음이 전혀 들지 않는다.

나는 선생님을 가마쿠라鎌倉에서 알게 되었다. 그때 나는 새파랗게 젊은 학생이었다. 여름방학을 이용하여 해수욕을 하러 간 친구에게 꼭 오라는 엽서를 받았기에 다소 돈을 마련하여 가 보기로 했다. 돈을 마련하는 데 이삼일이 소요되었다. 그런데 내가 가마쿠라에 도착하여 삼 일이 채 지나기도 전에 나를 부른 친구는 고향에서 돌아오라는 갑작스러운 연락을 받았다. 그의 어머니가 병에 걸렸다고 운을 떼고 있었지만 친구는 그것을 믿지 않았다. 친구는 전부터 고향에 있는 부모님께 내키지 않는 결혼을 강요받고 있었다. 현대의 관점에서 보면 그는 결혼하기에는 너무 어렸다. 무엇보다 본인이 마음 내켜 하지 않았다. 그래서 여름방학에 당연히 돌아가야 할 곳을 피해 일부러 도쿄 근교에서 놀고 있던 것이다. 그는 내게 전보를 보여주고 어떻게 하는 게 좋겠느냐고 상담을 해왔다. 나는 좋은 생각이 떠오르지 않았다. 하지만 그의 어머니가 병에 걸린 것이 사실이라면 무조건 그는 집으로 돌아가야 할 것이다. 결국 그는 돌아갔고 모처럼 이곳에 온 나는 홀로 남게 되었다.

학기가 시작될 때까지 아직 날이 넉넉하게 남아 있었기에 가마쿠라에 있어도 되고 돌아가도 되는 상황에 처한 나는 당분간 이곳에 머물기로 했다. 친구는 자산가의 아들이라 금전 사정이 나쁘지 않았는데 학교도 학교인 데다 나이도 있어 생활은 나와 별반 차이가 없었다. 따라서 괜찮은 숙소를 다시 찾을 필요가 없었다.

숙소는 가마쿠라에서도 변두리 쪽에 있었다. 당구나 아이스크림 같은 것은 긴 논두렁 길을 하나 건너야만 했고 차로 가면 돈이 많이 들었다. 하지만 개인 별장이 상당히 많았다. 게다가 바다와 상당히 가까워서 해수욕을 하기에는 편리한 입지에 있었다.

나는 매일 바다에 들어가기 위해 외출했다. 낡고 그을은 초가지붕 사이를 지나 돌과 바위가 있는 물가에 내려가면 이 부근에 이다지도 많은 도시 사람이 사는 건가 싶을 정도로 피서를 온 많은 사람들이 모래 위에서 움직이고 있었다. 어느 날은 바다 안이 목욕탕처럼 검은 머리로 가득할 때도 있었다. 그중에 아는 사람 하나 없었지만 북적이는 경치에 둘러싸여 모래 위에 드러눕거나 무릎에 파도를 맞으며 그 근처를 뛰노는 것은 퍽이나 유쾌했다.

사실 선생님을 이런 혼잡함 속에서 발견했던 것이다. 그때 해안에는 휴게실이 두 채 있었다. 나는 우연히 그중 한 집을 자주 이용했다. 하세長谷 부근에 커다란 별장을 보유하고 있는 사람과 다르게 전용 탈의실을 사용할 수 없는 피서객은 이러한 공동 탈의실 같은 것이 필요했다. 그들은 이곳에서 차를 마시고 휴식을 취했으며 그 밖에도 수영복을 빨거나 소금기 가득한 몸을 씻었고 모자나 우산을 맡기기도 했다. 수영복이 없는 나도 가지고 있는 물건을 도둑맞을 염려가 있었기 때문에 바다에 들어갈 때마다 이 휴게실에 전부 벗어두고 갔다.

2

내가 그 휴게실에서 선생님을 봤을 때 선생님은 마침 옷을 벗고 곧장 바다로 들어가려던 참이었다. 반대로 그때 나는 젖은 몸으로 바람을 맞으며 물에서 나왔다. 둘 사이에는 시야를 가리는 몇몇 검은 머리가 움직이고 있었다. 특별한 사정이 없었다면 나는 그때 선생님을 보지 못했을지도 모른다. 그 정도로 해변이 혼잡했고 내 머리가 포화 상태였음에도 불구하고 금세 선생님을 발견할 수 있던 것은 선생님이 한 서양인과 동행하고 있었기 때문이었다.

서양인 특유의 하얗고 눈에 띄는 피부색이 휴게실에 들어서자마자 곧장 내 시선을 끌었다. 순수 일본 유카타[1]를 입고 있던 그는 그것을 의자 위에 아무렇지도 않게 벗어던지고 나서 팔짱을 낀 채 바다를 향해 서 있었다. 그는 우리들이 입는

---

1) 일본 의상의 일종으로 과거에는 가볍게 입는 평상복에 해당.

팬티 한 장 이외에 아무것도 몸에 걸치지 않았다. 나는 그것이 가장 신기했다. 그로부터 이틀 전에 나는 유이가하마由井が浜에 가서 모래 위에 주저앉아 서양인이 입수하는 모습을 오랜 시간 바라보고 있었다. 내가 앉은 곳은 조금 높다란 언덕 위였고 그곳 바로 옆이 호텔 뒷문이었기에 가만히 앉아 있는 동안 상당히 많은 남자들이 해수욕을 하러 왔지만 누구 하나 몸통과 팔, 허벅지를 내놓고 있지는 않았다. 더욱이 여자는 몸을 감추기 바빴다. 대부분 머리에는 수영모를 썼고 적갈색과 감색, 남색을 바다 위에 점점이 띄우고 있었다. 그런 모습을 목격한 지 얼마 되지 않은 내 눈에는 팬티 한 장으로 많은 사람 앞에 당당히 서 있는 이 서양인이 꽤나 신기했다.

이윽고 그는 자기 옆을 돌아보더니 그곳에 쪼그리고 앉아 있는 일본인에게 한두 마디를 건넸다. 그 일본인은 모래 위에 떨어진 수건을 주워 올리고 있었는데 그것을 집어 들자마자 곧장 머리에 두르고 바다를 향해 걸어갔다. 그 사람이 바로 선생님이었다.

나는 단순한 호기심으로 나란히 해변으로 내려가는 두

사람의 뒷모습을 지켜보았다. 그들은 곧장 파도 속에 발을 집어넣었다. 그러고는 얕은 물가에서 물놀이를 하는 많은 사람 틈을 뚫고 지나가더니 비교적 널찍한 곳에 가서 둘 다 헤엄치기 시작했다. 그들의 머리가 작아질 때까지 먼바다를 향해 나아갔고 그 후 다시 해변을 향하여 일직선으로 돌아왔다. 그러고 나서 휴게실에 돌아가더니 물도 끼얹지 않고 곧장 몸을 닦고서 옷을 입고 그 자리를 뒤로 했다. 그들이 바다에서 나온 후 나는 평소처럼 의자에 앉아 담배를 피웠고 물끄러미 선생님에 대해 생각했다. 아무래도 어디선가 본 적이 있는 얼굴 같았다. 하지만 아무리 생각해 봐도 언제 어디서 만났던 사람인지 떠올릴 수가 없었다.

그때 나는 걱정이 없다기보다는 무료함 때문에 괴로웠다. 그래서 다음 날에도 선생님을 만났던 시각을 노려 일부러 휴게실에 가 보았다. 그랬더니 서양인은 오지 않고 선생님 혼자 밀짚모자를 쓰고 와 있었다. 선생님은 안경을 벗어 선반 위에 올려두고 곧바로 수건으로 머리를 싸매더니 바닷가로 내려갔다. 선생님이 어제처럼 시끌벅적한 인파를 뚫고 혼자서 수영을 할 때 나는 갑자기 선생님의 뒤를 쫓고 싶어졌고, 얕은 물을 머리 위까지 튀기며 상당히 깊은 곳까지 걸어간 후 선생님을 표식으로 삼아 헤엄쳤다. 그러자 선생님은 어제와 다르게 호선을 그리며 미묘한 방향에서 뭍으로 돌아가기 시작했다. 결국 목적은 달성할 수 없었다. 내가 육지에 올라가 물이 흐르는 손을 털면서 휴게실에 들어가자 선생님은 이미 옷을 다 입고서 나와 엇갈려서 밖으로 나갔다.

3

나는 다음 날도 같은 시각 바닷가에 가서 선생님의 얼굴을 보았다. 그다음 날에도 또다시 같은 일을 반복했다. 하지만 두 사람 사이에 말을 걸 기회나 인사를 건넬 상황은 찾아오지 않았다. 게다가 선생님의 태도는 너무도 비사교적이었다. 일정한 시각에 갑작스럽게 나타나서는 번개처럼 돌아갔다. 주변이 아무리 떠들썩해도 그런 것에는 전혀 주의를 기울이는 기색이 없었다. 처음에 같이 왔던 서양인은 그 후 전혀 모습을 볼 수 없었고 선생님은 언제나 혼자였다.

어느 날 선생님이 여느 때처럼 바다에서 곧바로 나와

평소처럼 같은 장소에 벗어둔 유카타를 입으려고 했는데 어찌 된 일인지 옷에 모래가 잔뜩 묻어 있었고, 선생님은 모래를 떼어내기 위하여 뒤로 돌아 옷을 두세 번 털었다. 그러다가 유카타 밑에 두었던 안경이 선반 틈으로 떨어졌다. 선생님은 옷을 입고 나서 안경이 없어진 사실을 깨달은 것처럼 갑자기 그 근처를 찾기 시작했다. 나는 곧장 의자 밑으로 머리와 손을 넣어 안경을 주웠다. 선생님은 고맙다고 말하며 내 손에 있던 그것을 받아들었다.

다음 날 나는 선생님의 뒤를 따라 바다로 뛰어들었다. 그러고 나서 선생님과 같은 방향으로 헤엄쳐 갔다. 약 이백 미터 정도 먼 바다로 나가자 선생님은 뒤를 돌아보고는 내게 말을 걸었다. 근처 망망대해에 떠 있는 것은 우리 두 사람 이외에는 없었다. 강한 태양 광선이 시야에 포착되는 물과 산을 비추고 있었다. 나는 자유와 환희로 충만한 근육을 움직이며 바닷속에서 미친 듯이 춤추었다. 선생님 역시 갑작스레 손발의 운동을 멈추고 위를 바라보며 파도 위에 누웠다. 나도 똑같이 따라 했다. 푸르른 하늘색이 반짝거리며 눈을 찌르는 듯한 통렬한 빛깔을 내 얼굴에 던졌다. "기분 좋네요."라고 나는 커다란 목소리를 냈다.

얼마 후 바닷속에서 일어나려는 듯이 자세를 바꾼 선생님은 "이제 그만 돌아갈까요?"라고 말하며 재촉했다. 비교적 튼튼한 몸을 가진 나는 좀 더 바닷속에서 놀고 싶었다. 하지만 선생님이 제안했을 때 곧바로 "네, 돌아가죠." 하고 흔쾌히 대답했다. 그렇게 둘이서 해변으로 되돌아왔다.

그 후로 나는 선생님과 친하게 지냈다. 하지만 여전히 선생님이 어디에 있는지는 몰랐다.

그러던 사이 이틀 텀을 두고 사흘째가 되던 오후였다고 기억한다. 선생님과 휴게실에서 조우했을 때 갑자기 내게, "당신은 오랫동안 이곳에 있을 생각입니까?"라고 물었다. 생각 없는 나는 이런 질문에 대답할 수 있을 정도로 머릿속에 준비해둔 게 없었다. 그래서 "어떡할지 잘 모르겠습니다." 하고 대답했다. 하지만 싱글벙글 웃고 있는 선생님의 얼굴을 봤을 때 나는 갑자기 겸연쩍어졌다. "선생님은요?" 하고 되묻지 않을 수 없었다. 이것이 내 입에서 나온 '선생님'이라는 말의 시초였다.

　나는 그날 밤 선생님의 숙소를 방문했다. 숙소라고 해도 보통 여관과 다르게 넓은 사찰의 경내에 있는 별장 같은 건물이었다. 그곳에 사는 사람이 선생님의 가족이 아니라는 것도 알았다. 내가 선생님이라고 불렀더니 그는 씁쓸하게 웃었다. 나는 그것이 연장자에 대한 내 말버릇이라고 변명했다. 나는 먼젓번 서양인에 관해 물어보았다. 선생님은 그의 별난 부분이나 더 이상 가마쿠라에 없다는 것 등 여러 가지 이야기를 한 후, 같은 일본인하고도 그다지 교류를 하지 않는데 그런 외국인과 가까워진 것은 신기한 일이라고도 했다. 나는 마지막으로 선생님께 어디선가 선생님을 본 것 같은데 도통 기억이 나지 않는다고 말했다. 나이 어린 나는 그때 은근히 상대방도 나와 같은 느낌일 것으로 지레짐작했고 마음속으로 선생님의 대답을 예상하였다. 하지만 선생님은 잠시 생각에 잠기더니, "아무래도 당신 얼굴은 기억에 없군요. 사람을 잘못 본 건 아닙니까?"라고 하여 나는 이상하게도 일종의 실망감을 느꼈다.

4

나는 그달 말에 도쿄에 돌아갔다. 선생님이 피서지에서 돌아간 것은 그것보다 훨씬 빨랐다. 선생님과 헤어질 때, "앞으로 가끔 댁에 방문해도 되겠습니까?" 하고 물었다. 선생님은 그저 간단하게, "네, 오세요."라고 대답했다. 당시 나는 선생님과 상당히 친해졌다고 생각했었기에 좀 더 자상한 대답을 기대하고 있었다. 그래서 어딘지 애매한 이 대답이 내 자신감에 작은 타격을 입혔다.

나는 이런 일들로 자주 낙심했다. 선생님은 그것을 눈치채고 있는 것 같기도 했고 전혀 모르고 있는 것 같기도 했다. 나는 가벼운 낙심을 반복하면서도 그 때문에 선생님과 거리를 두어야겠다는 생각이 들지는 않았다. 오히려 그와는 반대로 불안으로 흔들릴 때마다 좀 더 앞으로 나아가고 싶어졌다. 좀 더 앞으로 나아가면 기대하던 것이 언젠가 만족스럽게 내 눈앞에 나타날 것이라고 생각했다. 나는 젊었다. 하지만 모든 인간에 대해 순순히 젊은 피가 움직일 거라는 생각이 들지는 않았다. 나는 어째서 선생님에 대해서만 이런 마음이 드는지 알 수 없었다. 그것을 선생님이 죽고 난 오늘에서야 겨우 알 것만 같다. 선생님은 애초에 나를 싫어했던 것이 아니었다. 선생님이 이따금 내게 표한 무뚝뚝한 인사나 냉담해 보이는 동작은 나를 멀리하겠다는 불쾌감을 표출한 것이 아니었다. 애처로운 선생님은 자신에게 다가오려는 인간에게 자신은 다가올 정도의 가치가 없으니 그만두라는 경고를 전했던 것이다. 타인의 마음에 응하지 않는 선생님은 타인을 경멸하기 전에 본인부터 경멸하고 있던 것으로 보인다.

물론 나는 선생님을 찾아갈 생각으로 도쿄에 돌아왔다. 돌아와서 수업이 시작될 때까지 아직 이 주일이나 남았기에 그사이에 한번 가 보려고 했다. 하지만 집에 돌아와서 이삼일 정도 지나는 사이에 가마쿠라에 있던 때의 기분이 점차 흐려졌다. 게다가 화려한 대도시의 공기가 기억의 부활에 따른 강한 자극과 함께 내 마음을 짙게 물들였다. 나는 길에서 학생들의 얼굴을 마주할 때마다 새로운 학년에 대한 희망과 긴장을 동시에 느꼈다. 나는 잠시 선생님에 대해서 잊었다.

수업이 시작된 후 한 달쯤 지나고 나니 내 마음에 또다시 어떤 느슨함이 생겨났다. 나는 뭔가 부족하다는 얼굴로 길을 걷기 시작했다. 무언가를 원하는 것처럼 자신의 방안을 둘러보았다. 내 머리에는 다시 선생님의 얼굴이 떠올랐고 또다시 선생님을 만나고 싶어졌다.

처음 선생님 댁을 방문했을 때 그는 집에 없었다. 두 번째 갔던 것은 그다음 일요일이었다고 기억한다. 화창한 하늘이 몸에 스며드는 것처럼 느껴지는 화창한 날씨였다. 그날도 선생님은 없었다. 가마쿠라에 있을 때 나는 선생님 본인에게서 대부분 집에 있다는 말을 들었다. 외출을 싫어한다는 말도 들었다. 두 번 가서 두 번 다 만나지 못한 나는 그 말을 떠올리며 이유도 없이 불만을 느꼈다. 나는 곧바로 현관 앞을 뜨지 않았다. 가정부의 얼굴을 보고 조금 망설이면서 그곳에 서 있었다. 이전에 이름을 전해달라고 했던 기억이 있는 가정부는 나를 기다리게 하고는 다시 집으로 들어갔다. 그러자 부인으로 보이는 사람이 대신 나왔다. 아름다운 여성이었다.

그 사람은 정중하게 선생님의 행선지를 알려주었다. 선생님은 매월 그날이 되면 조시가야雜司ヶ谷 묘지에 성묘하러 간다는 것

같았다. "방금 막 나갔는데, 나간 지 십 분이 될까 말까 해요."라고 부인은 안타깝다는 듯이 말했다. 가볍게 인사를 하고 밖으로 나왔다. 활기찬 거리 쪽으로 한 블록쯤 걸어가니 나도 산책 겸 조시가야에 가 볼까 싶어졌다. 선생님을 만날 수 있을지에 대한 호기심이 일었다. 그래서 곧장 발걸음을 옮겼다.

5

나는 묘지 바로 앞에 있는 모종 밭 왼편으로 들어갔고 양쪽에 단풍나무를 심어둔 넓은 길로 들어섰다. 그러자 구석에 보이는 찻집 안에서 선생님으로 보이는 사람이 홀연히 나왔다. 나는 그 사람의 안경테가 햇빛에 빛날 만큼 가까이 다가갔다. 그리고 불쑥, "선생님." 하고 커다란 소리로 말을 걸었다. 선생님은 갑자기 멈춰 서서 내 얼굴을 보았다.

"어떻게…… 어떻게……"

선생님은 같은 말을 두 번 반복했다. 그 말은 고요한 대낮에 기묘한 박자로 반복되었다. 나는 갑자기 아무런 반응도 할 수 없었다.

"내 뒤를 밟은 겁니까? 어떻게……"

선생님의 태도는 침착했고 목소리는 도리어 차분했다. 하지만 표정에는 정확하게 집어낼 수 없는 우울함이 있었다.

나는 내가 이곳에 올 수 있었던 연유를 선생님께 설명했다.

"누구 묘에 성묘하러 갔는지, 아내가 그 사람의 이름을 말했습니까?"

"아니요, 아무 언급도 없었습니다."

"그랬습니까. 그래, 그건 말할 리가 없군요, 처음 본 당신에게. 말할 필요가 없으니까."

선생님은 겨우 납득한 것 같았다. 그러나 나는 그 의미를 전혀 이해할 수 없었다.

선생님과 나는 길가로 나가기 위해 묘지 사이를 지나갔다. 이사벨라 누구누구의 묘지니 신의 종 로긴의 묘지라고 하는 곳 옆에는, 일체중생실유불성一切衆生悉有仏生이라고 적힌 솔도파2) 같은 것이 세워져 있었다. 전권공사全權公使 누구누구라는 것도 있었다. 나는 安得烈라고 새겨진 작은 묘지 앞에서, "이건 뭐라고 읽습니까?"라고 물었다. "앙드레라고 읽지 않나 싶군요."라고

---

2) 사리를 안치한 불교 건축

말하며 선생님이 쓴웃음을 지었다.

선생님은 이런 묘비가 나타내는 천차만별의 양식에 대해서 나처럼 해학이나 아이러니로 보지 않는 것 같았다. 내가 둥글거나 가늘고 긴 화강암 비석 따위를 가리키며 끊임없이 이것저것 떠들고 싶어 하는 것을 처음에는 묵묵히 듣고 있었으나 마지막엔 "당신은 죽음이라는 사실을 아직 진지하게 생각해 본 적이 없군요."라고 말했다. 나는 침묵했다. 선생님도 그 후 아무 말도 하지 않았다.

묘지의 끝에 커다란 은행나무 한 그루가 하늘을 가리듯이 서 있었다. 그 아래로 갔을 때 선생님은 높은 우듬지를 올려다보며, "조금 더 지나면 예쁘게 변하죠. 나무 전체가 노랗게 물들고 이 근처 지면은 노란색 낙엽에 파묻히게 됩니다."라고 말했다. 선생님은 한 달에 한 번은 반드시 이 나무 아래를 지나갔던 것이다.

맞은편에서 울퉁불퉁한 지면을 고르게 다듬으며 새로운 묘지를 만들고 있던 남자가 괭이를 쥐고 있던 손을 놓고 우리를 보고 있었다. 우리는 거기서 왼쪽으로 꺾어 곧장 길로 나왔다.

딱히 갈 곳이 없었던 나는 그저 선생님이 걷는 쪽으로 발걸음을 옮겼다. 선생님은 평소보다 말수가 줄어있었지만 그다지 지루하지 않았기에 천천히 함께 걸었다.

"곧장 댁으로 가십니까?"

"네, 들를 곳도 없고 말이죠."

우리는 묵묵히 남쪽을 향하며 언덕을 내려갔다.

"선생님 댁의 묘지는 저곳에 있는 겁니까?"라고 내가 다시 말을 걸었다.

"아니요."

"어느 분의 묘지입니까? 친척의 묘지입니까?"

"아니요."

선생님은 그 외에 아무 말도 하지 않았다. 나도 그 이야기는 거기서 접어두었다. 그렇게 한 블록 정도 걸어간 후 선생님이 갑자기 그 이야기로 돌아왔다.

"저기엔 제 친구의 무덤이 있습니다."

"친구 무덤에 매달 성묘하러 가시는 겁니까?"

"그래요."

선생님은 그날 이것 외에는 아무 말도 하지 않았다.

6

나는 그 후로 가끔 선생님을 찾아뵙게 되었다. 갈 때마다 선생님은 자택에 있었다. 선생님을 만나는 횟수가 늘어감에 따라 나는 더욱 빈번하게 선생님 댁 현관을 드나들었다.

하지만 나에 대한 선생님의 태도는 처음 인사를 했던 때도, 친해지고 난 이후에도 그다지 변하지 않았다. 선생님은 항상 조용했다. 어떤 날은 너무도 조용해서 쓸쓸할 정도였다. 나는 처음부터 선생님께는 다가가기 힘든 신비로운 부분이 있다고 생각했었다. 그러면서도 어떻게든 다가가지 않을 수 없다는 기분이, 어쩐지 강하게 일었다. 어쩌면 선생님께 이런 느낌을 받은 사람은 하고많은 사람 중에 나뿐일지도 모르겠다. 하지만 이후에 이 직감이 사실에 근거를 둔 증거로 명백하게 드러나기 때문에, 나는 어리다는 말을 듣고 바보 같다고 비웃음을 당해도 그것을 예측한 자신의 직감에 대해, 어찌 되었든 믿음직스럽고 기쁘다고 생각한다. 인간을 사랑할 수 있는 사람, 사랑하지 않고는 견디지 못하는 사람, 그러면서도 자신의 품속으로 들어오려는 것을 팔을 벌려 안아주지 못하는 사람, 그것이 선생님이었다.

방금 말한 대로 선생님은 항상 조용했고 차분했다. 하지만 가끔 이상한 우울함이 그 얼굴을 가로지르는 것이었다. 창문에 검은 새의 음영이 비치는 것처럼. 비친다고 생각하면 금세 사라지긴 했지만. 내가 처음 그 우울함을 선생님의 미간에서 발견한 것은 조시가야의 묘지에서 갑작스레 선생님을 불렀을 때였다. 그 기묘한 찰나에 지금까지 경쾌하게 흐르고 있던 심장의 조류는 조금 둔해졌다. 하지만 그것은 단순히 한순간의 결체結滯에 불과했다. 내 마음은 오 분도 채 지나지 않아 평소의 탄력을 회복했다. 나는 그 후로 어두컴컴한 이 우울한 그림자를 망각했다. 우연히 그것을 다시 떠올리게 된 것은 음력 시월이 끝나가기 일보 직전인 어느 날 밤의 일이었다.

선생님과 이야기를 나누던 나는 문득 선생님이 특별히 언급한 커다란 은행나무를 눈앞에 떠올렸다. 계산해 보니 선생님이 매월 관례처럼 성묘하러 가는 날이 앞으로 딱 사흘

남았다. 사흘이 되는 그날은 학교가 오후에 끝나는 편한 날이었다. 나는 선생님께 이렇게 말했다.

"선생님, 조시가야의 은행나무는 이미 다 졌습니까?"

"아직 완전히 다 지지는 않았겠죠."

선생님은 그렇게 대답하며 내 얼굴을 지켜보았다. 그러고는 잠시 시선을 떼지 않았다. 나는 이어서 말했다.

"며칠 후 성묘에 가실 때 동행을 해도 될까요? 저는 선생님과 함께 그 근처를 산책하고 싶습니다."

"전 성묘하러 가는 거지 산책하러 가는 것이 아닙니다."

"하지만 겸사겸사 산책을 하시면 좋지 않습니까?"

선생님은 아무 말도 하지 않았다. 얼마 후, "제가 하는 건 정말 성묘뿐이니까요."라고 하며, 어떻게 해서든 성묘와 산책을 구분 지으려는 것처럼 보였다. 나와 함께 가고 싶지 않은 구실인지 뭔지, 그런 선생님이 어린애 같아서 위화감을 느꼈다. 나는 좀 더 앞으로 나아갈 생각이 들었다.

"그러면 성묘라도 좋으니까 동행하게 해주세요. 저도 성묘를 할 테니까요."

실제로 내게 성묘와 산책의 구별이란 거의 무의미한 것으로 여겨졌다. 그러자 선생님의 안색이 조금 어두워졌다. 눈에서도 기묘한 빛이 났다. 그것은 민폐나 혐오, 두려움이라고도 치부할 수 없는 미미한 불안 같은 것이었다. 조시가야에서 별안간 "선생님."이라고 불렀던 때의 기억이 강렬하게 떠올랐다. 두 가지 표정은 꼭 같았던 것이다.

"저는." 하고 선생님이 입을 뗐다. "저는 당신에게 말할 수 없는 모종의 이유로 성묘하러 갈 때 동행을 두지 않습니다. 제 아내조차 아직 데려간 적이 없습니다."

7

나는 의문이 들었지만 선생님을 연구할 생각으로 그 집에 드나들었던 것은 아니었다. 그저 있는 그대로의 시간을 보냈다. 지금 돌아보면 당시 나의 태도는 내 생활에서 소중히 여겨야 할 요소였다. 그 덕분에 선생님과 인간다운 따뜻한 교류를 할 수 있었다고 생각한다. 만일 내 호기심이 항상 선생님을 향해 있어서 연구적으로 움직였다면 두 사람 사이를 잇는 동정同情3)의

---

3) 인간 전반이 지닌 공통된 정서나 감정

실은 가차 없이 끊어져 버렸으리라. 어렸던 나는 자신의 태도를 전혀 자각하지 못했다. 그렇기에 소중한 것일지도 모르지만 자칫 잘못해서 그와 반대로 치달았다면 두 사람의 관계에 어떤 결과를 낳았을까. 상상만으로도 오싹해진다. 그렇지 않아도 선생님은 차가운 시선을 보내며 연구 대상이 되는 것을 끊임없이 두려워하고 있었던 것이다.

나는 매달 두어 번은 반드시 선생님 집에 가게 되었다. 점차 내 발길이 빈번해지던 어느 날 선생님은 갑자기 나를 향해 물었다.

"당신은 어째서 이렇게 자주 저 같은 사람의 집에 오는 겁니까?"

"이유를 물으셔도 특별한 의미는 없습니다. 하지만 귀찮으셨습니까?"

"귀찮다고 하지는 않았습니다."

실제로 성가시게 생각하는 모습은 선생님의 어디에서도 찾아볼 수 없었다. 나는 선생님의 인간관계가 상당히 좁다는 것을 알고 있었다. 당시 도쿄에 있던 선생님의 동급생은 거의 두어 명밖에 없다는 것도 알았다. 선생님과 동향 친구들과는 우연히 동석하는 때도 있었으나 그들 중 어느 누구도 나만큼 선생님께 친밀함을 가지지 않은 인상을 받았다.

"저는 쓸쓸한 인간입니다." 하고 선생님이 말했다. "그러니까 당신이 오는 것이 기쁜데 그래서 그 이유가 궁금합니다."

"그거야 또 왜 그런 겁니까?"

내가 이렇게 되물었을 때 선생님은 아무 말도 하지 않았다. 그저 내 얼굴을 보며, "당신은 몇 살입니까?"라고 말했다.

이 문답은 내게 있어서 대답하기 힘든 것이었는데 나는 그때 끝까지 마음을 억누르지 못하고 돌아가 버렸다. 게다가 그로부터 나흘도 채 지나지 않아 재차 선생님 댁을 방문했다. 선생님은 응접실로 나오자마자 웃기 시작했다.

"또 왔군요."라고 했다.

"네, 왔습니다."라고 말하며 나도 웃었다.

나는 다른 사람에게 그런 말을 들었다면 분명 부아가 치밀었을 것 같다. 하지만 선생님께 이런 말을 들었을 때는 그 반대였다. 부아가 치밀기는커녕 유쾌하기까지 했다.

"저는 쓸쓸한 인간입니다."라고 선생님은 그날 밤 예전에 했던 말을 또다시 반복했다. "전 쓸쓸한 인간이지만, 혹여 당신도 쓸쓸한 인간은 아닙니까? 저는 쓸쓸해도 나이를 먹어 움직이지 않을 수 있지만 젊은 당신은 그렇겐 안 되겠죠. 움직일 수 있는 만큼 마음껏 움직이고 싶을 겁니다. 움직이며 어딘가 부딪치고 싶겠지요……"

"저는 조금도 쓸쓸하지 않습니다."

"젊을 때만큼 쓸쓸한 것도 없지요. 그렇다면 어째서 당신은 이렇게 자주 제집을 드나드는 겁니까?"

여기도 이전에 했던 말이 또다시 반복되었다.

"아마 당신은 저를 만나도 여전히 어딘가 공허하겠죠. 제게는 당신을 위해 그 감정을 뿌리부터 뽑아 내줄 수 있을 만큼의 힘이 없으니까. 당신은 언젠가 다른 방면으로 팔을 뻗어야만 할 겁니다. 곧 우리 집으로 발걸음을 하지 않겠죠."

선생님은 그렇게 말하며 쓸쓸하게 웃음 지었다.

다행스럽게도 선생님의 예언은 끝끝내 실현되지 않았다. 경험 없던 당시의 나는 이 예언 속에 숨어 있는 의미조차 명확하게 이해하지 못했고 변함없이 선생님을 만나러 갔다. 그러던 중 어느새 선생님 댁 식탁에서 밥을 먹게 되었다. 자연스럽게 부인과도 이야기를 나누게 되었다.

보통 사람들처럼 나는 여자에 대해 냉담하지 않았다. 하지만 나이 어린 내가 이제껏 경험해 온 것에 의하면 나는 여성과 교제다운 교제를 가져본 적이 거의 없었다. 그것이 원인인지 아닌지는 의문이지만 나의 흥미는 대부분 오가며 만나는, 잘 알지도 못하는 여성에게 작용할 뿐이었다. 선생님의 부인에게는 이전에 현관에서 만났을 때 아름답다는 인상을 받았다. 그리고 만날 때마다 같은 인상을 받고는 했다. 하지만 그 외에 부인에 대해 특별히 이렇다 할 말이 아무것도 없었다.

부인에게 특색이 없다기보다는 특색을 드러낼 기회가 오지 않았다고 해석하는 편이 적절할지도 모르겠다. 하지만 나는 언제나 선생님께 속해 있는 일부분이라는 마음으로 부인을 대했다. 부인도 자신의 남편을 찾아오는 학생이라고 하는 호의로 나를 대하고 있는 것 같았다. 따라서 중간에 있는 선생님을 제외하면, 다시 말해 두 사람은 아무 관계도 아니었다. 그래서 처음 알게 되었을 때 부인에 대해서는 그저 아름답다는 것 이외에 그 어떤 느낌도 남아 있지 않았다.

어느 날 나는 선생님 댁에서 술을 대접받았다. 그때 부인이 곁에 와서 술을 따라주었다. 선생님은 평소와 달리 쾌활해 보였다. 부인에게, "당신도 한잔해."라며 자신이 다 마셔버린 술잔을 건넸다. 부인은, "저는……"이라며 거절하려고 하다가 하는 수 없다는 듯이 술잔을 받아들었다. 부인은 예쁜 눈썹을 찡그리며 내가 반쯤 따른 술잔을 입술 끝으로 가져갔다. 부인과 선생님 사이에서 다음과 같은 대화가 시작되었다.

"별일이군요. 제게 마시라고 말씀하는 일은 거의 없잖아요."

"당신은 싫어하니까 말이야. 하지만 가끔은 마셔도 나쁘지 않아. 기분 좋아질 거야."

"전혀 안 그래요. 괴로워지기만 하고. 하지만 당신은 유쾌해 보이네, 술이 조금 들어갔더니."

"때에 따라서 기분이 고양되기도 하지. 그렇다고 항상 그런 건 아니야."

"오늘 밤은 어떠신가요?"

"오늘 밤은 기분이 좋아."

"앞으로 매일 밤 조금씩 드시면 되겠네요."

"그건 안 되지."

"드세요. 그편이 적적하지 않아서 좋을 테니까."

선생님 집엔 부부와 가정부밖에 없었다. 갈 때마다 대부분은 적막이 깔려 있었다. 커다란 웃음소리가 들렸던 적이 전혀 없었다. 어느 때는 자택에 있는 것이 선생님과 나뿐인 것 같은 착각이 들 정도였다.

"아이라도 있으면 좋을 텐데 말이죠." 하고 부인은 나를 향해 말했다. 나는 "그러게요."라고 대답했지만 전혀 공감하지 않았다. 아이를 가져본 적 없던 당시의 나는 아이를 그저 시끄러운 무언가로 생각하고 있었다.

"하나 데려올까?"라고 선생님이 말했다.

"입양한 아이가 아니라요, 그렇잖아요?"라고 부인은 또다시 내 쪽을 보았다.

"영원히 아이는 생길 것 같지 않아." 하고 선생님이 말했다.

부인은 대답하지 않았다. "왜죠?"라고 내가 대신 물었을 때 선생님은 "천벌이니까." 하고 말하며 크게 웃었다.

9

내가 아는 한 선생님과 부인은 잉꼬부부였다. 가족의 일원으로서 살아본 적이 없었기에 자세한 정황은 물론 몰랐지만 나와 응접실에서 마주 보고 앉아 있을 때 무슨 일이 있으면 선생님은 가정부를 부르지 않고 부인을 부르시곤 했다. 부인의 성함은 시즈라고 했다. 선생님은 "이봐, 시즈." 하며 언제나 맹장지 쪽을 돌아보았고 그 목소리가 매우 부드럽게 들렸다. 대답하며 나오는 부인의 모습도 굉장히 자연스러웠다. 때때로 진수성찬을 대접받고 나서 부인이 자리에 나타날 때는 이 관계가 더욱 명확하게 두 사람 사이에 그려지는 것 같았다.

선생님은 가끔 부인을 데리고 음악회나 극장 같은 곳에 갔다. 또한 부인을 대동하고 일주일 이내로 여행을 했던 적도, 내 기억에 의하면 두어 번 이상이나 있었다. 나는 하코네箱根 여행 때 받은 그림엽서를 지금도 갖고 있다. 닛코日光에 갔을 때는 단풍잎을 한 장 넣은 편지도 받았다.

　당시 내 눈에 비친 선생님과 부인의 관계는 일단 이런 것이었다. 그중 딱 한 번 예외가 있었다. 어느 날 평소처럼 선생님 집 현관에서 안내를 받으려고 했더니 응접실 쪽에서 사람 말소리가 났다. 잘 들어보니 그건 평범한 담소가 아니라 말다툼인 것 같았다. 선생님 댁은 현관 다음이 바로 응접실이었기 때문에 격자 앞에 서 있던 나는 말다툼을 하는 그 상황을 명확히 파악할 수 있었다. 그리고 그중 한 명이 선생님이라는 것도, 때때로 격앙되는 남자의 목소리를 듣고 알게 되었다. 대화 상대는 선생님보다 작은 목소리라서 누군지 불분명했지만 아무래도 부인인 것 같았다. 울고 있는 것 같기도 했다. 나는 무슨 일이 있었던 건가 싶어 현관 앞에서 안절부절못했지만 금세 판단을 내린 후 그대로 하숙집으로 돌아갔다.

　묘한 불안이 나를 덮쳤고 책을 읽어도 이해할 능력을 잃어버리고 말았다. 한 시간쯤 지나니 선생님이 창문 아래에 와서 내 이름을 불렀다. 나는 깜짝 놀라서 창문을 열었다.

선생님은 산책하자고 하며 나를 불렀다. 아까 허리춤에 두었던 시계를 꺼내 보니 이미 여덟 시가 넘은 시간이었다. 나는 돌아와서도 여전히 외출복 차림이었고 그대로 곧장 밖으로 나갔다.

그날 밤 선생님과 함께 맥주를 마셨다. 선생님은 본래 주량이 빈곤한 사람이었다. 어느 정도 마셔보고 그걸로 취하지 않으면 취할 때까지 마셔본다고 하는 모험이 불가능했다.

"오늘은 안 되겠군요."라고 하며 선생님은 쓴웃음을 지었다.

"기분이 좋아지질 않으십니까?"라고 나는 안타깝게 물었다.

나는 온종일 조금 전 일이 마음에 걸렸다. 생선 가시가 목에 걸린 것처럼 괴로웠다. 알고 있다는 사실을 밝히려고 하기도 하고 그러지 않는 편이 낫겠다고 다시 생각해보기도 하는 동요가 나를 안절부절못하게 했다.

"자네, 오늘 밤은 웬지 이상하군요."라고 선생님이 먼저 말했다. "실은 저도 조금 이상합니다. 아시겠습니까?"

나는 대답할 수 없었다.

"사실은 좀 전에 아내와 조금 다퉈서요. 그래서 쓸데없이 흥분하고 말았습니다."라고 선생님이 또 말했다.

"어쩌다가……"

싸움이라고 하는 말이 입에서 나오지 않았다.

"아내가 절 오해하는 겁니다. 오해라고 말해도 이해해주지 않으니 저도 모르게 짜증이 났습니다."

"어떻게 선생님을 오해하는 겁니까?"

선생님은 내 질문에는 대답하려고 하지 않았다.

"아내가 이해해줄 것 같은 사람이라면 나도 이렇게 괴로워하지는 않지."

선생님이 얼마나 괴로워하고 있는지에 대한 것도 내게는 상상할 수 없는 문제였다.

10

걸어서 돌아가는 사이에 침묵이 이어졌다. 그 후 갑자기 선생님이 말을 걸었다.

"미안한 일을 했군. 화를 내고 나왔으니 아내가 상당히 걱정하고 있을 테지. 생각해보니 여자는 가엾군요. 제 아내 같은 경우 저 이외에는 의지할 게 전혀 없으니까요."

선생님의 말씀은 거기서 조금 끊어졌지만 딱히 내 대답을 기대하는 모습도 아니었고 곧장 다음으로 이어졌다.

"그렇게 따지면 남편 쪽은 마음 편한 것 같아 조금 우습지만. 전 자네 눈에 어떻게 보입니까? 강한 인간으로 보입니까, 약한 인간으로 보입니까?"

"중간 정도로 보입니다." 하고 나는 대답했다. 이 대답은 예상 밖이었던 모양이었는지 선생님은 또다시 말없이 묵묵히 걷기 시작했다.

선생님 댁에 가려면 내 하숙집 근처를 지나가야 했다. 갈림길에 도착하여 헤어지는 것이 미안했다. "내친김에 댁까지 동행할까요?"라고 말했다. 선생님은 갑자기 손으로 나를 가로막았다.

"많이 늦었으니까 어서 들어가게나. 나도 어서 돌아갈 테니, 아내를 위해서."

선생님이 마지막에 덧붙인 '아내를 위해서'라는 말은 당시 묘하게 내 마음을 따뜻하게 만들었다. 그 말 덕분에 돌아가서 안심하고 잘 수 있었다. 나는 그 후에도 오랫동안 이 '아내를 위해서'라는 말을 잊을 수 없었다.

　선생님과 부인 사이에 일어난 파란은 별일이 아니었다는 것을 이래 봬도 잘 알고 있었다. 그것이 또 웬만해서 일어나는 현상이 아니라는 것도, 그 후로도 끊임없이 선생님 댁을 드나든 내게는 대부분 짐작 가능했다. 그뿐인가, 선생님은 어느 날 이런 감상마저 내게 흘렸다.

　"저는 세상에서 여자라는 것을 한 명밖에 모릅니다. 아내 이외의 여자는 제게 여자로서 전혀 인식되지 않습니다. 아내도 저를 천하에 단 하나뿐인 남자로 생각해주고 있습니다. 그런 의미에서 보면 우리는 가장 행복하게 탄생한 한 쌍의 부부여야 할 테지요."

　나는 지금 앞뒤 맥락을 잊어버렸기 때문에 선생님이 어째서 이런 고백을 내게 들려주었는지 명확하게 설명할 수 없다. 하지만 선생님의 태도가 진지하고 침착했다는 점은 지금까지도 기억에 남아 있다. 단지 그때 내 귀에 기묘하게 남아 있던 것은, "가장 행복하게 탄생한 한 쌍의 부부여야 할 테지요."라고 하는 마지막 한 구절이었다. 선생님은 어째서 행복한 부부라고 단언하지 않고 부부여야 할 것이라고 한 걸음 물러선 것일까? 그것만이 의아했다. 게다가 어딘지 모르게 그곳에 힘을 주었던 선생님의 어조가 위화감을 주었다. 선생님은 진실로 행복한 것일까, 아니면 필연적으로 행복해야 할 텐데 그렇게까지 행복하지는 않은 걸까. 마음속으로 의심하지 않을 수 없었다. 하지만 그 의심은 일시적이었고 금세 어딘가에 묻어버렸다.

선생님이 집을 비운 동안 부인과 둘이 마주 앉아 이야기를 할 기회가 생겼다. 선생님은 그날 요코하마横浜를 출범하는 배를 타고 외국으로 떠나는 친구를 배웅하러 신바시新橋에 가고 없었다. 요코하마에서 배를 타는 사람이 아침 여덟 시 반에 기차로 신바시를 떠나는 것은 관습적인 것이었다. 나는 한 서적에 대해서 여쭤볼 일이 생겨서 재차 선생님의 허락을 받아 약속한 아홉 시에 방문했다. 선생님의 신바시 일정은 전날 친히 고별을 고하러 온 친구에 의해 그날 갑작스레 일어난 일이었다. 선생님은 내게 피치 못하게 집을 비우게 됐지만 금방 돌아올

테니 기다리고 있으라는 말을 남기고 갔다. 그래서 나는
선생님을 기다리는 동안 부인과 이야기를 나눴다.

11

그때 나는 이미 대학생이었다. 처음 선생님 집에 갔을 때를
돌이켜 보면 훨씬 성장한 것 같았다. 부인과도 상당히 친해진
후였다. 나는 부인에 대하여 그 어떤 지루함도 느끼지 않았고
마주 보고 이런저런 이야기를 나눴다. 하지만 그것은 그저 특색
없는 담소에 지나지 않았기 때문에 지금은 전혀 기억하지
못한다. 그중에서 단 하나 내 귓가를 맴도는 것이 있다. 하지만
그것을 말하기 전에 미리 말해둘 것이 있다.

선생님은 대학 출신이었다. 나는 처음부터 이걸 알고 있었다.
하지만 선생님이 아무것도 하지 않고 놀고 있다는 것은 도쿄로
돌아오고 나서 시간이 조금 흐른 후에 처음으로 알게 되었다.
나는 그때 어째서 놀고 계시는지 궁금했다.

선생님은 세상에 이름이 전혀 알려지지 않은 사람이었다.
그래서 선생님의 학문이나 사상에 대해서는 선생님과 밀접한
관계가 있는 나 이외에 경의를 표하는 사람이 있을 턱이

없었다. 그것에 대해 항상 아까운 일이라고 말했다. 선생님은 언제나 "나 같은 자가 세상에 나가 떠들어선 안 된다."라고 말할 뿐 상대해주지 않았다. 내게는 그 대답이 지극히 겸손해서 도리어 세상을 냉담하게 평가하는 것처럼 들리기도 했다. 실제로 선생님은 가끔 현재 저명해진 옛 동급생에 대해 인정사정없이 엄청난 비평을 가한 적도 있었다. 그래서 나는 노골적으로 그 모순을 예로 들면서 이런저런 이야기를 해 보았다. 내 마음에 반항하는 의도가 있다기보다는 세상이 선생님을 모르면서 아무렇지도 않다는 사실이 안타까웠기 때문이다. 그때 선생님은 침착한 어조로, "어찌 됐든 저는 세상에 나설 자격이 없는 사람입니다."라고 말했다. 선생님의 얼굴에는 심각한 표정이 역력하게 새겨졌다. 나는 그것이 실망인지 불평인지 아니면 비애인지 알 수 없었으나 아무튼 두말할 수 없을 정도로 통렬한 것이었기에 그 후 무언가를 말할 용기가 나지 않았다.

　내가 부인과 이야기를 나누고 있는 동안에 화제가 자연스럽게 선생님에 대한 것으로 시작하여 그쪽으로 흘러갔다.

"선생님은 왜 저렇게 댁에서 사색하고 공부에 열중하기만 하고 세상에 나가 뜻을 펴지 않으십니까?"

"저 사람은 안 돼요. 그런 일을 싫어하니까."

"다시 말해 쓸데없다는 걸 깨닫고 계신 걸까요?"

"깨닫고 깨닫지 않고는, 그거야 전 알 수 없지만 아마도 그런 의미는 아닐 테죠. 역시 뭔가 하고 싶을 테죠. 그러면서 할 수 없는 거예요. 그러니까 참 안타깝죠."

"하지만 선생님은 건강 면에서 별고 없으시지 않습니까?"

"건강하고 말고요. 어떤 지병도 없습니다."

"그러면서 어째서 활동할 수 없는 겁니까."

"그걸 모르겠어요. 그걸 알 수만 있다면 이렇게 걱정하지는 않겠죠. 모르니까 이러지도 저러지도 못하는 거예요."

부인의 어조에는 동정심이 듬뿍 담겨 있었다. 그래도 입가에는 미소가 보였다. 겉으로 보면 내 쪽이 도리어 진지했다. 나는 진중한 얼굴로 침묵했다. 그러자 부인이 갑자기 뭔가 생각난 것처럼 다시 입을 열었다.

"젊었을 때는 저런 사람이 아니었어요. 젊었을 때는 정말 달랐죠. 그랬던 것이 완전히 변해버렸어요."

"젊었을 때라는 건 언제 적인가요?"라고 내가 물었다.

"학생 시절요."

"학생 시절부터 선생님과 알고 지내셨습니까?"

부인은 갑자기 살짝 얼굴을 붉혔다.

12

부인은 도쿄 출신이었다. 그것은 예전에 선생님께도 그렇고 부인 본인에게 들어서 알고 있었다. 부인은 "사실 혼혈이에요."라고 했다. 부인의 아버지는 아마 돗토리鳥取인가 어딘가의 출신이었는데 어머니 쪽은 아직 에도江戸 시기였던 이치가야市ヶ谷에서 태어난 여성이었기에 부인은 농담 반 진담 반으로 그렇게 말한 것이다. 그런데 선생님은 방향이 전혀 다른 니가타新潟 출신이었다. 따라서 부인이 만일 선생님의 학생 시절에 대해 알고 있다면 고향 관계가 아닌 것이 분명했다. 하지만 조금 얼굴을 붉힌 부인은 그 이상 이야기하고 싶어 하지 않았기에 나도 자세히 캐묻지는 않았다.

선생님과 알고 나서 선생님께서 작고하실 때까지 나는

상당히 여러 문제로 선생님의 사상과 정서를 접해보았지만 결혼 당시의 상황에 대해서는 거의 아무것도 듣지 못했다. 가끔은 그것을 선의로 해석해 보기도 하였는데 연장자인 선생님은 연애에 대한 일을 젊은이에게 들려주는 걸 일부러 피하고 있었던 것일지도 모르겠다. 때로는 그것을 나쁘게도 생각해보았는데 선생님뿐만 아니라 부인에 이르기까지 두 사람 모두 나와 비교하면 한 시대 전의 관습 속에서 성장했기 때문에 연애 문제가 되면 숨김없이 자신에게 풀어놓을 용기가 없었을 뿐인지도 모르겠다. 애초에 둘 다 추측에 불과했다. 그리고 어느 추측의 이면에도 두 사람의 결혼에 가로놓인 화사한 로맨스의 존재를 예상하였다.

결과적으로 내 예상은 비껴가지 않았다. 하지만 나는 그저 연애의 반쪽만을 상상으로 그려본 것에 불과했다. 선생님의 아름다운 연애 이면에는 지독한 비극의 서사가 숨어 있었다. 그리고 그 비극이 선생님께 얼마나 비참했던 것이었는지 당사자인 부인은 전혀 알지 못했다. 부인은 지금도 그것을 모르고 있다. 선생님은 그에 대해 부인에게 숨기고 죽었다.

선생님은 부인의 행복을 파괴하기 전에 자신의 생명부터 파괴해버렸다.

나는 지금 이 비극에 대해 아무 말도 하지 않겠다. 그 비극 때문에 생겨났다고 할 수 있는 두 사람의 연애에 대해서는 방금 말한 대로다. 두 사람 모두 내게 아무 말도 해주지 않았다. 부인은 삼가는 마음으로, 선생님 또한 그 이상의 중대한 이유로.

그저 한 가지, 내 기억에 남아 있는 것이 있다. 어느 날 꽃이 만발하던 시기에 선생님과 함께 우에노上野에 간 적이 있다. 그리고 그곳에서 아름다운 한 쌍의 커플을 보았다. 그들은 바싹 달라붙어 꽃으로 가득한 길을 정답게 걸어갔다. 장소가 장소였기에 꽃보다도 그쪽에 주의를 기울이는 사람이 많았다.

"신혼부부 같군요." 하고 선생님이 말했다.

"사이가 좋아 보이네요."라고 내가 답했다.

선생님에게선 표정조차 찾아볼 수 없었다. 한 쌍의 커플을 시야 밖에 두는 듯한 방향으로 걸음을 옮겼다. 그리고 내게 이렇게 물었다.

"당신은 사랑을 해 본 적이 있습니까?"

나는 없다고 대답했다.

"사랑을 하고 싶지 않습니까?"

나는 대답하지 않았다.

"흥미가 없는 건 아니겠죠."

"네."

"당신은 방금 저 커플을 보고 냉담하게 반응했지요. 그 냉담한 반응 속에는 사랑하고 싶으면서도 사랑할 대상이 없다고 하는 불쾌한 목소리가 섞여 있지요."

"그런 식으로 들렸습니까?"

"들렸습니다. 사랑으로 만족을 느끼고 있는 사람은 좀 더 따뜻한 목소리를 내는 법입니다. 하지만…… 하지만 당신, 사랑은 죄악입니다. 아십니까?"

나는 갑작스레 놀라고 말았고 아무 대답도 하지 못했다.

13

우리는 군중 속에 있었다. 사람들은 모두 즐거워 보였다. 그곳을 빠져나와 꽃도 사람도 보이지 않는 숲에 도착할 때까지는 조금 전 문제를 입에 담을 기회가 없었다.

"사랑은 죄악입니까?"라고 내가 갑작스럽게 물었다.

"죄악입니다. 분명히."라고 대답했을 때의, 선생님의 어조는 아까처럼 힘이 실려 있었다.

"왜 그렇습니까?"

"이유는 곧 알게 됩니다. 곧이 아니라 이미 알고 있을 겁니다. 당신의 마음은 이미 예전부터 사랑으로 움직이고 있지 않습니까?"

나는 일단 자신의 마음을 조사해 보았다. 하지만 그곳은 의외로 공허했다. 짐작 가는 것은 아무것도 없었다.

"제 마음속에 이렇다 할 목적물은 하나도 없습니다. 저는 선생님께 아무것도 숨기지 않습니다."

"목적물이 없으니까 움직이는 겁니다. 있으면 안정되리라 판단하여 움직이고 싶어 하는 것입니다."

"현재 그 정도로 동하진 않습니다."

"당신은 결핍되어 있어서 제가 있는 곳으로 움직여 온 것이 아닙니까?"

"그럴지도 모르겠습니다. 하지만 그건 사랑과는 다릅니다."

"사랑으로 올라가는 계단입니다. 이성과 사귀기 전 단계로 우선 동성인 제게 온 것입니다."

"제게는 그 두 가지의 성질이 전혀 다른 것으로 보입니다."

"아니요, 똑같습니다. 저는 당신에게 만족을 줄 수 없는 인간입니다. 그리고 특별한 사정이 있어서 더더욱 그렇습니다. 실제로 매우 안타깝습니다. 이후에 다른 곳으로 당신의 흥미가 옮겨가는 건 어쩔 수 없는 일이고 그렇게 되기를 바라고 있습니다. 하지만⋯⋯"

나는 이상하게도 슬퍼졌다.

"제가 선생님을 떠날 거라고 여기셔도 어쩔 수 없습니다만 그런 기분이 든 적이 아직 없습니다."

선생님은 내 말을 듣지 않았다.

"하지만 조심해야 합니다. 사랑은 죄악이니까. 만족을 얻을 수 없는 대신 저와 교류하는 건 위험하지 않지만 - 자네, 검고 긴 머리카락으로 결박당했을 때의 기분을 알고 있습니까?"

나는 상상으로는 알고 있었다. 하지만 실제로는 몰랐다. 어느 쪽이든 선생님이 말하는 죄악이라는 의미는 몽롱해서 잘 이해할 수 없었다. 게다가 어느새 조금 불쾌해졌다.

"선생님, 죄악이라는 의미를 좀 더 분명하게 말씀해주세요. 그게 아니라면 이 문제는 여기서 매듭을 짓죠. 제가 죄악이라는 의미를 명확하게 이해할 수 있을 때까지."

"미안한 일을 했군. 저는 당신에게 진실을 말할 생각이었습니다. 하지만 실제로는 당신을 초조하게 만들고 있었군. 제가 잘못했습니다."

선생님과 나는 박물관 뒤편에서 우구이스다니鶯渓를 향해 조용히 발걸음을 옮겼다. 울타리 사이사이로 넓은 정원 일부에 우거진 얼룩 조릿대가 그윽하고 고요해 보였다.

"당신은 제가 어째서 조시가야 묘지에 묻힌 친구의 묘에 다달이 성묘하러 가는지 알고 있습니까?"

선생님의 이 질문은 너무나도 갑작스러웠다. 게다가 선생님이 이 질문에 대해 내게 대답할 수 없다는 사실도 잘 알고 있었다. 나는 잠시 아무 말도 하지 않았다. 그랬더니 선생님은 처음 알게 되었다는 듯이 이렇게 말했다.

"또 불편하게 만들었군. 초조하게 만든 것이 미안해서 설명하려고 했더니 그 설명이 되려 당신을 당황하게 만들었습니다. 일단 이 문제는 여기서 끝내죠. 아무튼 사랑은 죄악입니다, 아시겠습니까. 그러면서도 신성한 것이죠."

나는 선생님의 이야기를 점점 더 이해할 수가 없었다. 그러나 선생님은 그 이후로 사랑에 대해서 일절 입에 담지 않았다.

14

나이 어린 나는 외골수가 되기 쉬웠다. 적어도 선생님의 눈에는 그렇게 비치고 있던 것 같다. 내 입장에서는 학교 강의보다도 선생님과의 대화가 더 유익했다. 교수의 의견보다도 선생님의 사상이 진기했다. 다시 말해 교단에 서서 나를 지도해주는 높은 사람들보다도 고독을 지키며 말을 길게 늘어놓지 않는 선생님이 대단해 보였던 것이다.

"너무 몰두해서는 안 됩니다."라고 선생님이 말했다.

"제대로 파악하고 그렇게 판단했습니다."라고 대답했던 나는 충분히 자신 있었다. 그 자신감을 선생님은 긍정하지 않았다.

"당신은 들떠 있습니다. 그것이 식으면 반동이 생깁니다. 저는 당신이 이렇게나 절 따르는 것이 괴롭습니다. 그렇지만 앞으로 당신에게 일어날 변화를 예상해 보면 더욱더 불안해집니다."

"제가 그 정도로 경박해 보입니까? 아니면 신용하지 않으시는 겁니까?"

"저는 딱하다고 생각합니다."

"딱하지만 신용할 수 없다고 말씀하시는 겁니까?"

선생님은 곤란한 듯이 정원을 바라보았다. 그 정원에서 얼마 전까지 강렬하고 묵직해 보이는 붉은 꽃잎을 점점이 떨어뜨리고 있던 동백꽃은 더는 보이지 않았다. 선생님은 응접실에서 이 동백꽃을 바라보는 버릇이 있었다.

"신용하지 않는다니, 딱히 당신만 신용하지 않는 게 아니고 사람 모두를 신용하지 않습니다."

그때 울타리 저편에서 금붕어 장수로 보이는 소리가 났다. 그 이외에는 아무 소리도 들리지 않았다. 큰길에서 두 블록이나 깊숙하게 꺾어 들어온 좁은 골목은 의외로 조용했다. 집 안은 평소처럼 고요했다. 나는 옆방에 부인이 있다는 것을 알고 있었다. 묵묵히 바느질 따위의 소일거리를 하는 부인의 귀에 내 목소리가 들리고 있다는 것도 알았다. 하지만 나는 그것을 전부 뇌리에서 지우고 말았다.

"그럼 부인도 신용할 수 없다는 말씀이십니까?"라고 물었다.

선생님은 조금 불안해 보였다. 그리고 직접적인 답을 피했다.

"저는 저 자신조차 신용하지 않습니다. 즉, 스스로가 자신을 신용할 수 없으니 타인도 신용할 수 없게 되는 겁니다. 자신을 저주할 뿐이지요."

"그렇게 복잡하게 생각하면 누구에게든 확실한 것은 없겠죠."

"아뇨, 생각한 게 아닙니다. 행동한 것입니다. 행동한 후에 놀라고 말았습니다. 너무도 두려워졌습니다."

나는 조금 더 이 주제를 이어가고 싶었다. 그때 맹장지 뒤편에서 "여보, 여보." 하는 부인의 목소리가 두 번 들렸다. 선생님은 두 번째에 "왜 그래."라고 말했다. 부인은 "잠시."라고 하며 선생님을 옆방으로 불렀다. 두 사람 사이에 어떤 용건이 생겼는지 나는 알 수 없었다. 그것을 상상할 틈이 없을 정도로 빠르게 선생님은 돌아왔다.

"아무튼 쉽게 저를 신용하지 마십시오. 곧 후회할 테니까.

그리고 자신이 기만당한 보복으로 잔혹한 복수를 하게 될 테니까."

"그건 무슨 의미입니까?"

"과거 그 사람 앞에서 무릎을 꿇었다고 하는 기억이 이번에는 그 사람의 얼굴에 발을 올리도록 만듭니다. 미래에 당할 굴욕을 피하기 위해 현재의 경의를 물리고 싶습니다. 저는 지금보다 한층 더 쓸쓸할 미래의 자신을 견뎌내는 대신에 현재의 외로운 자신을 견뎌내고 싶습니다. 자유와 고독과 자아로 충만한 현대에 태어난 우리는 그에 대한 희생으로서 모두 이 고독을 맛볼 수밖에 없겠지요."

나는 이런 각오를 한 선생님에 대하여 아무 말도 할 수 없었다.

15

그 후 나는 부인의 얼굴을 볼 때마다 마음에 걸렸다. 선생님은 부인에 대해서도 온종일 이런 태도를 보일까? 만일 그렇다고 한다면 부인은 그걸로 만족하고 있을까?

부인에 대해 어느 쪽으로도 단정 지을 수가 없었다. 부인을 가깝게 접할 기회가 없었으니까. 그리고 부인은 나를 만날 때마다 한결같았으니까. 마지막으로 선생님이 있는 자리가 아니면 나와 부인은 좀처럼 마주칠 일이 없었으니까.

의문은 또 있었다. 인간에 대한 선생님의 이런 각오는 어디에서 기인한 것일까? 단순히 냉정한 눈으로 자신에 대해 반성하거나 세상을 관찰한 결과일까? 선생님은 앉아서 사고하는 타입이었다. 선생님 같은 머리가 있으면 앉아서 세상을 생각하고 있어도 자연스럽게 이런 태도가 드러나는 것일까? 나는 그것뿐이라고 생각할 수 없었다. 선생님의 각오는 살아 있는 것 같았다. 화재 후 진화된 석조 가옥의 윤곽과는 달랐다. 내가 봤을 때 선생님은 사상가였다. 하지만 하나로 정리한 사상 이면에는 강한 사실이 엮여 있는 것 같았다. 본인과 동떨어진 타인의 사실이 아닌 자기 자신이 통절하게 맛본 사실, 피가 뜨거워지고 맥박이 멈출 정도의 사실을 간직하고 있는 것 같았다.

이것은 제멋대로 내린 판단이 아니었다. 선생님 스스로 그렇다고 고백하고 있었다. 그저 그 고백이 뿌연 산봉우리

같았다. 내 머리에 정체를 알 수 없는 두려운 무언가를 덮어씌웠다. 그리고 어째서 그것이 두려운 것인지 영문을 알 수 없었다. 고백은 애매했다. 그러면서도 선명하게 내 신경을 뒤흔들었다.

나는 선생님의 이러한 인생관의 기점에 강렬한 연애 사건을 가정해 보았다. (물론 선생님과 부인 사이에서 벌어진 일 말이다). 선생님이 과거 사랑은 죄악이라고 한 것에서 유추해 보면 다소 단서가 잡히기도 했다. 하지만 선생님은 현재 부인을 사랑한다고 말했다. 그러면 두 사람의 사랑에서 이런 염세에 가까운 각오가 나올 리는 없었다. "과거 그 사람 앞에서 무릎을 꿇었다고 하는 기억이 이번에는 그 사람의 얼굴 위에 발을 올리도록 한다."라고 한 선생님의 말씀은 현대 일반인에게 사용해야 하며 선생님과 부인 사이에는 들어맞지 않는 것 같았다.

조시가야에 있는 누군지 모르는 사람의 묘지, 이것도 때때로 내 기억에 등장했다. 나는 그것이 선생님과 연고가 깊은 묘라는 것을 알고 있었다. 선생님의 생활에 끊임없이 가까워지면서도 가까워질 수 없었던 나는 선생님의 머릿속에 있는 생명의 단편으로서 그 묘지를 받아들였다. 하지만 내가 생각한 그 묘지는 완벽하게 죽은 것이었다. 두 사람 사이에 있는 생명의 문을 여는 열쇠는 되지 않았다. 오히려 두 사람 사이를 가로막고 자유로운 왕래를 방해하는 마물 같았다.

이렇게 저렇게 생각하는 사이에 또다시 부인과 이야기를 나눌 기회가 찾아왔다. 그 시기는 낮이 짧아져 가는 가을에 누구나가 관심을 기울이는 쌀쌀한 때였다. 선생님 댁 부근에서 도난 사건이 연일 이어졌다. 그 사건은 전부 초저녁에 발생했고 귀중품을 훔쳐 가진 않았으나 침입당한 곳에서는 반드시 무언가가 없어졌다. 부인은 불안해했다. 그러던 차에 어느 날 밤에 선생님이 집을 비워야 할 사정이 생겼다. 선생님과 동향 친구로, 지방 병원에서 일하고 있는 사람이 상경해서 다른 두어 명과 함께 만나 친구에게 밥을 사게 된 것이다. 선생님은 내게 자초지종을 설명하고 자신이 돌아올 때까지 집을 봐줬으면 한다고 부탁했다. 나는 곧장 수락했다.

16

내가 선생님 댁에 도착한 것은 아직 불을 켤까 말까 한 어스름한 무렵이었는데 성실한 선생님은 이미 집에 없었다. "마중에 늦으면 미안하다며 지금 막 나갔어요."라고 말한 부인은 나를 선생님의 서재로 안내했다.

서재에는 책상과 의자 이외에 많은 서적이 유리 너머에서 아름다운 표지를 뽐내며 전등 빛을 반사하며 빛나고 있었다. 부인은 화로 앞에 깔아둔 방석 위에 나를 앉히며, "잠시 그 근처에 있는 책이라도 읽고 계세요."라고 양해를 구하고 나갔다. 마치 집주인의 귀가를 기다리는 손님 같은 기분이 들어 송구스러웠다. 나는 긴장한 채 담배를 물었다. 부인이 거실에서 가정부에게 말하는 소리가 들렸다. 서재는 거실의 툇마루 끝에서 꺾은 모퉁이에 있었기에 건물 위치로 보자면 응접실보다 좀 더 동떨어진 고요함을 접하고 있었다. 한차례 부인의 말소리가 그치자 그 후에는 조용해졌다. 도둑을 기다리는 듯한 마음으로 나는 가만히 다른 곳에 주의를 기울였다.

삼십 분 정도 지나고 나자 부인이 또다시 서재 입구로

얼굴을 내밀었다. "어머."라고 말하며 가볍게 놀란 시선을 내게 향했다. 그리고 손님으로 온 사람처럼 점잔을 빼고 대기하던 나를 이상하게 쳐다보았다.

"그러면 갑갑하잖아요."

"아뇨, 갑갑하지 않습니다."

"하지만 지루하죠."

"아뇨. 도둑이 올지도 모른다고 생각하며 긴장하고 있으니 지루하지도 않습니다."

부인은 손에 홍차 찻잔을 든 상태로 웃으며 그곳에 서 있었다.

"여긴 구석이라서 집을 지키기에는 좋지 않네요."라고 내가 말했다.

"그럼 실례지만 좀 더 중앙으로 가세요. 지루할 것 같아 차를 끓여 가져왔는데 거실이 좋으시면 그쪽으로 내올 테니까요."

나는 부인의 뒤를 따라 서재에서 나왔다. 거실에는 깨끗한 직사각형 화로에서 쇠 주전자가 소리를 내고 있었고 그곳에서 차와 과자를 대접받았다. 부인은 밤에 잠을 못 잘 수 있다며 찻잔에 손을 대지 않았다.

"선생님은 가끔 이런 모임 때문에 외출하십니까?"

"아뇨, 자주 있는 일은 아니에요. 최근 점점 사람 얼굴 보는 것이 싫어지고 있는 것 같아요."

그렇게 말하는 부인의 모습에서 그다지 곤란한 모습도 보이지 않았기에 나는 저도 모르게 대담해졌다.

"그러면 부인은 예외입니까?"

"아뇨, 저도 싫어하고 있는 사람 중 하나죠."

"그건 거짓말이군요."라고 내가 말했다. "부인 스스로 거짓말이라는 걸 알면서 그렇게 말씀하고 계신 거겠죠."

"왜 그렇게 생각하죠?"

"제가 봤을 때 선생님은 부인을 좋아하니까 세상이 싫어지고 있는걸요."

"당신은 학문을 하는 분이라서 그런지 말주변이 상당히 좋군요. 텅 빈 논리를 잘 사용하는 것이 말이에요. 세상이 싫어졌기에 저까지 싫어졌다고도 할 수 있지 않나요. 그것과 같은 논리로."

"양쪽 다 맞는 말이지만, 이 경우엔 제 쪽이 옳습니다."

"논쟁은 싫어요. 남자분들은 잘도 논쟁하시더군요, 재미있다는 듯이. 빈 잔으로 어쩜 그리 질리지도 않고 술잔을 주고받을 수 있나 싶어요."

부인의 말은 조금 매몰찼다. 하지만 그 말을 들었을 때의 느낌을 말하자면 결코 맹렬하지는 않았다. 자신에게 지력이 있다는 걸 상대방에게 인정받고, 그걸로 자랑스러워할 정도로 부인은 현대적이지 않았다. 부인은 그것보다 더 깊은 곳에 잠긴 마음을 소중하게 간직하고 있는 것처럼 보였다.

17

나는 여전히 그다음에 해야 할 말이 있었다. 하지만 부인에게 장난으로 논쟁을 거는 사람처럼 보이면 안 되겠다고 생각하여 참았다. 부인은 다 마셔서 바닥을 보이고 있는 찻잔을 보며 침묵하고 있는 내가 어색하지 않도록, "한 잔 더 줄까요?"라고 물었다. 나는 바로 찻잔을 부인에게 건넸다.

"몇 개? 한 개? 두 개?"

이름을 모르는 식기로 각설탕을 집어 올린 부인은 내 얼굴을 보며 찻잔 속에 넣을 설탕 개수를 물었다. 부인은 내게 아첨을

떠는 것처럼 보이지는 않았지만 조금 전 강경하게 말한 것을
만회하고자 하는 분위기를 풍겼다.

나는 묵묵히 차를 마셨다. 다 마시고도 침묵을 지켰다.

"당신 말수가 많이 줄었네요."라고 부인이 말했다.

"무슨 말을 하면 논쟁을 건다고 혼날 것 같으니까요."라고
나는 대답했다.

"설마요."라고 부인이 다시 말했다.

우리는 그것을 계기로 대화를 재개했다. 화제는 물론
공통적으로 흥미를 가진 선생님에 대한 것이었다.

"부인, 아까 못다 한 말을 해도 될까요? 부인에게는 텅 빈
논리로 들렸을지 모르지만 저는 그렇게 건성건성 말하고 있는
게 아니니까요."

"그럼 말씀해보세요."

"지금 갑자기 부인이 사라진다면 선생님은 지금처럼 살아갈
수 있을까요?"

"그거야 모르죠. 그런 건 선생님께 물어봐야지 제게 물어볼
문제가 아니죠."

"부인, 저는 진지합니다. 그러니까 피하지 마시고 솔직하게 대답해주세요."

"전 솔직해요. 솔직히 말해 전 모르겠어요."

"그러면 부인은 선생님을 얼마나 사랑하고 있습니까? 이것은 선생님보다 오히려 부인이 대답하실 수 있는 질문이니까 여쭤봅니다."

"아무리 그래도 그런 걸 정색하고 묻지 않아도 되잖아요?"

"진지하게 물을 일이 아니다. 다시 말해 당연한 일이라고 말씀하시는 겁니까?"

"뭐, 그렇죠."

"그 정도로 선생님께 충실한 부인이 갑자기 사라진다면 선생님은 어떻게 될까요? 세상 어디를 돌아보아도 흥미를 느끼지 않는 선생님을 잘 아시지 않습니까? 선생님 입장에서가 아닙니다. 부인 입장에서 봤을 때 선생님은 행복해질까요, 불행해질까요."

"그야 제 입장에서 본다면 알지요. 선생님은 그렇게 생각하지 않을지도 모르지만 선생님께 제가 없으면 불행해질 뿐이에요.

어쩌면 살아갈 수 없을지도 몰라요. 이렇게 표현하면 자아도취가 될지도 모르겠지만 지금 저는 선생님을 가능한 한 행복하게 해주고 있다고 믿어요. 저 이외의 그 누구도 선생님을 행복하게 해줄 수 없다고 믿고 있기도 하죠. 그러니까 이렇게 침착할 수 있는 겁니다."

"그 신념이 선생님의 마음에도 잘 보이리라 저는 생각합니다."

"그거야 다른 문제죠."

"역시 선생님께 미움받고 있다고 말씀하시는 겁니까?"

"저는 그렇게까지 생각하진 않아요. 미움받을 이유가 없는걸요. 하지만 선생님은 세상을 싫어하잖아요. 세상이라기보다 최근에는 인간이 싫어졌을 테죠. 그러니까 그런 인간 중 하나인 저 역시 사랑받을 리가 없지 않습니까."

부인이 미움받고 있다고 하는 의미를 나는 그제야 겨우 이해했다.

나는 부인의 이해심에 대해 감탄했다. 부인의 태도가 일본의 구식 여성 같지 않은 점도 내게 어떤 자극을 주었다. 그러면서도 부인은 당시 유행하기 시작했던 이른바 신식 말들은 거의 사용하지 않았다.

나는 여자라고 하는 이들과 깊은 교제를 한 경험이 없는 물정에 어두운 청년이었다. 남자로서의 나는 본능적으로 이성에 대해 동경하는 목적물로서 여성을 상상하고 있었다. 하지만 그것은 그리운 봄날 뜬구름을 잡는 마음이었고 그저 막연하게 꿈꾸고 있던 것에 불과했다. 그래서 실제로 여자 앞에 서면 내 감정이 갑작스레 돌변하는 일이 종종 있었다. 나는 자신 앞에 나타난 여성에게 매료되는 대신 도리어 그것에 대한 이상한 반발력을 느꼈으나 부인을 대할 때는 그런 느낌이 전혀 없었다. 보통 남녀 간을 가로지르는 생각 차이도 거의 느껴지지 않았다. 나는 부인이 여성이라는 것을 잊었다. 그저 성심을 다해 선생님을 비평하고 위하는 사람으로서 부인을 바라보았다.

"부인, 요전에 선생님은 왜 세상에서 왕성하게 활동하시지 않는지 물었을 때 말씀하셨던 적이 있으시지요. 원래는 저렇지 않았다고."

"네, 그랬죠. 실제로 저렇지 않았는걸요."

"어땠습니까?"

"당신이 바라는 듯한, 또 제가 바란 듬직한 사람이었습니다."

"그게 어째서 갑자기 변한 겁니까?"

"갑자기가 아니에요, 서서히 저렇게 됐죠."

"부인은 그동안 선생님 곁에 쭉 있으셨지요."

"물론 그랬죠. 부부인걸요."

"그러면 선생님이 저렇게 변해 버린 원인을 알고 있어야 하지 않습니까."

"정말이지 할 말이 없어요. 당신에게 그런 말을 들으면 정말 괴롭지만 전 아무리 생각해 봐도 알 수가 없는걸요. 지금까지 몇 번이나 저 사람에게 제게 털어놓으라고 부탁해 봤는지 몰라요."

"선생님은 뭐라고 말씀하시던가요."

"할 말이 없다, 아무것도 걱정할 필요는 없다, 나는 그저 이런 성격이 됐을 뿐이다. 이렇게 말할 뿐 상대해주지 않았어요."

나는 침묵했다. 부인의 말도 끊겼다. 가정부는 그녀의 방에서 아무 소리도 내지 않았다. 도둑에 관한 생각은 완전히 증발했다.

"당신은 제게 책임이 있다고 생각하지는 않나요?"라고 갑작스레 부인이 물었다.

"아니요."라고 내가 대답했다.

"부디 숨김없이 말해주세요. 그렇게 여겨지는 건 살을 에는 것보다 괴로우니까요."라고 부인이 이어서 말했다. "그래도 선생님을 위해 제가 할 수 있는 건 다 하고 있어요."

"선생님도 그렇게 인정하고 계시니 괜찮습니다. 안심하세요, 제가 보증합니다."

부인은 화로의 재를 긁어모았다. 그러고 나서 물 주전자의 물을 쇠 주전자에 부었다. 쇠 주전자는 즉시 소리가 꺼졌다.

"저는 끝끝내 참지 못하고 선생님한테 물어보았죠. 제게 잘못된 점이 있다면 참지 말고 말씀하세요. 고칠 수 있는 결점이라면 고칠 테니까요. 그랬더니 선생님은 네게 결점 같은 건 없다. 결점은 내게 있다고 하더군요. 그런 말을 들으니 너무도 슬퍼지고 무기력해지더군요. 눈물이 나고 더더욱 저의 나쁜 점을 듣고 싶어지더라고요."

부인의 눈에 눈물이 가득 차올랐다.

19

처음에 나는 이해심 있는 여성으로서 부인을 대했다. 내가 그런 마음을 가지고 이야기를 하는 동안 부인의 모습이 점차 변해갔다. 부인은 내 머리에 호소하는 대신 내 심장을 움직여가기에 이르렀다. 자신과 남편 사이에는 어떤 응어리도 없고 없어야 할 텐데 역시나 무언가 있다. 그런데도 육안으로 확인해 보려고 하면 여전히 아무것도 없다. 부인이 괴로워하는 요점은 여기에 있었다.

처음에 부인은 선생님이 세상을 염세적으로 바라보기에 그 결과로서 자신도 미움받고 있는 것이라고 단언했다. 그렇게 단언하면서도 조금도 그곳에 안착할 수 없었다. 속을 열어보니 도리어 그 반대를 생각하고 있었다. 선생님은 본인을 싫어하기 때문에 그 결과 세상까지 싫어진 것으로 추측했다. 하지만 아무리 애를 써도 그 생각을 간파하여 사실로 만들 방법이 없었다. 선생님의 태도는 지극히 남편다웠다. 친절하고 자상했다. 의심의 덩어리를 그날그날 부부의 정으로 감싸 가슴속에 살며시 간직하고 있던 부인은 그날 밤 그 꾸러미 안을 내 앞에 펼쳐 보였다.

"당신이 보기엔 어때요?"라고 물었다. "저 때문에 이렇게 됐는지 아니면 당신이 말한 인생관 같은 것 때문에 저렇게 됐는지. 숨기지 말고 말해줘요."

나는 숨길 생각이 없었다. 하지만 내가 모르는 무언가가 그곳에 존재하고 있다면 내 답에 관계없이 부인을 만족시킬 수 있을 턱이 없었다. 그리고 나는 내가 모르는 무언가가 있다고 믿었다.

"전 모르겠습니다."

부인은 예상 밖의 일이 일어났을 때 보이는 가련한 표정을 그 찰나에 드러냈다. 나는 곧바로 말을 덧붙였다.

"하지만 선생님이 부인을 싫어하지 않는다는 것만은 보증합니다. 저는 선생님 본인 입으로 한 말을 그대로 부인에게 전하고 있을 따름입니다. 선생님은 거짓말을 하지 않는

분이시죠."

부인은 아무 말도 하지 않았다. 얼마 후 이렇게 말했다.

"사실은 저, 조금 짐작이 가는 것이 있는데요……"

"선생님이 이렇게 된 원인에 대해서 말입니까?"

"네. 만일 그것이 원인이라고 한다면 제 책임은 사라지게 되니까 그것만으로도 마음을 놓을 수 있을 것 같긴 한데요……"

"그건 무엇입니까?"

부인은 말하기를 주저하며 무릎 위에 놓인 본인의 손을 바라보고 있었다.

"당신이 판단해 주겠어요? 말할 테니까."

"제게 가능한 일이라면 해 보겠습니다."

"전부 다 말할 순 없어요. 전부 말해버리면 혼날 테니까. 혼나지 않을 부분만이에요."

나는 긴장하여 침을 삼켰다.

"선생님이 아직 대학에 다닐 무렵 굉장히 사이좋은 친구가 한 명 있었어요. 그분이 마침 졸업하기 직전에 세상을 떠났습니다. 갑작스럽게 죽었지요."

부인은 내 귀에 속삭이는 듯한 작은 소리로, "사실은 변사체로 발견되었어요."라고 이유를 되묻지 않을 수 없는 말투로 말했다.

"말할 수 있는 건 여기까지예요. 하지만 그 일이 있고 얼마 지나지 않아서였어요. 선생님의 성격이 점점 변한 건. 왜 그분이 죽었는지 저는 몰라요. 선생님도 아마 모르겠죠. 하지만 그때 이후로 선생님이 변해갔다고 보면 그렇게 생각 못 할 것도 없어요."

"그 사람의 묘입니까, 조시가야에 있는 것은."

"그것도 말하지 않기로 했으니 말하지 않겠어요. 그런데 인간은 절친한 친구를 한 명 잃어버린 것으로 그렇게 확 변할 수 있는 건가요? 저는 그것이 너무도 알고 싶은 거예요. 그러니까 그 부분을 일단 당신이 판단해 주길 바라요."

내 판단은 오히려 부정하는 쪽으로 기울고 있었다.

20

나는 내가 알게 된 사실이 허락하는 한 부인을 위로해 보려고 했다. 부인 또한 가능한 한 나로 인해 위안받은 것처럼 보였다. 그래서 우리는 같은 문제에 대해 끊임없이 이야기를 나누었다. 하지만 나는 애초에 일의 근원을 모르고 있었다. 부인의 불안도 사실은 그곳에서 떠다니는 뿌연 구름과도 닮은 의문에서 도출된 것이었다. 사건의 진상에 대해서는 부인도 소상하게는 알지 못했다. 알고 있는 부분도 전부 내게 털어놓을 수 없었다. 따라서 위로하는 나도, 위로받는 부인도, 함께 파도에 둥둥 떠서 흔들릴 뿐이었다. 흔들거리면서 부인은 끝도 없이 손을 뻗어 막연한 나의 판단에 매달리고자 했다.

열 시경에 선생님의 구두 소리가 현관에서 들려왔을 때 부인은 갑자기 지금까지의 모든 것을 잊어버린 듯 앞에 앉아 있던 나를 제쳐 두고 일어났다. 그리고 격자를 여는 선생님을 절묘하게 맞이했다. 나는 그곳에 남겨진 채 뒤늦게 부인을 따라나섰다. 가정부는 졸고 있는지 따라 나오지 않았다.

선생님은 기분이 좋아 보였다. 하지만 부인의 상태는 그 이상으로 좋았다. 방금 전 부인의 아름다운 눈 속에 감돌았던 눈물의 반짝임과 검은 눈썹이 팔八자에 가깝게 찌푸려졌던 것을 기억하고 있던 나는 그 변화를 이상한 걸 보듯이 주의 깊게 바라보았다. 만일 그것이 거짓이 아니라면(실제로 그건 거짓이라고 생각할 수 없었지만) 지금까지 부인이 호소한 것은 감상에 젖기 위하여 나를 상대로 특별히 준비한 장난스러운 여성의 유희로 받아들이지 못할 것도 없었다. 무엇보다 당시 나는 부인을 그렇게 비판적으로 볼 생각이 없었고 부인이 갑자기 활기차게 변한 것을 보며 오히려 안심했다. 이거라면 그렇게까지 걱정할 필요가 없겠다고 생각을 고쳐먹었다.

선생님은 웃으며, "고생 많았군요. 도둑은 들지 않았습니까?"라고 내게 물었다. 그리고 "도둑이 들지 않으니 맥이 풀리지 않습니까?"라고도 말했다.

돌아갈 때 부인은 "정말 고생하셨습니다."라고 가볍게 인사했다. 그 말투는 바쁜데 시간을 내주어서 고맙다기보다 모처럼 왔는데 도둑이 들지 않아서 고생했다는 농담처럼 들렸다. 부인은 그렇게 말하면서 방금 내왔다가 남은 과자를 종이에 싸서 내 손에 쥐여 주었다. 나는 그것을 소맷자락에 넣고 행인이 얼마 없는 추운 밤 좁은 길을 꺾으며 번화가 쪽으로 발걸음을 서둘렀다.

나는 그날 밤 일을 기억에서 뽑아내어 이곳에 자세히 적었다. 필요에 따라 서술한 것인데 사실을 말하자면 부인에게 과자를 받고 돌아갈 때의 기분으로는 그날 밤의 대화를 그다지 중요하게 여기지 않았다. 그다음 날 점심을 먹으러 귀가하여 어젯밤 책상 위에 올려둔 과자 꾸러미를 보고서, 곧장 그 안에서 초콜릿을 바른 다갈색 카스텔라를 꺼내어 입안 한가득 베어 물었다. 그리고 그것을 먹을 때 필경 이 과자를 내게 준 두 남녀는 행복한 커플로서 세상에 존재한다는 것을 자각하였다.

가을이 가고 겨울이 올 때까지 별일은 없었다. 나는 선생님 댁을 드나드는 김에 의복의 세탁법과 수선 방법 등을 알려달라고 부인에게 부탁했다. 내가 검은 옷깃이 달린 셔츠를 입게 된 건 이때부터였다. 아이가 없는 부인은 그런 뒤치다꺼리가 도리어 지루함을 덜어주고 결과적으로 몸에 약이 된다는 식으로 말했다.

"이건 손으로 짠 직물이네. 이렇게 원단이 좋은 옷은 지금까지 꿰매본 적이 없어요. 소재가 좋으니까 꿰매기가 힘들군요. 바늘이 전혀 들어가지 않는걸. 덕분에 바늘이 두 개나 부러졌어요."

그렇게 투정을 할 때조차 부인은 귀찮다는 얼굴이 아니었다.

21

겨울이 왔을 때 나는 갑작스레 귀향해야만 했다. 어머니한테 온 편지에는 아버지의 경과가 좋지 않다고 적고, 오늘내일하는 건 아니지만 나이가 나이다 보니 가능하면 돌아오라고 부탁하듯이 덧붙였다.

아버지는 진작부터 신장을 앓고 있었다. 중년이 지난 사람에게 흔히 보이는 아버지의 이 병은 만성 질환이었다. 그 대신 주의만 기울이고 있으면 급변하지 않을 거라고 본인은 물론이고 가족들도 믿어 의심치 않았다. 실제로 아버지는 몸조리 덕분에 지금까지 이래저래 견뎌낼 수 있었다는 식으로 손님이 오면 나발을 불어댔다. 그런 아버지가 어머니의 서신에 의하면, 정원에 나가 뭔가 하는 사이에 돌연 현기증이 나서 쓰러졌다고 한다. 집안사람들은 가벼운 뇌일혈로 잘못 생각하고는 곧바로 그에 대해 응급처치를 했다. 그 후 의사에게 아무래도 그런 게 아니라 어쩌면 지병의 결과일지도 모르겠다는 진단을 받고서 처음으로 졸도와 신장 질환을 연결해서 생각하게 되었던 것이다.

겨울 방학이 될 때까지 시간의 여유가 조금 있었다. 나는 학기가 끝날 때까지 기다려도 지장이 없다고 생각하여 하루 이틀을 그대로 방치했다. 그러자 그 사이에 아버지가 누워 있는 모습이나 어머니의 걱정하는 얼굴 같은 것이 때때로 눈앞에 어른거렸다. 그때마다 괴로움을 맛보던 나는 결국 돌아갈 결심을 했다. 고향에서 여비를 보내는 수고를 덜고 시간을 절약하기 위하여 나는 작별을 겸해 선생님 댁에 가서 필요한 만큼의 돈을 잠시 빌리기로 했다.

선생님은 감기 기운이 조금 있어서 응접실로 나오는 것이 힘들다고 하며 나를 서재로 들였다. 서재의 유리문에서 겨울에는 보기 드문 부드럽고 그리운 햇살이 책상 너머로 쏟아지고 있었다. 선생님은 볕이 잘 드는 방 안에 커다란 화로를 놓고 삼발이 위에 올려둔 금속제 대야에서 올라오는 증기로 호흡이 불편하지 않도록 하고 있었다.

"큰 병은 좋지만 이런 감기 같은 건 도리어 거추장스럽기만 하군요."라고 말한 선생님은 쓴웃음을 지으며 내 얼굴을 보았다.

선생님은 병이라고 할 만한 병을 앓은 적이 없는 사람이었다. 선생님의 말씀을 들은 나는 웃고 싶어졌다.

"저는 감기 정도라면 견디겠지만 그 이상의 병은 사양이에요. 선생님도 그러실 겁니다. 시험 삼아 해 보시면 잘 아실 거예요."

"그럴까? 난 병을 앓는다면 죽을 병에 걸리고 싶어."

나는 선생님 말씀에 딱히 주의를 기울이지 않았다. 곧장 어머니의 편지 이야기를 하고 돈 이야기를 꺼냈다.

"많이 곤란하겠군. 그 정도라면 지금 수중에 있을 테니까 가지고 가게나."

선생님은 부인을 불러 필요한 금액을 내 앞으로 가져오게 했다. 그것을 찻장인지 어느 서랍 깊숙한 곳에서 꺼내 온 부인은 하얀 종이 위에 조심스럽게 포개며, "걱정이 크시겠네요."라고 말했다.

"여러 번 졸도하셨습니까?"라고 선생님이 물었다.

"편지에는 아무것도 적혀 있지 않았습니다만 그렇게 몇 번이나 쓰러지는 것입니까?"

"네."

부인의 어머니도 아버지와 같은 병으로 돌아가셨다는 것을 나는 처음으로 알게 되었다.

"아무래도 힘들겠죠."라고 내가 말했다.

"그렇지. 내가 바꿀 수만 있다면 바꿔주면 좋으련만. 구토는 하십니까?"

"글쎄요, 아무것도 적혀 있지 않아서요. 그렇게까지 심하지는 않겠죠."

"구토만 하지 않으면 아직은 괜찮아요."라고 부인이 말했다.

나는 그날 밤 기차를 타고 도쿄를 떠났다.

아버지의 병세는 생각한 것만큼 나쁘지 않았다. 그래도 도착했을 때는 이불 위에서 책상다리를 하고 앉아서, "다들 걱정해주니 이렇게 참고 가만히 앉아 있지 않으냐. 이제 일어나도 괜찮은데 말이야."라고 했다. 하지만 다음 날부터는 어머니가 만류하는 것도 듣지 않고 결국 이불을 걷게 했다. 어머니는 마지못해 이불을 접으면서 "아버지는 네가 돌아오니까 갑자기 강한 척을 하는 것 같아."라고 했다. 아버지의 거동이 허세를 부리는 것 같지는 않았다.

형은 멀리 규슈九州에 전근을 가 있었다. 그것은 만일의 일이 생기지 않는 이상 쉽사리 부모의 얼굴을 볼 여유가 없다는 뜻이었다. 여동생은 다른 지방으로 시집을 갔다. 마찬가지로 급한 상황에 쉽게 부를 수 없었다. 형제 세 명 중 가장 쉽게 발걸음을 할 수 있는 것은 학생인 나뿐이었다. 그런 내가 어머니 말대로 학교를 내팽개치고 방학 전에 돌아왔다는 것이 아버지에게 커다란 만족을 주었다.

"이 정도 병으로 학교를 쉬게 하는 건 미안한 일이다. 네 엄마가 호들갑을 떨며 편지를 쓴 게 잘못됐다."

아버지는 말은 이렇게 했다. 이렇게 말할 뿐만 아니라 지금까지 펴둔 이불을 치우게 하고는 평소 같은 건강한 모습을 보였다.

"그렇게 들떠 있다가 또다시 졸도하면 안 돼요."

내 충고를 아버지는 유쾌하면서도 상당히 가볍게 받아넘겼다.

"괜찮다, 평소처럼 조심하기만 하면."

정말로 아버지는 괜찮아 보였다. 집안을 자유롭게 돌아다니며 숨차하지도 않았고 현기증을 느끼지도 않았다. 단지 안색은 보통 사람보다 좋지 않았으나 이것은 지금 막 생긴 병증도 아니었기에 우리는 별반 신경 쓰지 않았다.

나는 선생님 앞으로 보내는 편지에 돈을 빌려준 것에 대해 감사하다고 적었다. 오월 상경할 때 갚을 테니 그때까지 기다려달라고도 부탁했다. 그리고 아버지의 병증은 생각보다 나쁘지 않다는 것, 이대로라면 당분간 안심이라는 것, 현기증이나 구토 증상도 없다는 것 등을 썼다. 마지막으로 선생님의 감기에 대해서도 한 마디 안부를 덧붙였다. 사실 나는 선생님의 감기를 가볍게 보고 있었다.

그 편지를 보낼 때 결코 선생님의 답장을 기대하지 않았다. 부치고 난 후에 선생님에 관하여 부모님과 이야기하면서 아득한 선생님의 서재를 상상했다.

"이번에 도쿄에 돌아갈 때는 표고버섯을 가져다 드리려무나."

"네, 하지만 선생님이 말린 표고버섯 같은 걸 드실까요."

"맛은 없지만 딱히 싫어하는 사람도 없지."

나는 표고버섯과 선생님을 연결 지어 생각하는 것이 이상했다.

선생님의 답장이 왔을 때 나는 조금 놀랐다. 특히, 특별한 내용을 담고 있지 않았다는 사실을 확인했을 때 놀라고 말았다. 선생님은 그저 너무 친절해서 답장을 써준 것으로 생각했다. 그렇게 생각하자 그 간략한 한 장의 편지가 굉장한 기쁨이 되었다. 무엇보다 그것이 내가 선생님께 처음으로 받은 편지라는 것에 변함은 없었다.

처음이라고 하면 나와 선생님 사이에 서신 왕래가 가끔 있었던 것으로 여겨질지도 모르겠지만 사실 전혀 그렇지 않다는 것을 미리 말해두고 싶다. 나는 선생님이 살아계실 때

단 두 통의 편지밖에 받아본 적이 없다. 그 한 통은 지금 말한 이 간략한 답장이고 다른 한 통은 선생님이 죽기 전 특별히 내게 쓴 장문의 편지였다.

아버지는 병의 성격상 운동을 자제해야만 했기에 병상에서 일어나고도 외부에는 전혀 나가지 않았다. 한 번은, 날씨가 상당히 포근했던 날 오후 마당에 나간 적이 있으나 그때는 만일을 대비하여 내가 동행하듯 옆에 붙어 있었다. 걱정이 되어 내 어깨에 아버지의 손을 걸치게 하려 해도 아버지는 웃으며 그렇게 하지 않았다.

23

나는 집안에서 적적해하는 아버지를 상대로 자주 장기판 앞에 앉았다. 둘 다 게으른 성격이라 고타츠4)에 들어간 상태였고 판을 탁자에 두고 말을 움직일 때마다 손을 이불 안에서 빼내었다. 가끔 따온 말을 떨어뜨려서 다음 판을 시작할 때까지 서로 모르고 있던 적도 있었다. 그것을 어머니가 화로

---

4) 일본 난방 기구

안에서 발견해 집게로 집어 올렸다고 하는 우스꽝스러운 일도 있었다.

"바둑은 판이 너무 높고 바둑판에 다리가 붙어 있어서 고타츠에 들어가서는 할 수 없는데 그에 비하면 장기판은 좋구먼. 이렇게 편하게 할 수 있으니까. 게으름뱅이들에게 딱이다. 한 판 더 하자."

아버지는 이겼을 때 반드시 한 번 더 하자고 했다. 또한 졌을 때도 한 번 더 하자고 했다. 다시 말해 승패와 관계없이 고타츠에서 장기를 두고 싶어 했다. 처음에는 신기하기도 하고 은거와도 같은 오락이 흥미를 불러일으켰으나 시간이 지남에 따라 젊은 나의 기력은 그 정도의 자극으로는 만족할 수 없게 되었다. 나는 장기 말을 쥔 손을 머리 위로 올리면서 가끔 있는 힘껏 하품했다.

도쿄에서의 일을 생각했다. 그리고 넘쳐나는 심장의 혈류 속에서 힘차게 뛰는 고동을 들었다. 신기하게도 그 고동 소리가 미묘한 의식 상태에서 선생님의 힘에 의해 거세지는 것처럼 느꼈다.

나는 마음속으로 아버지와 선생님을 비교해 보았다. 양쪽 모두 세간에서 보면 살아 있는지 죽어 있는지 알 수 없을 정도로 어른스러웠다. 남들에게 인정받는다는 측면에서 보면 둘 다 아니었다. 그러면서도 장기를 두고 싶어 하는 아버지는 단순한 오락 상대로서도 부족했다. 일찍이 여흥 때문에 왕래했던 적이 없는 선생님은 환락 교제에서 나오는 친근함 이상으로 언제나 내 머리에 영향을 끼치고 있었다. 단지 머리라는 건 너무 차가우니까 가슴이라고 고치고 싶다. 육체에 선생님의 힘이 박혀 있다고 하든, 핏속에 선생님의 생명이 흐르고 있다고 하든, 그때의 내게 있어서 조금도 과장된 표현이 아니었다. 나는 아버지가 내 진짜 아버지고 당연히 선생님은 새빨간 타인이라고 하는 명백한 사실을 인식한 후 처음으로 대단한 진리라도 발견한 것처럼 놀랐다.

내가 따분해진 것을 전후로 아버지와 어머니의 눈에도 지금까지 생소했던 내가 점점 진부해져 갔다. 이것은 방학이나 휴가철에 귀성하는 모든 이가 한 번쯤은 경험하는 기분일 것 같은데 일주일 정도는 융숭한 대접을 받으며 열렬히

환대하지만 그 경계를 넘어버리면 그 후에는 점차 가족의 열기가 식어가며 결국에는 있으나 없으나 상관없다는 식이 되어버리기 십상이다. 나 역시 체재하고 있을 때 그런 경계를 넘어섰다. 게다가 나는 고향에 돌아갈 적마다 부모님은 모르는 이상한 부분을 도쿄에서 가지고 돌아왔다. 예전 식으로 말하자면 유교를 믿는 집에 그리스도교의 냄새를 가져오는 것처럼, 내가 가지고 돌아오는 것은 부모님과 조화를 이루지 않았다. 물론 나는 그것을 숨기고 있었다. 하지만 애초에 몸에 밴 것이니 드러내지 않겠다는 생각을 해봤자 언제나 그것은 부모님의 눈에 들어갔다. 나는 금세 마음이 불편해졌다. 하루빨리 도쿄로 돌아가고 싶어졌다.

아버지의 병은 다행히 현상 유지를 한 채 나쁜 쪽으로 진행되는 모습은 전혀 보이지 않았다. 만일을 위해 먼 곳에서 솜씨 좋은 의사를 불러서 신중하게 진찰을 받아보아도 역시나 내가 알고 있는 것 이외의 이상은 발견되지 않았다. 나는 겨울 방학이 끝나기 조금 전에 고향을 떠나기로 했다. 사람의 정이라는 것은 참으로 묘한데 떠난다는 말을 꺼내면 부모님은 한결같이 반대했다.

"벌써 돌아가는 거니, 아직 이르지 않아?"라고 어머니가 말했다.

"사오일 더 있어도 시간은 충분하잖아."라고 아버지가 말했다.

나는 스스로 정한 출발 예정일을 바꾸지 않았다.

24

도쿄에 돌아와 보니 신년 장식들은 어느새 치워져 있었다. 추운 바람이 휘날리는 거리의 어딜 보아도 이렇다 할 정월 풍경은 눈에 띄지 않았다.

나는 곧장 선생님 댁에 돈을 돌려주러 갔다. 표고버섯도 가는 김에 들고 갔다. 아무 말 없이 그저 내놓기만 하는 건 이상하니 "어머니가 이것을 드리라고 했습니다." 하고 운을 떼며 부인 앞에 놓았다. 표고버섯은 깨끗한 과자 상자에 들어 있었다. 정중하게 감사를 표한 부인은 옆방으로 갈 때 그 상자를 들어보고 가벼운 것에 놀란 것인지, "이건 무슨 과자죠?"라고 물었다. 부인은 친해지면 이런 부분에서 순수한 어린아이 같은 마음을 보여주었다.

두 사람 모두 아버지의 병에 대해서 걱정하는 질문을 계속하는 상황에서 선생님은 이렇게 말했다.

"용태에 대해 들으니 지금 당장 어떻게 될 것은 아닌 것 같지만 병이 병인 만큼 많은 주의를 기울여야만 합니다."

선생님은 신장병에 대해서 내가 모르는 많은 것을 알고 있었다.

"자신이 병에 걸렸으면서 그 사실에 대해 신경을 쓰지 않고 별거 아니라고 여기는 것이 이 병의 특징입니다. 제가 아는 어느 사관이 그런 식으로 생각했던 것인지, 정말이지 거짓말 같은 죽음을 맞이했습니다. 곁에서 자고 있던 부인이 병간호를 할 틈조차 없을 정도였으니까요. 밤중에 좀 괴롭다고 하며 부인을 깨우고 난 다음 날 아침 이미 세상을 떠났으니 말입니다. 게다가 부인은 남편이 자고 있다고만 생각했다고 하니까요."

지금까지 낙천적인 쪽으로 생각이 기울어 있던 나는 급격히 불안해졌다.

"우리 아버지도 그렇게 될까요? 그렇게 되지 않는다고도 할 수 없겠군요."

"의사는 뭐라고 합니까."

"의사는 절대로 낫지 않을 거라고 합니다. 그래도 당분간 걱정할 필요는 없다고도 했습니다."

"의사가 그렇게 말한다면 괜찮을 겁니다. 제가 방금 말한 것은 신경을 안 쓰고 있던 사람에 관한 이야기고, 게다가 상당히 난폭한 군인이었거든요."

나는 조금 안심했다. 내 변화를 지긋이 지켜보고 있던 선생님은 그 후에 이렇게 덧붙였다.

"그건 그렇고 인간은 건강하든 건강하지 않든 여린 생명체군요. 언제 어떤 일로 어떻게 죽을지도 알 수가 없으니."

"선생님도 그런 걸 생각하십니까?"

"지금 건강하다고 해서 전혀 생각하지 않는 건 아닙니다."

선생님의 입가에는 미소의 그림자가 보였다.

"자연스럽게 급사하는 사람이 상당히 많지 않습니까? 그리고 생각지도 않았는데 죽는 사람도 있겠죠. 부자연스러운 폭력으로."

"부자연스러운 폭력이란 무엇입니까?"

"그게 뭔지 저도 구체적으로 설명하지는 못하겠지만 자살하는 사람은 모두 부자연스러운 폭력을 사용하겠죠."

"그러면 살해당하는 것 역시 부자연스러운 폭력 탓이군요."

"살해당하는 쪽은 조금도 생각해본 적이 없었군요. 듣고 보니 그도 그렇군."

그날은 그대로 돌아갔다. 돌아가서도 아버지의 병은 그다지 신경 쓰이지 않았다. 선생님이 말한 자연스러운 죽음이나 부자연스러운 폭력으로 죽는다는 말도 그때만의 옅은 인상을 주었을 뿐, 이후에는 그 어떤 것도 내 머릿속에 남지 않았다. 나는 지금껏 몇 번인가 손대려고 생각만 하고 있던 졸업 논문을 이제 슬슬 정식으로 써야만 한다고 생각했다.

25

그해 유월에 졸업하는 나는 어떻게 해서든 이 논문을 규정대로 사월 안에 완성해야만 했다. 손가락을 접어가며 남아 있는 날짜를 계산해 보았을 때, 나는 잠시 자신의 대담함에 놀랐다. 다른 이들은 예전부터 자료를 모으거나 노트를

채워가며 옆에서 보기에도 바빠 보이는데 나는 아직 어디에도 손을 대지 않았다. 그저 해가 바뀌면 다 해버리겠다는 결심만이 있었다. 나는 그 결심으로 시작했다. 그리고 갑자기 움직일 수 없어졌다. 지금까지 커다란 문제를 구상하고 뼈대만은 거의 완성했다는 식으로만 생각하고 있던 나는 머리를 부여잡고 고민하기 시작했다. 그 후 논문의 문제를 좁혔다. 그리고 범위를 좁힌 사상을 계통에 따라 정리하는 노력을 줄이기 위하여 서적에 적힌 재료를 단순 나열하고 그에 상응하는 결론을 조금 덧붙이기로 했다.

내가 선택했던 주제는 선생님의 전문 분야에 상당히 가까운 것이었다. 내가 예전에 그 선택에 대해 선생님의 의견을 물었을 때 선생님은 괜찮지 않으냐고 대답했다. 마음이 급해진 나는 곧장 선생님 댁에 가서 내가 읽어야만 하는 참고서에 대해 물었다. 선생님은 자신이 알고 있는 지식을 기꺼이 알려준 것은 물론이고 필요한 서적을 두세 권 빌려주겠다고도 했다. 하지만 선생님은 날 지도하겠다는 모습을 추호도 내비치지 않았다.

"최근 책을 잘 읽지 않으니 새로운 연구에 대해서는

모릅니다. 학교 선생님께 여쭤보는 게 좋겠습니다."

선생님은 한때 굉장한 독서가였지만 무슨 이유에서인지 전처럼 이 방면에 흥미가 일지 않게 되었다고, 과거 부인에게 들은 적이 있다는 것을 그때 문득 기억해냈다. 나는 논문을 옆으로 치우고 공연히 입을 열었다.

"선생님은 왜 예전처럼 책에 흥미를 갖지 않으십니까?"

"이유랄 것도 없습니다만. ……요컨대 아무리 책을 읽어도 그만큼 훌륭해지지 않는다고 생각하기 때문이겠죠. 그리고……"

"그리고, 또 있습니까?"

"또 있다고 할 정도의 이유는 아니지만, 예전엔 말이죠. 남 앞에 나서거나 사람들에게 질문받았을 때 모르면 수치스럽고 겸연쩍었지만, 최근에는 모른다는 것이 그렇게까지 수치스럽지 않게 여겨져 저도 모르게 무리를 해서라도 책을 읽으려는 마음이 들지 않는 것 같습니다. 뭐, 다시 말해 늙은 거죠."

선생님은 도리어 무덤덤했다. 세상을 등진 사람의 쓰디씀을 모르고 있던 내게는 그다지 느껴지는 바도 없었다. 나는 선생님을 늙었다고 생각하지 않았고 대단하다고 감탄하지도 않으며 돌아갔다.

그러고 나서 논문에 씐 정신병자처럼 눈을 충혈시키며 괴로워했다. 일 년 전에 졸업한 친구에게 이것저것 물어보기도 했다. 그중에 혹자는 마감날에 자동차로 달려가 겨우 제시간에 제출했다고 했다. 또 다른 사람은 마감 시간에서 십오 분쯤 늦게 가져갔기 때문에 하마터면 접수를 거절당할 뻔한 상황을 주임 교수의 호의로 겨우 수리해주었다고 했다. 나는 불안을 느낌과 동시에 배짱을 부렸다. 매일 책상에 앉아 힘닿는 데까지 노력했다. 그렇지 않으면 어둑어둑한 서재에 들어가 높은 책장 이곳저곳을 바라보았다. 내 눈은 호사가가 골동품이라도 발굴해내려는 것처럼 책등의 글자를 뒤졌다.

매화가 피면서 차가운 바람은 점차 남쪽으로 방향을 바꾸어 갔다. 그것이 한차례 지나가니 사방팔방에서 벚꽃 이야기가 내 귀에 들려오기 시작했다. 그런데도 나는 마차를 끄는 말처럼 정면만 주시하며 논문에 온 힘을 쏟았다. 어느덧 사월 하순이

되었고, 예정된 것을 겨우 완성할 때까지 나는 선생님 댁의
문턱을 넘지 않았다.

26

내가 해방된 것은 꽃이 진 겹벚꽃나무에 어느덧 푸른 잎이
어렴풋이 돋아나기 시작하던 초여름이었다. 나는 새장에서
벗어난 작은 새의 마음으로 드넓은 세상을 한눈에 담으며
자유롭게 날갯짓을 했다. 나는 곧장 선생님 댁으로 갔다.
탱자나무 울타리가 검게 그을린 나뭇가지 위에서 싹을 틔우고
있거나 말라버린 석류나무 줄기에서 윤이 나는 적갈색
이파리가 부드럽게 햇볕을 받는 것이 가는 길마다 내 시선을
끌었다. 나는 태어나서 처음으로 그런 것을 보고 있는 듯한
이상한 느낌을 받았다.

선생님은 즐거워 보이는 내 얼굴을 보고, "이제 논문은
끝났습니까, 잘 됐군요."라고 했다. 나는 "덕분에 겨우
끝났습니다. 이제 할 게 아무것도 없습니다."라고 말했다.

실제로 그때 나는 자신이 해야 할 모든 일이 이미 끝났고
이제부터 당당히 놀아도 된다는 식의 후련한 기분에 휩싸였다.

완성한 내 논문에 대해 충분히 자신 있었고 만족을 느끼고 있었다. 나는 선생님 앞에서 끊임없이 그 내용을 조잘거렸다. 선생님은 여느 때와 같이, "그렇군요."나 "그렇습니까." 같은 말을 해주었지만 그 이상의 비평은 조금도 덧붙이지 않았다. 나는 뭔가 부족하다기보다는 다소 맥이 풀렸다. 그렇지만 그날 내 상태는 내키지 않아 머뭇거리는 것처럼 보이는 선생님의 태도에 역습을 가해볼 정도로 생기가 넘쳤다. 나는 푸르게 다시 태어나려고 하는 대자연 속에 선생님을 데려나가고자 했다.

"선생님, 어디 산책하러 나가시죠. 밖에 나가면 상당히 기분 좋습니다."

"어디로."

나는 어디든 상관없었다. 그저 선생님과 함께 교외로 나가고 싶었다.

한 시간 후 선생님과 나는 목적한 대로 조용한 곳을 정처 없이 걸었다. 나는 홍가시나무 울타리에서 부드러운 어린잎을 따서 나뭇잎 피리를 불었다. 가고시마鹿児島 사람을 친구로 두고 그 사람의 흉내를 내면서 자연스럽게 배운 나는 나뭇잎 피리가 능숙했다. 득의양양하게 그것을 계속 불고 있었으나 선생님은 별 반응 없이 딴 곳을 향해 걸었다.

이윽고 어린 잎에 갇힌 것처럼 울창한, 조금 높이가 있는 한 채의 집 아래로 가느다란 길이 트여 있었다. 문기둥에 박아놓은 표찰에 무슨 무슨 정원이라고 적혀 있었기에 개인 저택이 아니라는 것을 금세 알 수 있었다. 선생님은 길게 경사가 져 있는 입구를 바라보며, "들어가 볼까?" 하고 말했다. 나는 곧장 "분재 가게네요."라고 대답했다.

정원수 안을 넘실거리며 안쪽으로 올라가니 왼편에 집이 있었다. 활짝 열어놓은 장지 안은 휑뎅그렁했고 사람 그림자를 찾아볼 수 없었다. 그저 집 앞에 놓여 있는 커다란 수반에 기르는 금붕어만이 움직이고 있었다.

"조용하군. 허락도 없이 들어가도 될까."

"괜찮겠죠."

우리는 더 안쪽으로 들어갔다. 하지만 그곳에도 여전히 인기척은 느껴지지 않았다. 철쭉이 불타오르듯 흐드러지게 피어 있었다. 선생님은 그중에서 주홍색에 길이가 긴 것을 가리키며,

"이건 철쭉이죠."라고 했다.

작약도 열 평 남짓한 한쪽 편에 심겨 있었는데 아직 계절이 계절이다 보니 꽃을 붙이고 있는 것은 하나도 없었다. 이 작약 꽃밭 옆에 있는 낡은 평상 위에 선생님은 대자로 누웠다. 나는 가장자리에 앉아 담배를 피웠다. 선생님은 맑고 새파란 하늘을 보고 있었다. 나는 나를 감싸는 새잎의 색감에 마음을 빼앗겼다. 그 색깔을 조곤조곤 바라보고 있자 하나하나 달랐다. 같은 단풍나무라도 동일한 빛깔을 나뭇가지에 붙이고 있는 것은 하나도 없었다. 가느다란 삼나무 묘목 꼭대기에 걸어둔 선생님의 모자가 바람에 날려 떨어졌다.

27

나는 곧장 그 모자를 집어 들었다. 군데군데 묻어 있는 붉은 흙을 털어내면서 선생님을 불렀다.

"선생님 모자가 떨어졌습니다."

"고맙군."

몸을 반쯤 들어 올리며 그것을 받아든 선생님은 일어나지도 눕지도 않은 어정쩡한 자세 그대로 이상한 걸 내게 물었다.

"갑작스럽지만 자네 집에는 재산이 좀 있습니까?"

"있다고 할 정도로 있지는 않습니다."

"흐음, 실례지만 어느 정도 있는지."

"어느 정도라, 산과 논밭이 좀 있고 돈 같은 건 전혀 없겠죠."

선생님이 우리 집 경제 사정에 대하여 질문다운 질문을 한 것은 이것이 처음이었다. 내 쪽에서는 아직 선생님의 살림살이에 관하여 물어본 적이 없었다. 선생님을 알고 나서 초반에 선생님이 놀고 계시는 이유에 대해 의문을 품었다. 이후에도 그 의문은 끊임없이 내 마음을 떠나지 않았다. 하지만 그런 노골적인 문제를 선생님 앞에 드러내는 것을 무례하다고 생각하여 계속 자제하고 있었다. 새잎의 색감으로 지친 눈을 쉬게 하던 내 마음은 우연히 다시 그 의구심에 가닿았다.

"선생님은 어떻습니까? 얼마나 재산을 갖고 계십니까?"

"제가 재산가로 보입니까?"

선생님은 평소에 검소한 차림을 하고 있었다. 게다가 가족도 적었다. 따라서 집도 결코 넓은 편은 아니었다. 하지만 물질적으로 풍요롭게 생활한다는 건 가정사에는 발을 들이밀지 않는 내가 봐도 분명했다. 다시 말해 선생님의 생활은 사치스럽다고 할 수는 없다고 해도 쩨쩨하게 절약하지 않으면 안 될 만큼 탄력성이 없지는 않았다.

"그렇죠."라고 나는 말했다.

"그야 그 정도 돈은 있지. 하지만 재산가는 아닙니다. 재산가라면 좀 더 큰 집이라도 세웠겠지."

그때 선생님은 자세를 일으키고 평상 위에 정좌하고 있었는데 이렇게 말을 끝마치고는 대나무 지팡이 끝으로 지면 위에 원 같은 것을 그리기 시작했다. 그것이 끝나자 이번에는 막대기를 찌르듯이 똑바로 세웠다.

"이래 봬도 원래는 재산가였지만 말이지."

선생님의 말씀은 반쯤 혼잣말 같았다. 그래서 곧장 의미를 이해하지 못한 나는 저도 모르게 침묵했다.

"이래 봬도 원래는 재산가였다니까."라고 다시 말한 선생님은 그 후에 내 얼굴을 보며 미소 지었다. 그래도 나는 대답하지 않았다. 도리어 어떻게 반응해야 할지 몰라서 대답하지 못했던 것이다. 그러자 선생님이 화제를 다른 쪽으로 돌렸다.

"아버님의 병환은 그 후 어떻습니까."

나는 정월 이후 아버지의 병에 대해 아무것도 몰랐다. 다달이 고향에서 보내주는 돈과 동봉된 간단한 편지는 평소처럼 아버지의 필적으로 적혀 있었으나 병에 대한 호소는 거의 찾아볼 수 없었다. 게다가 서체도 명확했다. 이런 종류의 병자에게서 흔히 볼 수 있는 손 떨림은 필체를 조금도 흐트러뜨리지 않았다.

"아무 말도 없으니 이제 괜찮은 거겠죠."

"괜찮다면야 다행이지만, 병증이 병증이다 보니."

"역시 위험할까요? 하지만 당분간은 괜찮겠죠. 아무 말도 없습니다."

"그렇습니까."

나는 선생님이 우리 집 재산이나 아버지의 병에 관해 묻는 것을 평범한 담화, 마음에 떠오르는 그대로 입에 담는 평범한 대화라고 생각하며 듣고 있었다. 그런데 선생님의 말씀 속에는 양쪽을 연관 짓는 커다란 의미가 내포되어 있었다. 선생님

본인의 경험을 해 본 적이 없는 나는 물론 그것을 알아챌 수가 없었다.

28

"자네 집에 재산이 있다면 이럴 때 잘 매듭지어두는 편이 좋다고 생각하는데 말이지, 쓸데없는 참견이긴 하네만. 자네 아버님께서 정정하실 때 받아둘 건 확실히 받아두는 게 어떻겠습니까? 만일의 일이 생기고 난 후에 가장 성가셔지는 것은 재산 문제니까."

"네."

나는 선생님 말씀에 그다지 주의를 기울이지 않았다. 우리 가족 중에서 그런 걱정을 하는 사람은 나뿐만이 아니라 단 한 사람도 없다고 자신했다. 게다가 선생님이 하는 말이 선생님으로서는 지극히 실제적이라는 것에 조금 놀랐다. 하지만 평소 연장자에 대한 경의가 내 입을 다물게 했다.

"아버님께서 돌아가시는 것을 예상하는 말투를 사용한 것에 마음 상했다면 용서하시게. 하지만 인간은 죽으니까. 아무리 건강한 사람이라도 언제 죽을지 알 수 없으니까."

선생님의 말투는 드물게 씁쓸했다.

"그런 건 전혀 신경 쓰이지 않습니다." 하고 나는 변명했다.

"자네, 형제는 몇이었지?"라고 선생님이 물었다.

선생님은 거기다 우리 가족 구성에 대해 묻거나 친척의 유무, 숙부와 숙모에 대한 질문 같은 걸 했다. 그러고는 마지막에 이렇게 말했다.

"다들 좋은 사람들입니까?"

"딱히 나쁜 사람이라고 할 만한 사람도 없는 것 같습니다. 대부분 시골 사람이니까."

"시골 사람은 어째서 나쁘지 않습니까."

나는 이 추궁이 괴로웠다. 하지만 선생님은 내게 대답을 생각할 여유조차 주지 않았다.

"시골 사람은 도시 사람보다 도리어 좀 더 나쁠 수 있습니다. 그리고 자네는 지금 자네 친척 중에 이렇다 할 나쁜 사람은 없다는 것처럼 말했지요. 그런데 나쁜 인간이라는 특정 부류가 세상에 존재한다고 생각합니까? 판에 찍어낸 듯한 나쁜 사람이 세상에 있을 리가 없죠. 평소엔 모두 착한 사람들입니다.

적어도 모두 평범한 사람들이죠. 그것이 여차하는 상황에서 갑자기 나쁜 사람으로 돌변하니까 무서운 것입니다. 그러니 방심할 수가 없습니다."

선생님이 하는 말은 여기서 끝날 것 같지 않았다. 나도 여기서 뭔가를 말하려고 했다. 그러자 뒤에서 갑자기 개가 짖어댔다. 선생님과 나는 놀라서 뒤를 돌아보았다.

평상 옆부터 후방을 향해 심겨 있는 삼나무 묘목 곁에 얼룩 조릿대가 세 평 정도 땅을 가리는 것처럼 우거져 있었다. 개는 얼굴과 등을 얼룩 조릿대 위에 드러내며 왕성하게 짖어댔다. 그곳에 열 살 정도의 아이가 달려와서 개를 꾸짖었다. 아이는 휘장이 붙은 검은 모자를 쓴 채 선생님 앞으로 돌아와 인사했다.

"아저씨, 들어올 때 집에 아무도 없었어?"라고 물었다.

"아무도 없었단다."

"누나와 엄마가 부엌에 있었는데."

"그래, 있었니?"

"응. 아저씨, 인사를 하고 들어왔어야지."

선생님은 쓴웃음을 지었다. 안주머니에서 돈지갑을 꺼내어 그 안의 동전을 아이의 손에 쥐여 주었다.

"어머니께 가서 이렇게 전해주렴. 잠시 여기서 쉬고 가겠습니다."

영리해 보이는 아이의 눈에 미소가 넘쳐흐르며 고개를 끄덕였다.

"지금 막 척후병의 대장이 됐어."

아이는 이렇게 말하고 철쭉 사이를 헤치며 아래쪽으로 달려갔다. 개도 꼬리를 높이 말고서 아이를 뒤쫓았다. 얼마 후 같은 나이대로 보이는 아이 두어 명도 척후병 대장이 내려간 쪽으로 달려갔다.

29

선생님의 말씀은 이 개와 아이 때문에 마지막까지 이어지지 못했기에 나는 결국 아리송하기만 했다. 그때 내겐 선생님이 신경을 쓰는 재산 운운하는 근심은 전혀 없었다. 내 성격과 처지에 비춰볼 때 당시 내게는 그런 이해 관념에 대해 고민할 여지가 없었던 것이다. 생각해보면 이건 내가 아직 세상에 나가지 않았기 때문이기도 하고 실제로 도전하려고 하지 않기 때문이기도 했겠지만, 아무튼 젊은 내게는 어째선지 돈 문제가 멀게만 보였다.

선생님의 이야기에서 단 하나 끝까지 듣고 싶었던 것은 인간이 여차하는 상황에서 누구나 나쁜 사람이 된다고 하는 말의 의미였다. 단순한 의미로는 이것만으로도 모르는 바는 아니었다. 하지만 나는 그 구절에 대해 좀 더 알고 싶었다.

개와 아이가 사라진 후 새싹의 정원은 다시 본연의 고요함을 되찾았다. 그리고 우리는 침묵에 갇힌 사람처럼 얼마간 움직임 없이 있었다. 그때 아름다운 하늘색이 점차 빛을 잃어갔다. 눈앞에 있는 나무는 대부분 단풍이었는데 나뭇가지에 방울진 것처럼 돋아난 가벼운 신록이 점차 어두워져 가는 것 같았다. 머나먼 도로에서 짐차를 끌고 가는 소리가 들려왔다. 나는 이것을 마을 남자가 분재 따위를 싣고 잿날에라도 나가는 거라고 상상했다. 선생님은 그 소리를 듣고 갑자기 명상에서 호흡을 되돌린 사람처럼 일어났다.

"이제 슬슬 돌아가죠. 시간이 상당히 지난 것 같은데 이렇게 느긋하게 지내는 사이 어느새 날이 저물어 가는군.”

선생님의 등에는 방금 평상에서 하늘을 보고 누운 흔적이 잔뜩 묻어 있었다. 나는 양손으로 그것을 털어냈다.

“고맙군. 자국이 남지는 않았습니까?”

“말끔하게 떨어졌습니다.”

“이 겉옷은 요전번에 장만했지. 그래서 무턱대고 더럽혀서 돌아가면 아내에게 혼나거든. 고맙네.”

우리는 다시 언덕 중간에 있는 집을 향해 설렁설렁 걸었다. 들어올 때는 사람 기척이 나지 않았던 툇마루에 부인이 열대여섯 살 된 여자아이와 함께 실패에 실을 감고 있었다. 우리는 커다란 어항 옆에서 “잘 있다가 갑니다.”라고 인사했다. 부인은 “찾아주셔서 감사합니다.”라고 인사를 되돌려준 후 조금 전에 아이에게 주었던 돈에 대해 인사를 했다.

문간을 나와 이삼 백 미터 걸었을 때 나는 결국 선생님을 향해 입을 열었다.

“방금 선생님이 말씀하신, 인간은 누구나 여차하는 순간에 나쁜 사람이 된다고 하는 것 말인데요. 그건 무슨 뜻입니까?”

"딱히 고차원적인 의미가 있지는 않습니다. 말 그대로 사실이지 이론이 아닙니다."

"사실이라는 건 그렇다 치고, 제가 여쭙고 싶은 건 여차했을 때라는 것입니다. 구체적으로 어떤 경우를 가리키는 겁니까?"

선생님은 웃기 시작했다. 때를 놓친 지금, 그 이상 열심히 설명할 의욕이 없다는 식으로.

"돈이지. 돈을 보면 성인군자도 금세 악인으로 돌변하지."

나는 선생님의 대답이 너무 평범해서 허탈했다. 선생님이 마음 내키지 않았던 것처럼 나도 김이 빠졌고 토라져서 발걸음을 서둘렀다. 당연히 선생님은 조금씩 뒤처졌다. 선생님은 나중에 "자네." 하며 말을 걸었다.

"자 보게나."

"뭘 말입니까."

"자네의 기분도 내 대답 하나로 금세 변하지 않았나."

선생님을 기다리기 위하여 뒤를 돌아 우두커니 서 있던 내 얼굴을 보며 선생님은 이렇게 말했다.

30

그때 나는 마음속으로 선생님을 밉살스럽다고 생각했다. 나란히 걷기 시작하고서도 묻고 싶은 것을 일부러 묻지 않았다. 하지만 선생님은 그걸 아는지 모르는지 내 태도에 신경 쓰는 모습이 전혀 없었다. 평소처럼 침묵하기 일쑤에 흔들림 없는 보폭으로 묵묵히 걸어가기에 조금 부아가 치밀었다. 뭐라도 해서 선생님께 한 방 먹이고 싶어졌다.

"선생님."

"왜요."

"선생님께선 방금 조금 흥분하셨지요. 분재 가게 정원에서 쉴 때 말입니다. 전 선생님께서 흥분하시는 걸 좀처럼 본 적이 없는데 오늘은 진귀한 모습을 본 것 같습니다."

선생님은 곧장 대답하지 않았다. 나는 그것을 반응이 있다고 여겼다. 그러면서도 표적에서 벗어난 것처럼 느끼기도 했다. 하는 수 없이 다음은 말하지 않기로 했다. 그러자 선생님이 갑자기 길 가장자리로 다가갔다. 그러고는 깔끔하게 베어낸 산울타리 밑에서 옷자락을 걷어 올리고 소변을 보았다. 나는 선생님이 용무를 마칠 동안 멍하니 그곳에 서 있었다.

"이거야 실례를 했군."

선생님은 이렇게 말하며 다시 걸어갔다. 나는 결국 선생님을 끽소리도 못하게 만들겠다는 생각을 단념했다. 우리가 지나는 길은 점차 시끌벅적해졌다. 지금까지 드문드문 보이던 넓은 밭의 경사나 평지가 전혀 눈에 들어오지 않을 만큼 좌우에 집들이 늘어갔다. 그런데도 주택지 구석에 군데군데 완두 덩굴이 대나무를 휘감거나 철망 안에 닭을 키우고 있는 것을 볼 수 있었다. 시내에서 돌아가는 짐말이 끊임없이 우리를 지나쳐 갔다. 이런 것에 쉽게 정신을 빼앗기던 나는 방금 마음속에 품었던 문제를 어딘가에 떨어뜨리고 말았다. 선생님이 갑자기 그 문제로 되돌아왔을 때 나는 그것에 대해 잊고 있었다.

"제가 조금 전 그렇게나 흥분한 것으로 보였습니까?"

"심한 정도는 아니었습니다만, 조금……"

"아뇨, 그렇게 보여도 됩니다. 실제로 흥분하니까요. 저는 재산에 관해 이야기하면 반드시 흥분합니다. 자네에겐 어떻게 보일지 모르겠지만 이래 봬도 집념이 강하니까요. 남에게 받았던 굴욕이나 손해는 십 년이 지나고 이십 년이 지나도 잊지 않습니다."

　선생님은 평소보다도 더 흥분하고 있었다. 하지만 내가 놀란 것은 결코 그 모습이 아니었다. 도리어 선생님이 내 귀에 호소하는 의미 그 자체였다. 선생님 본인의 입으로 이런 자백을 듣는 것은 아무리 나라고 해도 너무나도 의외인 일임이 틀림없었다. 선생님 성격의 특성상 이런 집착을 여태껏 상상해 본 적조차 없었다. 나는 선생님을 좀 더 약한 사람이라고 믿었다. 그리고 그런 약하고 고상한 부분에 선생님을 따르는 마음이 뿌리를 두고 있었다. 한시적인 기분으로 선생님께 살짝 반항해 보려고 했던 나는 이 말 앞에서 작아졌다. 선생님은 이렇게 말했다.

　"저는 타인에게 기만당했습니다. 그것도 피로 이어진 친척에게 속았죠. 전 결코 그에 대해 잊지 않습니다. 제 아버지 앞에서는 선인이었다는 그들은 아버지가 타계하자마자 용서하기 힘든 부도덕한 사람으로 변했습니다. 그들에게 받은 굴욕과 손해를 어려서부터 지금까지 짊어지고 있습니다. 아마도 죽을 때까지

젊어지고 가겠지요. 죽을 때까지 잊을 수 없을 테니까. 하지만 난 아직 복수하지 않았지. 생각해보면 개인에 대한 복수 이상의 일을 이미 하고 있어. 나는 그들을 증오하기만 하는 게 아니야. 그들을 대표하고 있는 인간이라는 걸 일반화하여 증오하는 법을 배운 거지. 난 그걸로 충분하다고 보네."

 나는 위로의 말조차 쉽사리 입에 담을 수 없었다.

31

 그날 대화도 결국 그 이상 발전하지 않고 끝났다. 나는 선생님의 태도에 위축되어 대화를 더 이어갈 기분이 들지 않았다.

 우리는 시 외곽에서 대중교통을 이용했는데 열차 안에서는 거의 입을 열지 않았다. 열차에서 내리고 얼마 지나지 않아 헤어져야만 했다. 헤어질 때 선생님은 다시 변해있었다. 평소보다는 명랑한 어조로, "앞으로 유월까지는 여유 시간이 많겠군요. 때에 따라서는 생애에서 가장 여유로울지도 모르지. 열심히 놀게나."라고 했다. 나는 웃으며 모자를 벗었다. 그때 선생님의 얼굴을 보면서 선생님은 마음 어디에서 일반화한 인간을 증오하고 있는지가 궁금했다. 그 눈과 입 어디에도 염세적인 그림자는 드리워지지 않았다.

나는 사상 문제에 대해 선생님으로부터 대단한 이익을 얻었다는 것을 자백해야겠다. 하지만 같은 문제에 대해서 이익을 얻으려고 해도 얻을 수가 없었던 일이 간혹 있었다고 해야만 할 것이다. 선생님의 이야기는 때때로 요령부득으로 끝났다. 그날 우리 사이에 있었던 교외의 대화도 이 요령부득의 한 예로서 내 가슴 한편에 남았다.

서슴없던 나는 어느 날 결국 그에 대해 털어놓았다. 선생님은 웃고 있었다. 나는 이렇게 말했다.

"머리가 둔해서 요령부득한 거면 몰라도 제대로 알고 있으면서 명확하게 말씀해주시지 않는 건 너무하십니다."

"전 그 무엇도 숨기지 않았습니다."

"숨기고 계십니다."

"당신은 제 사상과 의견을 제 과거와 동일 선상에 놓고 생각하고 있지는 않습니까? 전 빈약한 사상가지만 자신의 머리에서 정리된 사고를 무턱대고 남에게 숨기거나 하진 않습니다. 숨길 필요가 없으니까요. 하지만 제 과거에 대해 모조리 당신 앞에 늘어놓아야만 하는 건 또 다른 문제지요."

"다른 문제로 생각할 수 없습니다. 선생님의 과거가 낳은 사상이니까 무게를 두는 겁니다. 두 가지를 따로 떼어놓는다면 제게는 무가치한 것이 됩니다. 전 영혼이 들어 있지 않은 인형을 받았을 뿐, 만족은 할 수 없습니다."

선생님은 질렸다는 듯이 내 얼굴을 보았다. 궐련을 들고 있던 손이 조금 떨렸다.

"당신은 대담해."

"단지 진지한 겁니다. 진지하게 인생에서 교훈을 얻고 싶습니다."

"제 과거를 파헤쳐서라도 말입니까."

파헤친다고 하는 말이 갑자기 두렵게 울리며 내 귀를 때렸다. 지금 내 앞에 앉아 있는 것이 한 사람의 죄인이며 평상시 존경하고 있던 선생님이 아닌 듯한 기분이 들었다. 선생님의 얼굴은 창백했다.

"당신은 정말 진지합니까."라고 선생님은 거듭 확인했다. "난 과거의 인과결과로써 사람을 의심하고 있어. 따라서 실은 당신도 의심하고 있지. 하지만 아무래도 당신만은 의심하고 싶지가 않아. 당신은 의심하기에는 너무나 단순한 것 같거든. 난 죽기 전에 단 한 사람이라도 좋으니 타인을 신용하며 죽고 싶어. 당신은 그 단 한 사람이 될 수 있습니까? 되어주겠습니까? 당신은 뼛속까지 진지합니까?"

"만일 제 목숨이 진지한 것이라면 제가 지금 말한 것에 대해서도 진지합니다."

내 목소리는 떨렸다.

"좋습니다."라고 선생님이 말했다. "말하도록 하죠. 제 과거를 남김없이, 당신에게 말하도록 하죠. 그 대신에……. 아뇨 그건 됐습니다. 하지만 제 과거는 당신에게 그다지 유익하지 않을지도 모릅니다. 안 듣는 편이 나을지도 모르고요. 그리고, 지금은 말하지 않을 테니 그리 아십시오. 적당한 시기가 되면 말하도록 하지요."

나는 하숙집에 돌아와서도 묘한 압박을 느꼈다.

32

내 논문은 스스로 평가하고 있던 만큼 교수의 눈에 좋게 보이지 않았던 것 같다. 그렇지만 예정대로 수리되었다. 졸업식 날 나는 곰팡내가 나는 낡아빠진 겨울옷을 고리짝에서 꺼내어 입었다. 졸업식장에 모이자 너 나 할 것 없이 모두 덥다는 얼굴뿐이었다. 나는 바람이 통하지 않는 두꺼운 라샤_{Raxa} 직물로 밀봉된 자신의 몸을 주체하지 못했다. 얼마간 서 있는 사이에 손에 들고 있던 손수건이 흠뻑 젖었다.

식이 끝나고 곧장 돌아가 알몸이 되었다. 하숙집 이 층 창문을 열고서 망원경처럼 둥글게 말린 졸업증서 구멍으로 보이는 만큼의 세상을 바라보았다. 그러고 나서 그 졸업증서를 책상 위에 던져두었다. 그리고 대자로 방 한가운데에서 엎드려 누웠다. 나는 누워서 자신의 과거를 회고했고 미래를 상상했다. 그러자 그사이에 서서 한 구획을 나누고 있던 이 졸업증서 같은 것이 의미가 있는 듯하면서도 없는 듯한 이상한 종이처럼 생각되었다.

나는 그날 밤 만찬에 초대받아 선생님 댁에 갔다. 만일 졸업을 하게 되면 그날의 만찬은 다른 곳에서 즐기지 않고 선생님 댁 식탁에서 한다고 하는 옛 약속이었다.

식탁은 약속대로 응접실 툇마루 가까운 곳에 놓여 있었다. 무늬를 넣어 짜인 두껍고 견고한 식탁보가 아름답고 깔끔하게 전등 빛을 반사하고 있었다. 선생님 댁에서 식사를 하면 반드시 서양요리점에서 볼 수 있을 법한 하얀 린네르liniÈre 위에 젓가락이나 그릇이 올려져 있었다. 그리고 반드시 갓 세탁된 새하얀 것으로 정해져 있었다.

"옷깃이나 커프스와 같은 거지. 더럽혀진 것을 사용할 거라면 애초에 색이 들어간 것을 쓰는 게 낫지. 하얗다면 무조건 순백이어야지."

이런 말을 듣고 보니 선생님은 결벽증이었던 것 같다. 서재 같은 곳도 깔끔하게 정리되어 있었다. 선생님의 그런 두드러진 특색이 둔한 내 시야에 때때로 들어왔다.

"선생님은 병적인 결벽증이군요."라고 과거 부인에게 말했을 때 부인은 "하지만 의복 쪽은 그렇게까지 신경 쓰지 않는 것 같아요."라고 대답한 적이 있었다. 그것을 곁에서 듣고 있던 선생님은, "사실 전 정신적인 결벽증입니다. 그래서 항상 괴롭습니다. 생각해보면 실로 바보 같은 천성이다."라고 말하며 웃었다. 정신적 결벽증이라는 의미는 속되게 말하는 신경이 예민하다는 의미인지 아니면 윤리적인 결벽증이라는 의미인지, 나는 알 수가 없었다. 부인에게도 그 뜻이 잘 전해지지 않았던 것 같다.

그날 밤 나는 선생님과 마주 보고 그 하얀 식탁보 앞에 앉았다. 부인은 두 사람을 좌우에 두고 혼자 정원을 정면으로 마주보는 자리에 앉았다.

"축하합니다."라고 말하며 선생님이 날 위해 축배를 들었다. 나는 이 술자리가 그다지 기쁘지 않았다. 물론 내 마음이 이 말에 반향을 일으키듯 날아오를 것처럼 기쁘지 않았던 것이 하나의 원인이었다. 하지만 선생님의 말투도 나의 기쁨을 부채질하는 들뜬 모습은 아니었다. 선생님은 웃으며 잔을 올렸다. 나는 그 웃음 속에서 심술궂은 아이러니를 조금도 찾을 수 없었다. 동시에 축하한다는 참마음도 짐작할 수가 없었다. 선생님의 웃음은, "세상에서는 이런 경우에 항상

'축하합니다'라고 말하려 하지요."라고 내게 속삭였다.

　부인은　내게　"잘됐네요.　양친께서　꽤나　기뻐하고
계시겠지요."라고 말해주었다. 나는 갑자기 병에 걸린 아버지에
대해　생각했다.　하루빨리　저　졸업증서를　가지고　가서
보여줘야겠다고 생각했다.

　"선생님의 졸업증서는 어디에 있습니까?"라고 나는 물었다.

　"어디에 있었지. 어디에 넣어뒀던 것 같은데."라고 선생님이
부인에게 물었다.

　"네, 분명 어디에 있긴 할 텐데요."

　졸업증서가 있는 곳을 두 사람 모두 잘 몰랐다.

33

　식사가 시작되었을 때 부인은 곁에 앉아 있던 가정부를 옆에
세워두고　직접　시중을　들었다.　이것이　손님을　대접하는,
공공연하지 않은 선생님 댁의 관례라는 것 같았다. 처음 한두
번은 나도 갑갑함을 느꼈으나 횟수를 더해감에 따라 그릇을
부인 앞에 내미는 것이 아무렇지도 않게 되었다.

　"차? 밥? 상당히 잘 먹는군요."

부인도 아무렇지도 않게 기탄없는 말을 할 때가 있었다. 하지만 그날은 계절이 계절이다 보니 그렇게 놀림을 받을 정도로 식욕이 일지 않았다.

"벌써 끝? 당신 요즘 소식을 하게 됐나 봐요."

"소식을 하게 된 게 아닙니다. 더워서 먹질 못합니다."

부인은 가정부를 불러 식탁을 정리하도록 한 후에 재차 아이스크림과 과일을 가져오도록 했다.

"이건 집에서 만든 거예요."

할 일이 없는 부인은 손수 만든 아이스크림을 손님에게 내놓을 정도의 여유가 있어 보였다. 나는 그것을 두 그릇이나 비웠다.

"자네도 드디어 졸업했는데 앞으로 뭘 할 생각입니까?"라고 선생님이 물었다. 선생님은 반쯤 툇마루 쪽으로 자리를 틀고서 등을 장지에 기대고 있었다.

나는 그저 졸업했다는 자각이 있을 뿐, 앞으로 뭔가를 하겠다는 목적 같은 건 없었다. 대답을 주저하고 있는 날 봤을 때 부인은 "교사?"라고 물었다. 그것에도 대답하지 않고 있자 이번에는, "그럼 공무원?"이라고 다시 물었다. 나도 선생님도 웃었다.

"아직 뭘 하겠다고 정한 게 없습니다. 실은 직업이라는 것에 대해 전혀 생각한 적이 없거든요. 애초에 뭐가 좋고 나쁜지 스스로 해 보지 않고는 모르니까 선택하기 힘들어지는 것 같습니다."

"그것도 그러네. 하지만 당신은 분명 재산이 있으니 그런 태평한 소리를 하는 거예요. 형편이 어려운 사람을 생각해보세요. 쉽사리 당신처럼 편하게 있을 수 없을 테니까."

내 친구 중에는 졸업하기 전부터 중학교 교사 자리를 찾던 사람이 있었다. 나는 마음속으로 부인이 말하고자 하는 바를 인정했다. 하지만 이렇게 대답했다.

"어느 정도 선생님께 영향을 받은 거겠죠."

"제대로 된 본보기를 보여주지 않았네요."

선생님은 쓸쓸하게 웃었다.

"영향을 받아도 좋으니 저번에 말한 대로 아버님께서 살아계실 동안 어느 정도 재산을 받아두도록 하게나. 그렇지 않으면 결코 방심할 수 없어."

나는 선생님과 함께 교외에 있는 분재 가게의 넓은 정원에서 이야기했던, 철쭉이 피어 있던 오월 초를 떠올렸다. 그때 귀갓길에 선생님이 흥분된 어조로 내게 말했던 강한 말을 다시 귓속에서 반복했다. 그것은 강할 뿐만 아니라 너무도 충격적이었다. 하지만 사실을 몰랐던 내게는 비현실적인 말이기도 했다.

"부인, 댁의 재산은 상당히 많습니까?"

"왜 그런 걸 묻는 거예요."

"선생님께 여쭤봐도 알려주지 않으니까요."

부인은 웃으면서 선생님의 얼굴을 보았다.

"알릴 만큼 많지 않으니까 그런 거겠죠."

"하지만 어느 정도 있으면 선생님처럼 살 수 있는지, 집에 돌아가서 아버지와 대화를 나눌 때 참고하고 싶으니까 알려주세요."

선생님은 정원을 보면서 묵묵히 담배를 피우고 있었다. 대화 상대는 자연히 부인일 수밖에 없었다.

"어느 정도라고 할 만큼 있지 않아요. 이렇게 어찌어찌 생활해나갈 수 있을 정도죠. 그건 그렇다 치고 당신은 앞으로 뭔가 해야만 해요. 선생님처럼 빈둥거리고만 있으면……"

"빈둥거리고 있지 않아."

선생님은 고개만 조금 돌려 부인의 말을 부정했다.

34

나는 그날 밤 열 시가 지나서야 선생님 댁을 나섰다. 이삼일 사이에 귀향할 생각이었기에 자리를 뜨기 전에 짧은 작별 인사를 했다.

"이제 당분간 뵐 수 없을 테니까요."

"구월에는 돌아오실 거죠?"

나는 이미 졸업했으니 구월에 돌아올 필요가 없었다. 하지만 한창 더울 팔월을 애써 도쿄에서 보낼 마음도 없었다. 내게는 직업을 얻기 위한 귀중한 시간이라는 의식 자체가 없었다.

"아마도 구월쯤이 되겠죠."

"그러면 그동안 건강하세요. 우리도 어쩌면 이번 여름엔 피서를 갈지도 몰라요. 상당히 더울 것 같으니까. 가게 되면 그림엽서라도 또 보낼게요."

"만일 가신다고 한다면 어디에 가실 예정입니까."

선생님은 이 대화를 빙그레 웃으며 듣고 있었다.

"아직 갈지 안 갈지 아무것도 정해진 게 없어요."

자리를 뜨려고 할 때 선생님은 갑자기 나를 잡고는 "그런데 아버님의 병환은 어떻습니까?"라고 물었다. 나는 아버지의 건강에 대하여 아는 바가 거의 없었다. 아무 말이 없는 이상 나쁘지 않을 거라고만 생각하고 있었다.

"그렇게 가볍게 생각할 수 있는 병이 아닙니다. 요독증이 생기면 되돌릴 수 없거든요."

요독증이라는 말이나 의미를 나는 알 수 없었다. 저번 겨울 방학에 고향에서 의사의 소견을 들었을 때 그런 말은 전혀 듣지 못했다.

"관심을 많이 가져주세요."라고 부인도 말했다. "독이 뇌로 돌게 되면 이제 끝장이에요, 당신. 웃을 일이 아니에요."

무신경한 나는 어쩐지 걱정스러우면서도 싱글벙글하고 있었다.

"어차피 낫지 않는 병이라고 하니까 아무리 걱정을 해도 도리가 없잖습니까."

"그렇게 단정 지어 버리면 그만이지만."

부인은 과거 같은 병으로 죽었다고 하는 자신의 어머니라도 떠올렸는지 침울한 모습으로 이렇게 말하고는 고개를 아래로 떨구었다. 나도 아버지의 운명이 안타까워졌다.

그러자 선생님이 갑자기 부인 쪽을 보았다.

"시즈, 당신은 나보다 먼저 죽을까?"

"갑자기 무슨 말이에요."

"갑자기라니, 그저 물어보는 거야. 아니면 내가 너보다 먼저 끝날까? 대체로 세상에선 남편이 먼저고 아내가 남는 것이 당연하다고 생각하지."

"그렇게 정해진 것도 아니죠. 그야 남자 쪽은 아무래도, 나이가 더 많잖아요."

"그러니 먼저 죽는다는 논리인가. 그러면 나도 당신보다 먼저 저세상으로 가야만 하는군."

"당신은 예외죠."

"그런가."

"그렇지만 건강하잖아요. 병을 앓은 적이 거의 없지 않던가요? 그야 아무래도 제가 먼저죠."

"먼저일까?"

"네, 분명 그럴 거예요."

선생님은 내 얼굴을 보았다. 나는 웃었다.

"만일 내 쪽이 먼저 가게 된다고 하지. 그러면 당신은 어쩔 거지."

"그건 또 무슨……"

부인은 거기서 말끝을 흐렸다. 선생님의 죽음에 대한 상상적 비애가 잠시 부인의 가슴을 덮친 것 같았다. 하지만 다시 얼굴을 들었을 때는 이미 기분이 변해있었다.

"어쩔 거냐니 어쩔 수 없는 거지, 그렇잖아요. 노소부정老少不定이라는 말이 있을 정도니까."

부인은 짐짓 내 쪽을 보며 농담인 듯 이렇게 말했다.

35

  나는 일어서려다가 다시 앉아서 이야기가 일단락될 때까지 두 사람의 상대를 하게 되었다.

"자네는 어떻게 생각합니까?" 하고 선생님이 물었다.

선생님과 부인 중 누가 빨리 돌아가실지, 애초에 내가 판단할 수 있을 법한 문제가 아니었다. 나는 그저 웃었다.

"수명은 모르겠습니다, 저도."

"수명은 자의로 어떻게 할 수 없으니까요. 태어날 때 정해진 연수를 받아오는 거니까 어쩔 수 없죠. 선생님의 부모님 같은 경우는 거의 똑같았어요, 돌아가신 게."

"돌아가신 날이 말입니까."

"설마, 날짜까지 같지는 않지만. 하지만 아무튼 똑같아요. 그게 연달아서 돌아가셨거든요."

이 지식은 내게 새로운 것이었고 의문이 들었다.

"왜 그렇게 일시에 돌아가신 겁니까?"

부인은 내 질문에 대답하려고 했으나 선생님이 말을 막았다.

"그런 이야기는 관둬. 말해서 좋을 게 없으니."

선생님은 손에 들고 있던 부채를 일부러 펄럭펄럭 부쳤다. 그리고 다시 부인을 돌아보았다.

"시즈, 내가 죽으면 이 집을 당신한테 주지."

부인은 웃기 시작했다.

 "주는 김에 땅도 주세요."

 "땅은 남의 것이라서 줄 수가 없어. 대신 내가 가지고 있는
건 모두 네게 주지."

 "고맙습니다. 하지만 영어로 된 책 같은 건 받아도 쓸데가
없네요."

 "고서점에 팔아."

 "팔면 얼마나 나오는데요?"

 선생님은 얼마라고 말하지 않았다. 하지만 선생님의 이야기는
쉽사리 본인의 죽음이라는 화제에서 벗어나지 않았다. 그리고
그 죽음은 반드시 부인보다 앞서 일어날 것이라고 가정했다.
부인도 처음에는 일부러 실없는 대답을 하는 것처럼 보였다.
그것이 어느샌가 감상적인 그녀의 마음을 무겁고 갑갑하게
만들었다.

 "내가 죽으면, 내가 죽으면, 그렇게 몇 번이고 말씀하시네.
제발 부탁이니 불길한 소리 좀 이제 그만 하세요. 당신이
죽으면 뭐든 당신 생각대로 해드릴 테니까, 그러면 되잖아요."

선생님은 정원 쪽을 보며 웃었다. 하지만 그 후로 부인이 싫어하는 말은 하지 않았다. 나도 너무 오래 있었기에 곧장 자리에서 일어났다. 선생님과 부인은 현관까지 배웅하러 나왔다.

"아버님께서 쾌차하시길 바랄게요." 하고 부인이 말했다.

"구월에 보세."라고 선생님이 말했다.

나는 인사를 하고 문밖으로 나왔다. 현관과 문 사이에 있는 울창한 목서 한 그루가 내 갈 길을 막는 것처럼 어둠 속에서 나뭇가지를 뻗고 있었다. 나는 두어 걸음을 걸어 나가면서 거무스름한 잎으로 덮여 있는 우듬지를 보고 곧 찾아올 가을꽃과 향기를 회상했다. 예전부터 마음속으로 선생님 댁과 이 목서를 따로 떼어놓을 수 없는 것처럼 함께 기억하고 있었다. 내가 이 나무 앞에 서서 다시 이 집 현관을 넘게 될 가을에 대한 생각에 잠겼을 때 이제까지 격자 사이에서 비치고 있던 현관 등이 살며시 사라졌다. 선생님 부부는 그대로 안으로 들어간 것 같았다. 나는 혼자 어두운 바깥으로 나왔다.

나는 곧장 하숙집에 돌아가진 않았다. 고향에 돌아가기 전

준비해야 할 물건도 사야 했고 진수성찬을 소화할 필요도 있었기에 아무 생각 없이 번화가 쪽으로 걸어갔다. 그곳은 아직 초저녁이었다. 용무가 없어 보이는 남녀가 줄줄이 움직이고 있는 곳에서 나는 오늘 나와 함께 졸업한 아무개와 만났다. 그는 나를 억지로 어느 술집으로 데리고 들어갔다. 나는 그곳에서 맥주 거품 같은 그들의 이야기를 들어야만 했다. 내가 하숙집에 돌아갔을 때는 열두 시가 지나 있었다.

36

나는 다음 날도 더위를 뚫고서 부탁받은 것을 사들이며 걸었다. 편지로 주문을 받았을 때는 아무것도 아닌 것처럼 생각했으나 막상 닥치고 보니 꽤나 귀찮게 느껴졌다. 나는 열차 안에서 땀을 닦으며 남의 시간과 수고에 대해 미안하다는 관념이 전혀 없는 시골 사람을 밉상이라고 생각했다.

나는 이 여름을 부질없이 보낼 생각은 없었다. 고향에 돌아가서의 일정이라는 것을 새삼 만들어두었기에 이것을 이행하는 데 필요한 서적도 손에 넣어야만 했다. 나는 반나절을 마루젠丸善 이 층에서 보낼 각오를 했다. 자신과 관계가 깊은 부문의 서적칸 앞에 서서 한 권씩 점검해 갔다.

살 것 중에 가장 나를 곤란하게 한 것은 여성용 의류였다. 점원에게 말하면 얼마든지 꺼내어 보여주었지만 어느 것을 고르고 구입할 단계가 되면 고민이 깊어졌다. 게다가 가격이 상당히 부정확했다. 쌀 것 같아서 물어보면 상당히 비쌌고 비쌀 것으로 생각하여 묻지 않고 있으면 도리어 굉장히 저렴하기도 했다. 개중에는 아무리 비교해 봐도 어디에서 가격 차이가 나는 건지 알 수 없는 것도 있었다. 나는 정말 지쳐버렸다. 그러면서 마음속으로 부인에게 부탁하지 않은 것에 대해 후회했다.

나는 가방을 샀다. 물론 일본에서 만든 조잡한 물건에 불과했으나 그래도 쇠 장식 같은 것이 반짝거렸기에 시골 사람에게 위압감을 주기에 충분했다. 이 가방은 우리 어머니의 지시였다. 졸업하면 새 가방을 사서 그 안에 모든 선물을 넣어 돌아오도록 특별히 편지에 적었다. 나는 그 구절을 읽을 때 웃음이 나왔다. 어머니의 의도를 모르겠다기보다는 그 말이 어떤 의미에서 우스꽝스러웠던 것이다.

작별 인사를 할 때 선생님 부부에게 말했던 대로 그로부터 사흘이 되는 날 기차를 타고 고향으로 돌아갔다. 겨울 이후 아버지의 병환에 대해 선생님으로부터 여러 가지 주의를 받았던 나는 걱정을 많이 해야 할 자식이면서도 이상하게 그다지 괴롭지 않았다. 나는 도리어 아버지가 없어지고 난 후의 어머니를 상상하며 가엾게 생각했다. 그 정도였으니 마음 한편에서 아버지는 곧 사라질 존재라고 각오하고 있었음이 분명하다. 규슈에 있는 형에게 보낸 편지에도 아버지가 절대로 예전처럼 건강한 몸으로 회복될 가망이 없다고 적었다. 업무 사정도 있겠지만 가능하면 한 번은 어떻게 변통을 해서 이번 여름 정도는 얼굴이라도 보러 돌아오면 어떻겠느냐고도 적었다. 게다가 노인 둘이서만 시골에 있는 건 적적할 것이고 우리도 자녀로서 극히 유감스럽다고 하는 감상적인 구절까지 써넣었다. 실제로 마음에 떠오르는 대로 적었다. 하지만 적은 후의 기분은 적었을 때와 달라져 있었다.

나는 그러한 모순에 대해 기차 안에서 생각했다. 스스로가 기분이 변하기 쉬운 경박한 인간처럼 생각되어 불쾌해졌다. 다시 선생님 부부에 대하여 떠올렸다. 특히 이삼일 전 만찬에 불려갔던 때의 대화를 떠올렸다.

"어느 쪽이 먼저 죽을 것인가."

나는 그날 밤 선생님과 부인 사이의 대화 주제를 혼자 입안에서 반복해 보았다. 그리고 그 의문에는 누구도 자신 있게 대답할 수 없을 거라고 생각했다. 하지만 어느 쪽이 먼저 죽을지 확실히 알고 있다면 선생님은 어떻게 할까? 부인은 또 어떻게 할까? 선생님도 부인도 지금 같은 태도로 일관하는 것 외에 방법이 없을 거라고 생각했다. 죽음에 점점 다가서고 있는 아버지를 고향에 두고 내가 어쩌지 못하는 것처럼. 나는 인간이 덧없다는 걸 깨달았다. 어쩌지 못하는 것을 가지고 태어난 인간의 가벼움을, 그것이야말로 덧없다고 느꼈다.

중 양친과 나

1

집에 돌아와서 의외라고 생각한 건 아버지의 건강이 요전에 봤던 때와 큰 차이가 없던 것이었다.

"돌아왔구나. 그래, 졸업했으니 아무튼 잘했다. 잠시 기다려라. 지금 세수를 하고 있으니까."

아버지는 마당에 나가 뭔가를 하고 있던 참이었다. 낡은 밀집모자 뒤에 햇볕을 가리기 위해 동여맨 거무접접한 손수건을 펄럭이며 우물이 있는 뒤편으로 돌아갔다.

학교를 졸업하는 건 평범한 인간으로서 당연하다고 생각하던 나는 생각 이상으로 기뻐해준 아버지 앞에서 겸연쩍었다.

"졸업을 했으니 아무튼 잘했다."

아버지는 이 말을 몇 번이고 반복했다. 나는 마음속으로 아버지의 기쁨과, 졸업식이 있던 날 밤 선생님 댁 식탁에서 "축하합니다."라는 말을 하던 선생님의 얼굴을 비교했다. 입으로는 축하해주면서 마음속으로는 폄하하고 있던 선생님

쪽이 더할 나위 없이 진귀했고, 기뻐하는 아버지보다 더 고상해 보였다. 나는 결국 아버지의 무지함에서 나오는 시골스러운 부분을 불쾌하게 느꼈다.

"대학쯤 졸업했다고 그렇게까지 잘한 게 아니에요. 졸업하는 사람은 매년 몇 백 명이나 있습니다."

나는 어느새 이런 식의 말을 했다. 그러자 아버지가 묘한 얼굴을 했다.

"그야 졸업했으니 잘했다고만 하는 건 아니다. 물론 졸업은 잘한 게 분명하지만 내가 하는 말엔 좀 더 다른 의미가 있어. 그걸 네가 알아주기만 한다면……"

나는 아버지에게 그 뒤를 물으려고 했다. 아버지는 말하고 싶지 않은 것 같았지만 결국 이렇게 말했다.

"그러니까 내가 잘했다고 한 건 말야. 너도 잘 알다시피 내겐 병이 있잖아. 작년 겨울 널 만났을 때 어쩌면 이제 석달이나 넉달밖에 남지 않았다고 생각하고 있었어. 그런데 이 무슨 행운인지 오늘까지 이러고 있지. 움직이는 데 불편함 없이 살고 있지. 그런 상황에서 네가 졸업을 했다. 그러니까 기쁜 거야.

정성을 다해 키운 아들이 자신이 사라지고 난 후에 졸업하는 것보다 건강할 때 학교를 나오는 편이 부모 입장에선 기쁠 수밖에 없지. 장대한 생각을 품고 있는 네가 보면 고작 대학을 졸업했을 뿐인데 잘했다는 말을 듣는 게 마땅찮겠지. 하지만 내 입장에서 생각해 봐. 입장이 좀 다르잖아. 그러니까 졸업은 네 입장이라기보단 내 입장에서 잘된 거야. 알겠나?"

나는 아무 말도 하지 않았다. 사죄하는 마음 이상으로 죄송스러워서 고개를 숙였다. 아버지는 건강할 때 자신의 죽음을 각오하고 있던 걸로 보였다. 거기다 내가 졸업하기 전에 죽을 거라고 단정짓고 있던 것 같다. 졸업이 아버지의 마음에 얼마나 큰 반향을 줄지 생각하지 않았던 나는 너무나 어리석었던 것이다. 나는 가방 속에서 졸업증서를 꺼내어 그것을 소중한 걸 다루듯이 부모님께 건넸다. 증서는 뭔가에 의해 찌그러져서 본래 형태를 잃고 있었다. 아버지는 그것을 조심스럽게 폈다.

"이런 건 둘둘 말아서 손에 들고 왔어야지."

"안에다 심이라도 넣었으면 좋았을 것을." 하고 어머니도 옆에서 편들었다.

아버지는 얼마간 그것을 바라본 후 일어나더니 거실에 가서 누구의 눈에도 금세 들어올 법한 정면에 증서를 두었다. 평소 나라면 곧장 뭐라고 말했을 테지만 그때의 나는 평소와 전혀 달랐다. 부모님을 거스를 기분이 티끌만큼도 들지 않았다. 나는 가만히 아버지가 하는 대로 맡겨두었다. 일단 길이 잘못 들어버린 종이 증서는 좀처럼 아버지 마음대로 되지 않았다. 적당한 위치에 두자마자 곧바로 자신에게 자연스러운 상태로 돌아가며 쓰러지려고 했다.

2

나는 어머니를 몰래 불러 아버지의 용태를 물었다.

"건강하다는 듯이 아버지가 마당에 나가거나 뭘 하고 있는데 저래도 됩니까?"

"이제 괜찮으신 것 같아. 많이 호전 되신 거겠지."

어머니는 의외로 침착했다. 도회지에서 멀리 떨어진 숲과 밭에서 살고 있는 평범한 여자로서 어머니는 이런 일에 대해서는 지식이 전무했다. 그렇지만 요전번에 아버지가 졸도했을 땐 상당히 놀라고 걱정을 많이 했었다는 생각이 들어서, 나는 마음속에서 홀로 이상한 느낌을 받았다.

"하지만 의사 선생님은 그때 가망이 없다고 선고하지 않았습니까?"

"그러니까 인간의 몸만큼 신비로운 건 없지. 그렇게나 의사가 쉽지 않다고 말했는데 지금까지 정정하잖니. 엄마도 처음에는 걱정이 돼서 되도록이면 움직이지 않게 해야겠다고 생각했는데 말이지. 너희 아버지가 저런 성격이잖니. 요양은 하지만 고집이 세지. 자신이 한 번 괜찮다고 생각하면 좀체 내가 하는 말 같은 건 들을 생각을 안 하니 말야."

나는 요전번에 돌아왔을 때 강제로 침구를 정리하게 하고 수염을 깎던 아버지의 모습과 태도를 떠올렸다. "이제 괜찮다. 네 엄마가 너무 요란을 떠니 안 되는 거다." 하고 말하던 그때의 말을 생각해 보니 어머니만 책망할 기분도 들지 않았다. 그래도 옆에서 조금은 챙겨줘야 한다고 말하려던 나는 결국 삼가는 마음으로 아무것도 입에 담지 않았다. 그저 아버지의 병의 성격에 대하여 내가 알고 있는 모든 것을 알려주듯이 설명했다. 하지만 대부분은 선생님과 부인에게 얻은 재료에 불과했다. 어머니는 딱히 마음이 크게 감화된 모습도 보이지 않았다. 그저 "저런, 그 집도 똑같은 병으로. 참 안 됐구나. 연세가 몇이실 때 돌아가셨니, 그분은." 같은 것을 물었다.

　나는 하는 수 없이 어머니 말고 직접 아버지에게 갔다. 아버지는 내 충고에 대해 어머니보다는 진지하게 들어주었다. "옳고말고. 네 말이 맞다. 하지만 내 몸의 주인은 나고 그에 대한 요양법은 몇 년의 경험상 내가 가장 잘 알지." 하고 말했다. 그것을 들은 어머니는 씁쓸하게 웃으면서 "그것 봐라."라고 말했다.

　"하지만 저래 봬도 아버지는 속으로 각오를 하고 있어요. 이번에 제가 졸업하고 돌아온 걸 굉장히 기뻐하고 있는 것도 전부 그 때문이죠. 살아 있을 때 졸업은 못할 것으로 예상했는데 건강할 때 졸업증서를 갖고 왔으니 그게 기쁘다고, 아버지 본인이 그렇게 말했다고요."

　"그야 말은 그렇게 하시지만. 속으로는 아직 괜찮다고

생각하고 계신 거지."

"그래요?"

"앞으로 십 년이고 이십 년이고 살 생각이신 거야. 가끔은 불안하다는 듯이 말씀도 하시지만. 이대로면 얼마 남지 않았는데 당신이 죽으면 어쩔 거냐고, 엄마 혼자 이 집에 있을 생각이냐고 묻더구나."

나는 갑자기 아버지가 돌아가시고 어머니 홀로 남겨졌을 때의, 오래되고 넓은 시골집을 상상해 보았다. 이 집에서 아버지 한 명을 제외한 후에 그대로 꾸려나가는 걸까? 형은 어쩔까? 어머니는 뭐라고 할까? 이렇게 생각하고 있는 나는 다시 이 땅을 떠나 도쿄에서 태평스럽게 살아가는 것일까? 나는 어머니를 눈앞에 두고 선생님의 충고, 아버지가 정정할 때 받을 수 있는 재산을 받아두라는 그 말을 우연히 떠올렸다.

"아무튼 말이지, 스스로 죽는다고 하는 사람이 죽는 예는 없으니까 안심이야. 네 아버지도 죽네 사네 하니 앞으로 몇 년 사실지 알 수 없어. 그보다는 아무 말 없는 건강한 사람이 더 위험하지."

이론에서 나온 건지 통계에서 나온 건지 알 수 없는 어머니의
진부한 말을 묵묵히 듣고 있었다.

3

부모님이 날 위해 팥밥을 지어 손님을 초대하는 것에 대해
의논했다. 나는 돌아온 그날부터 어쩌면 이런 일이 벌어지지
않을까 걱정하며 마음속으로 은근히 두려워하고 있었다. 나는
곧장 거절했다.

"야단스러운 일은 하지 마세요."

난 시골 손님이 싫었다. 마시거나 먹는 것을 최종 목적으로
찾아오는 그들은 단순히 무슨 일이 생기면 좋다는 식인
사람들이었다. 어렸을 때부터 그들과 자리를 함께 하는 것이
괴로웠다. 더욱이 자신 때문에 그들이 온다면 내 괴로움은 한층
더 심해질 것처럼 상상되었다. 하지만 나는 부모님 앞에서 그런
야비한 인간들을 모아 잔치를 벌이는 걸 관두라고도 할 수
없었다. 그래서 그저 야단스러운 일이라고만 주장했다.

"야단스럽다고 하는데 전혀 그렇지 않아. 생애 두 번 있는
일이 아니니 손님이야 부르는 게 당연하지. 그렇게 사양하지

말아라."

어머니는 내가 대학을 졸업했다는 것을 마치 색시라도 맞이한 것처럼 중요하게 보고 있는 것 같았다.

"안 불러도 되지만 안 부르면 또 말이 나올 테니까."

이것은 아버지의 말이었다. 아버지는 그들의 뒷말을 신경 쓰고 있었다. 실제로 그들은 이런 경우에 자신들의 생각대로 되지 않으면 금세 참견하고 싶어 하는 사람들이었다.

"도쿄와 다르게 시골은 시끄러우니까."

아버지는 이렇게 말하기도 했다.

"아버지 체면도 있으니까." 하고 어머니가 다시 덧붙였다.

나는 고집을 부릴 수 없었다. 결국 두 사람의 원하는 대로 하면 된다고 생각했다.

"그러니까 절 위한다면 하지 말라고 한 것뿐입니다. 뒤에서 무슨 말을 하는 게 싫다는 생각이시면 그거야 또 다른 문제죠. 부모님께 불이익이 되는 일을 제가 억지로 주장한대도 어쩔 수 없잖습니까?"

"그렇게 머리로만 따지지 말아라."

아버지는 씁쓸한 표정을 지었다.

"아무튼 널 위해서 하는 게 아니라고 아버지가 말씀하시는 건 아니지만 너도 세상에 대한 도리쯤은 알고 있잖니."

어머니는 이럴 때 여자들이 으레 그렇듯 뜬금없는 소리를 했다. 그렇지만 말수로 보면 아버지와 나를 합쳐도 쉽사리 대적할 수 없었다.

"공부만 하고 있으면 인간이 이론만 따지니 못 쓰겠구나."

아버지는 그저 이런 말을 했지만 간단한 한마디 말 속에서 아버지가 평소 내게 가진 불평 전체를 보았다. 나는 그때 자신의 말투에 모가 난 부분을 깨닫지 못하고 아버지의 불평만 부당하다고 생각했다.

아버지는 그날 밤 다시 기분을 푸시고 손님을 언제 부르는 게 좋은지 내 형편을 물었다. 형편이고 자시고 낡은 집에 늘어져서 단순히 먹고 자던 내게 이렇게 물어본 것은 아버지가 한 수 접은 것과 같았다. 나는 이런 온화한 아버지 앞에서 자연스럽게 머리를 숙일 수밖에 없었고 아버지와 의논 후 초대 날짜를 정했다.

그날이 아직 오기도 전에 큰일이 생겼다. 그것은 메이지 텐노天皇의 병에 대한 보도였다. 신문에 의해 곧장 일본 전역에 알려진 이 사건은 시골집에서 우여곡절 끝에 겨우 매듭지어졌던 나의 졸업 축하 잔치를 한 방에 날려버렸다.

"으음, 양해를 구하고 취소하는 게 좋겠어."

안경을 착용하고 신문을 보던 아버지는 이렇게 말했다. 아버지는 가만히 자신의 병에 대해 생각하는 것 같았다. 문득 이번 대학 졸업식에 행차하신 폐하를 떠올렸다.

4

적은 인원에게는 지나치게 넓고 호젓한 낡은 집에서 나는 행장을 풀고 책을 읽기 시작했다. 어째선지 마음이 편해지질 않았다. 어지러운 도쿄의 하숙집 이 층에 앉아 멀리서 달리고 있는 노면 열차 소리를 들으며 책을 한 장 한 장 넘기는 편이 긴장감이 있어 기분 좋게 공부할 수 있었다.

나는 툭하면 책상에 기대어 선잠이 들었다. 가끔은 직접 베개까지 꺼내어 본격적으로 낮잠에 빠져든 적도 있었다. 눈이 떠지면 매미 소리를 들었다. 현실과 연결된 듯한 그 소리는 급속도로 시끄럽게 귓속을 어지럽혔고 가만히 그것을 들으며 때로는 슬픈 마음을 가슴속에 품었다.

　나는 친구들에게 짤막한 엽서나 긴 편지를 적었다. 친구 중 어떤 이는 도쿄에 남아 있었다. 어떤 이는 머나먼 고향으로 돌아갔다. 답장을 보내는 이도 있었고 묵묵부답인 사람도 있었다. 나는 물론 선생님을 잊지 않았다. 원고지에 가느다란 글씨로 고향에 돌아온 이후의 자신이라는 것을 주제로 하여 세 장이나 적어둔 것을 보내기로 하였다. 그것을 봉할 때 선생님이 여전히 도쿄에 계실지 확신할 수 없었다. 선생님이 부인과 함께 집을 비울 때 오십 대 부인이 와서 집을 봐주기로 되어 있었다. 내가 과거 선생님께 그 사람에 관해 물었더니 선생님은 누굴 것 같으냐고 되물었다. 나는 그 사람을 선생님의 친척이라고 착각했다. 선생님은 "제게 친척은 없습니다."라고 대답했다. 선생님 고향에 연고 있는 사람들과 선생님은 소식을 전혀 주고받지 않았다. 집을 봐주는 의문의 여성은 선생님과 연고가 없는 부인 쪽 친척이었다. 나는 선생님께 우편을 보낼 때 문득 폭이 가는 허리띠를 편하게 뒤로 묶고 있던 그 사람의 모습을 떠올렸다. 만일 선생님 부부가 피서라도 간 후에 이 우편물이 도착한다면 그 아주머니는 이걸 곧장 피서지에 보내줄 만큼의 재치와 친절을 가진 사람일까? 그러면서도 이 편지에는 이렇다 할 중요한 내용이 적혀 있는 건 아니었다. 나는 그저 쓸쓸했고 답장이 올 거라고 예상했다. 하지만 답장은 끝끝내 오지 않았다.

아버지는 작년 겨울 때처럼 장기를 두고 싶어 하지 않았다. 장기판은 먼지가 앉은 채 거실 구석에 방치되어 있었다. 특히 폐하의 병 이후 아버지는 가만히 생각에 잠기는 것 같았다. 매일 신문이 오는 것을 기다리다가 가장 먼저 읽었다. 그러고 나서 읽고 난 것을 친히 내가 있는 곳에 가져왔다.

"이거 봐라, 오늘도 천자님에 대해 자세히 적혀 있구나."

아버지는 폐하를 항상 천자님이라고 불렀다.

"황송하게도 천자님의 병환도 아버지와 비슷한 거겠지."

아버지의 얼굴에는 깊은 걱정의 그림자가 걸려 있었다. 이런 말을 듣는 내 마음에는 아버지가 언제 또 쓰러질지 알 수 없다고 하는 걱정이 번뜩였다.

"하지만 괜찮을 거다. 나 같은 별거 아닌 사람도 아직 이렇게 버티고 있으니까."

아버지는 자신이 건강할 거란 보증을 스스로 부여하면서 당장에라도 자신에게 찾아들 위험을 예감한 것 같았다.

"아버지는 사실 병을 두려워하고 있어요. 어머니가 말씀하신 대로 십 년이고 이십 년이고 살 생각은 아닌 것 같아요."

어머니는 내 말을 듣고 당혹스러워 보였다.

"다시 장기라도 두자고 말이라도 붙여 보려무나."

나는 거실에 있는 장기판의 먼지를 닦았다.

5

아버지는 점차 쇠약해져 갔다. 손수건이 붙은 낡은 밀짚모자가 자연스레 방치되기 시작했다. 검게 그을린 선반 위에 놓여 있는 그 모자를 볼 때마다 연민의 감정이 생겼다. 아버지가 예전처럼 가볍게 움직이는 동안에는 좀 자제해줬으면 좋겠다고 걱정했다. 하지만 아버지가 가만히 앉아 있게 되니 예전이 더 건강했었다는 기분이 들었다. 나는 아버지의 건강에 대해 자주 어머니와 이야기를 나눴다.

"그건 기분 탓이야."라고 어머니가 말했다. 어머니는 폐하와 아버지의 병을 연관 지어 생각하고 있었다. 나는 그렇게 생각할 수밖에 없었다.

"기분 탓이 아니라 정말 몸이 안 좋은 건 아닐까요? 아무래도 기분보다 건강이 안 좋아지는 것 같아요."

나는 이렇게 말하며 마음속으로 다시 제대로 된 의사라도 불러서 진찰을 받아보도록 할까 궁리했다.

"올여름은 너도 지루했겠지. 모처럼 졸업했는데 축하해주지도 못하고 아버지 몸은 저 모양이고 거기다 천자님까지 병환으로. 이렇게 될 거였으면 돌아왔을 때 곧장 손님을 부르는 편이 나았을 거야."

내가 돌아온 것은 칠월 오륙일 즈음이고 부모님이 내 졸업을 축하하기 위해 손님을 부르자는 말을 꺼낸 것은 그로부터 일주일 후였다. 그리고 겨우 정한 날은 그로부터 또다시 일주일 남짓이나 이후의 일이 되었다. 시간의 속박을 허락하지 않는 느긋한 시골에 돌아온 나는 덕분에 원치 않는 사교적인 고통에서 벗어난 것이나 다름없었는데 나를 이해 못 하는 어머니는 조금도 그것을 알지 못했다.

붕어했다는 보도가 전해졌을 때 아버지는 그 신문을 손에 들고, "아아, 아아."라는 소리를 냈다.

"아아, 아아. 천자님도 이렇게 가시는구나. 나도⋯⋯"

아버지는 그다음을 말하지 않았다.

나는 검은색 얇은 천을 사기 위해 마을로 나갔다. 그걸로 깃대의 깃봉을 감싸고 깃대 끝에 일 미터 정도의 폭으로 얇은 천을 달아 길가를 향해 비스듬히 걸었다. 깃발과 검은색 얇은 천은 바람 없는 공기 속에 축 늘어져 있었다. 우리 집 낡은 문의 지붕은 짚으로 덮여 있었다. 비바람을 맞아 날아간 짚의 색깔은 진즉 변색이 되어 옅은 잿빛을 띠고 있는데다 군데군데 울퉁불퉁한 것까지 눈에 들어왔다. 나는 홀로 문밖에 나가 검은색 얇은 천과 하얀 메린스Merinos 천, 그 안을 물들이고 있는 붉은 원형의 색을 바라보았다. 그것이 거무죽죽한 지붕의 짚에 비치는 것도 보았다. 과거 선생님이 "당신의 집 구조는 어떤 형식입니까? 제 고향과 느낌이 많이 다릅니까?"라고 물어온 것을 떠올렸다. 나는 자신이 태어난 이 낡은 집을 선생님께 보이고 싶지 않았다. 또한 선생님께 보이는 것이 창피하기도 했다.

　나는 다시 혼자서 집 안으로 들어갔다. 책상에서 신문을 읽으며 머나먼 도쿄의 일을 상상했다. 내 상상은 일본 제일의 수도가 어느 정도의 어둠 속에서 어떻게 움직이고 있는지에 대한 화면에 집중되었다. 어떠한 상태에서든 움직이지 않으면 주체하지 못하게 된 도회지의, 불안으로 수런거리는 곳에서 한 점 등불처럼 선생님의 집을 발견하였다. 나는 그때 이 등불이 소리도 없이 자연스레 소용돌이에 휩쓸리는 것을 깨닫지 못했다. 얼마 지나지 않아 그 빛 역시도 소리 소문도 없이 꺼져버릴 운명을 목전에 두고 있었다는 사실을 몰랐다.

　나는 이번 사건에 대해 선생님께 편지를 쓰려고 했으나 열 줄 정도 쓰고 관뒀다. 쓴 부분은 갈가리 찢어 쓰레기통에 던져 넣었다. 선생님 앞으로 뜬구름을 잡는 소리를 쓰는 것 같았고 전례에 비춰보니 절대 답장을 해줄 것 같지 않았으니까. 나는 쓸쓸했고 그래서 편지를 쓰는 것이다. 그리고 답장이 오면 좋겠다고 생각했다.

6

 팔월 중순쯤에 나는 어느 친구에게 편지를 받았다. 거기에는 지방에 중학교 교사 자리가 있는데 가지 않겠느냐고 적혀 있었다. 이 친구는 경제적인 이유로 손수 그런 자리를 찾아 돌아다녔다. 이 자리도 처음에는 자신에게 들어왔으나 좀 더 좋은 곳에서 이야기가 있었기에 남은 쪽을 내게 양보할 마음으로 알려주었던 것이다. 나는 곧장 답장을 써서 거절했다. 아는 사람 중에 애써가며 교사 자리에 앉으려고 하는 자도 있으니 그쪽으로 돌리면 좋을 거라고 적었다.

 나는 답장을 보낸 후에 부모님께 이 이야기를 했다. 두 사람 다 내가 거절한 것에 이의는 없는 것 같았다.

 "그런 곳에 가지 않아도 다른 알맞은 자리가 있겠지."

 이렇게 말하는 이면에서 부모님이 내게 가진 과분한 희망을 읽었다. 물정에 어두운 부모님은 어울리지도 않는 지위와 수입을 갓 졸업한 내게 기대하고 있는 것 같았다.

 "알맞은 자리라니, 최근에는 그런 상황 좋은 자리는 좀처럼 없습니다. 특히나 형과 전 전공도 다르고 시대도 다르니까,

우리 둘을 동일시하면 안 됩니다."

"하지만 졸업한 이상 최소한 독립은 할 수 있어야지. 남들이 당신네 차남은 대학을 졸업하고서 뭘 하고 있느냐고 물었을 때 대답할 수 없어서야 나도 체면이 서질 않으니까."

아버지는 얼굴을 찡그렸다. 아버지의 사고패턴은 오랫동안 살고 있던 고향 밖으로 나가는 법을 몰랐다. 고향 아무개에게 대학을 졸업하면 얼마쯤 월급을 받을 수 있느냐는 질문을 받거나 대충 백 엔[5]쯤 된다는 말을 들었던 아버지는 이러한 사람들에 대한 평판이 나쁘지 않도록 갓 졸업한 나를 치워버리고 싶었던 것이다. 드넓은 수도를 근거지로 생각하고 있던 나는 부모님 입장에서 보면 마치 하늘을 밟으며 걷고 있는 기묘한 인간과 다르지 않았다. 실제로 나 자신도 그러한 인간 같다는 기분을 이따금 느꼈다. 적나라하게 자기 생각을 밝히기에는 너무나도 간극이 심한 부모님 앞에서 나는 침묵했다.

"네가 자주 선생님이라고 하던 분에게 부탁하면 되지 않겠니.

---

5) 당시 공무원 초봉 50엔.

이런 때야말로."

어머니는 이렇게밖에 선생님을 해석할 줄 몰랐다. 그 선생님이란 사람은 내게 고향에 돌아가면 아버지가 살아있을 동안 하루빨리 재산을 나눠서 받아두라고 권하는 사람이었다. 졸업했으니 일자리 알선을 해주겠다고 나서는 그런 사람이 아니었다.

"그 선생님은 뭘 하고 있나." 하고 아버지가 물었다.

"아무것도 안 하고 있습니다."라고 내가 대답했다.

나는 예전부터 선생님이 아무것도 하지 않고 있다는 사실을 부모님께도 말했을 것이다. 그리고 아버지는 분명 그것을 기억하고 있을 터였다.

"아무것도 안 한다는 건 또 무슨 연유지. 네가 그렇게나 존경하는 사람이라면 뭔가 하고 있을 법한데."

아버지는 이렇게 말하며 나를 비꼬았다. 아버지 생각으로 쓸모 있는 자는 모두 세상에 나가 그에 걸맞은 지위를 얻어 일하고 있었다. 필경 난봉꾼이니 놀고 있다고 결론을 내린 것 같았다.

"나 같은 인간도 월급이야 받지 않지만 이래 봬도 놀고 있는 것만은 아니다."

아버지는 이렇게도 말했다. 나는 여전히 침묵을 유지했다.

"네가 말하는 것처럼 대단한 분이라면 분명 어떤 자리를 찾아주실 거다. 부탁해 봤니?" 하고 어머니가 물었다.

"아뇨."라고 나는 대답했다.

"그럼 어떡하니. 왜 부탁을 안 하는 거야. 편지라도 보내 보려무나."

"네, 그럴게요."

나는 건성건성 대답하고 자리를 떴다.

7

아버지는 분명하게 자신의 병을 두려워하고 있었다. 하지만 의사가 올 때마다 귀찮게 질문을 쏟아내며 상대방을 곤란하게 하는 성격도 아니었다. 의사도 그걸 고려하여 아무 말도 하지 않았다.

아버지는 사후의 일에 대해 생각하는 것 같았다. 적어도 자신이 없어지고 난 후의 우리 집은 상상해 본 것 같았다.

"아이에게 공부만 가르치는 것도 좋기만 한 건 아니구먼.

수업을 시키겠다고 멀리 보냈더니 아이는 집에 돌아오질 않아. 이거야 맥없이 부모 자식을 격리하기 위해 공부시키는 꼴이야."

　공부한 결과 형은 현재 타지에 있었다. 교육을 받은 연유로 나 역시 도쿄에서 살 각오를 굳혔다. 이러한 아이들을 기른 아버지의 푸념은 애초에 불합리한 건 아니었다. 오랜 세월 살아온 오래된 시골집에 덩그러니 남겨질 어머니를 떠올린 아버지는 분명 쓸쓸했을 것이다.

　자신의 집은 움직일 수 없는 절대적인 것이라고 아버지는 굳게 믿었고 그곳에 사는 어머니도 목숨이 있는 한 동일하다고 믿었다. 자신이 죽은 후 고독한 어머니를 가람당(伽藍堂)인 우리 집에 홀로 남겨두는 것도 무척이나 불안했을 것이다. 도쿄에서 좋은 지위를 얻으라고 하면서도 날 붙잡아두고 싶어 하는 것은 모순적이었다. 나는 그 모순을 이상하게 생각함과 동시에 그 덕분에 다시 도쿄에 나갈 수 있다는 것이 기꺼웠다.

　나는 부모님 앞에서 최선을 다해 지위를 원하는 것처럼 꾸며야만 했다. 나는 선생님께 편지를 쓰고 집안 사정에 대해 소상히 서술했다. 만일 취직자리가 있다면 뭐든 할 테니 알선해주십사 하고 부탁했는데 선생님이 내 부탁을 거절할 것으로 생각하면서 이 편지를 적었다. 또한 수락할 생각이래도 발이 좁은 선생님으로서는 해결할 수 없을 것으로 생각했다. 하지만 내심 이 편지에 대한 답장이 반드시 올 것으로 판단했다.

편지를 봉하고 보내기 전에 어머니에게 말했다.

"어머니 말씀대로 선생님께 편지를 썼어요. 잠깐 읽어보세요."

예상했던 것처럼 어머니는 그것을 읽지 않았다.

"그래, 그럼 어서 부치렴. 그런 건 남이 알아차리기 전에 자기가 먼저 해야 하는 거야."

어머니는 여전히 날 아이 취급했다. 나 역시 자신을 아직 애라고 느꼈다.

"하지만 편지로만 부탁하긴 그렇죠. 구월이 되면 제가 도쿄에 가서 직접 말씀드려야겠죠."

"그야 그렇긴 하지만 지금 당장 좋은 자리가 없다고도 단정할 수 없으니 빨리 부탁해두는 게 나쁠 리가 없어."

"네. 아무튼 답장은 반드시 올 테니 그 후에 다시

이야기하죠."

나는 이런 일에 대해 빈틈이 없는 선생님을 믿고 있었고 답장이 오기를 기대하며 기다렸지만 결국 내 예상은 빗나갔다. 일주일이 지나도 감감무소식이었다.

"아마 피서라도 간 거겠죠."

나는 어머니를 향해 변명 같은 소리를 했다. 그 말은 어머니에 대한 변명일 뿐만 아니라 내 마음에 대한 변명이기도 했다. 억지로라도 사정이 있다고 가정하고 선생님의 태도를 변호하지 않으면 불안해졌다.

나는 때때로 아버지의 병에 대해 잊었다. 이럴 거면 하루빨리 도쿄에 돌아가자는 생각도 했다. 아버지 본인도 자신의 병을 잊는 일이 있었다. 미래를 걱정하면서도 미래에 대해 전혀 대비하지 않았다. 나는 끝끝내 선생님이 충고한 대로 재산 분배에 대해 말하지 못했다.

8

드디어 구월 상순이 되어 도쿄에 나가려고 했고 아버지에게 당분간 생활비를 보내 달라고 부탁했다.

"여기에 이러고 있어도 부모님이 말씀하신 지위를 얻을 수 있는 게 아니니까요."

나는 아버지가 바라는 지위 때문에 도쿄에 가는 것처럼 말했다.

"물론 자리를 잡을 때까지만요."라고 덧붙이기도 했다.

나는 마음속으로 그런 자리는 어차피 내게 떨어지지 않을 것으로 봤다. 하지만 물정에 어두운 아버지는 어디까지나 그 반대를 믿고 있었다.

"그야 곧 자리를 잡을 테니 그때까지는 어떻게든 보조해주마. 그 대신 너무 길어지면 안 된다. 알맞은 자리를 얻어서 독립해야지. 본래 학교를 졸업했으면 그다음 날부터 신세를 지는 게 아니야. 요즘 젊은이들은 돈을 쓰는 법만 알지 버는 법은 전혀 생각하지 않는 것 같다."

아버지는 이 외에도 여러 가지 잔소리를 했다. 그중에는 "예전에는 자녀가 부모를 부양했는데 요즘 부모는 자녀에게 먹힐 뿐이다." 같은 말이 있었다. 그러한 것을 나는 그저 묵묵히 들었다.

잔소리가 적당히 끝났다고 보였을 때 나는 조용히 자리를 뜨려고 했다. 아버지는 언제 가느냐고 내게 물었고 나는 빠를수록 좋았다.

"네 엄마한테 날을 봐달라고 해라."

"그럴게요."

그때 나는 아버지 앞에서 예상 외로 얌전했고 되도록 아버지의 기분을 거스르지 않으며 시골을 벗어나려고 했다. 아버지는 또 날 붙잡았다.

"네가 도쿄에 가고 나면 우린 또 적적해진다. 나와 네 엄마밖에 없으니 말이다. 나도 몸만 건강했으면 좋으련만, 이대로는 언제 갑자기 어떻게 될지 모른다."

나는 가능한 한 아버지를 위로했고 책상이 있는 곳으로 돌아갔다. 어질러진 책들 사이에 앉아 불안해 보이는 아버지의 태도와 말을 몇 번이고 되뇌어 보았다. 그때 다시 매미 소리가 들렸다. 그 소리는 요전번에 들었던 것과 다른 애매미 소리였다. 여름에 귀향하여 익어버릴 것 같은 매미 소리 속에서 가만히 앉아 있으면 묘하게 슬퍼지곤 했다. 평소와 같은 벌레의 격렬한 소리와 함께 나의 애수는 마음속 깊이 스며들었다. 그럴 때 나는 움직이지 않고 홀로 자신을 바라보았다.

나의 애수는 이번 여름 귀성한 이후 서서히 모습을 달리해갔다. 유지매미 소리가 애매미 소리로 변한 것처럼 나를 둘러싼 사람의 운명이 거대한 윤회 속에서 서서히 움직이고 있는 것 같았다. 나는 쓸쓸한 듯한 아버지의 태도와 말을 곱씹으면서 편지를 보내도 답장이 없는 선생님을 떠올렸다. 선생님과 아버지는 내게 정반대의 인상을 준다는 점에서 비교를 하든 연상을 하든 내 머릿속에 함께 떠오르기 쉬웠다.

나는 아버지의 모든 것에 대해 거의 다 파악하고 있었다. 만일 아버지를 떠난다면 정으로 이어진 부자지간의 아쉬움이 있을 뿐이었다. 반면 선생님의 많은 부분에 대해 아직 모르는 점이 많았다. 이야기하겠다고 약속받은 선생님의 과거도 아직 들을 기회를 얻지 못했다. 요컨대 선생님은 내게 선명하지 않았다. 반드시 그곳을 넘어서 밝은 곳까지 가지 않고는 속이 후련하지 않았다. 선생님과 관계가 끊기는 것은 내게 상당히 괴로운 일이었다. 나는 어머니에게 날을 봐달라고 한 후 출발 날짜를 정했다.

9

출발 날짜가 가까워졌으나(아마 이틀 전 저녁에 있던 일인 것 같은데) 아버지가 또다시 갑작스레 졸도했다. 나는 그때 책과 의복을 넣은 행장을 챙기고 있었다. 아버지는 욕실에 들어가 있던 참이었다. 아버지의 목욕을 도우러 간 어머니가 커다란 소리로 나를 불렀다. 거기서 어머니가 뒤에서 끌어안고 있는 벌거벗은 아버지를 보았다. 그런데도 방으로 데리고 돌아왔을 때 아버지는 이제 괜찮다고 했다. 만일을 위해 머리맡에 앉아 아버지의 이마에 물수건을 갈고 있던 나는 아홉 시 즈음에 겨우 끼니를 때웠다.

다음 날 아버지는 생각보다 건강해졌다. 만류에도 불구하고 걸어서 화장실에 가기도 했다.

"이제 괜찮다."

아버지는 작년 말에 쓰러졌을 때 했던 것과 똑같은 말을 반복했다. 그때는 확실히 저 말처럼 아무튼 괜찮았고 이번에도 어쩌면 그럴지도 모르겠다고 생각했다. 하지만 의사는 그저 조심하는 게 중요하니 주의하라고 할 뿐, 재차 확인을 해 보아도 명확하게 말해주지 않았다. 나는 불안한 마음에 출발할 날이 되어도 돌아갈 생각이 들지 않았다.

"좀 더 상황을 보고 나서 갈까요?" 하고 어머니께 상의했다.

"그렇게 해주면 고맙지."라고 어머니가 부탁했다.

어머니는 아버지가 뜰에 나가거나 뒷문으로 내려가는 건강함을 보고 있을 때만은 괜찮다가 이런 일이 일어나면 다시 필요 이상으로 걱정을 하거나 마음을 졸였다.

"너 오늘이 가는 날 아니냐." 하고 아버지가 물었다.

"네, 며칠 미뤘습니다." 하고 내가 대답했다.

"나 때문이냐."라고 아버지가 되물었다.

나는 잠시 머뭇거렸다. 그렇다고 하면 아버지가 중병을 앓고 있다는 것을 뒷받침하는 것이었다. 나는 아버지의 신경을 과민하게 만들고 싶지 않았다. 하지만 아버지는 내 마음을 꿰뚫어 보는 것 같았다.

"미안하구먼." 하고 말하며 아버지는 뜰로 나갔다.

나는 내 방으로 돌아가서 그곳에 덩그러니 놓여 있는 행장을 보았다. 행장은 언제 가지고 나가도 지장이 없도록 잘 묶여 있는 상태였다. 나는 멍하니 그 앞에 서서 다시 끈을 풀까 생각했다.

나는 집에 눌러앉아, 엉거주춤 일어나 있을 때의 진정되지 않는 기분으로 또다시 삼사일을 지냈다. 그러자 아버지가 또다시 졸도했다. 의사는 절대 안정을 지시했다.

"이걸 어쩌면 좋아." 하고 어머니가 아버지에게는 들리지 않는 작은 목소리로 내게 말했다. 어머니는 굉장히 불안해 보였다. 나는 형과 동생에게 연락할 준비를 했다. 하지만 누워 있는 아버지에게는 아무런 괴로움도 없었고 말하는 걸 보면 감기에 걸렸을 때와 다를 바 없었다. 게다가 식욕은 평소보다도 좋았다. 옆에서 잔소리를 해도 쉽사리 말을 듣지 않았다.

"어차피 죽을 테니 맛있는 거라도 먹고 죽어야지."

맛있는 거라고 하는 아버지의 말이 우스꽝스럽기도 하면서 비참하게도 들렸다. 아버지는 맛있는 것을 입에 댈 수 있는 도시에서 살지 않았던 것이다. 밤이 되어도 주전부리를 아작아작 씹었다.

"왜 저렇게 허기가 진 걸까. 역시 심지가 굳은 구석이 있는지도 모르겠구나."

어머니는 낙담해도 될 부분에 도리어 믿음을 두었다.

숙부가 병문안을 왔을 때 아버지는 계속 붙잡아두고는 돌려보내지 않았다. 적적하니까 좀 더 있어 달라고 하는 게 주된 이유였는데 어머니나 내가 먹고 싶은 만큼 먹게 해주지 않는다는 불평을 호소하는 것도 그 목적 중 하나인 것 같았다.

10

아버지의 병환은 같은 상태로 일주일 이상 이어졌다. 나는 그사이에 길게 편지를 써서 규슈에 있는 형에게 보냈고 동생에게는 어머니가 보냈다. 내심 이것이 아버지의 건강에 관해 두 사람에게 보내는 최후의 연락이 되리라고 생각했다. 그래서 둘에게 긴급 상황이면 곧장 알릴 테니 집에 돌아올 준비를 해두라는 구절을 적어 넣었다.

형은 일이 바빴다. 동생은 임신 중이었다. 따라서 아버지의 상태가 위급해지지 않는 이상 쉽게 돌아올 수가 없었다.

그렇다고 모처럼 짬을 내어 오긴 왔는데 시간에 맞추지 못했다는 말을 듣는 것도 괴로웠다. 나는 연락할 시기에 대해 남모를 책임을 느꼈다.

"확실한 건 저도 모릅니다. 하지만 위험이 언제 닥칠지 모른다는 것만은 알고 계십시오."

먼 곳에서 온 의사는 내게 이렇게 말했다. 나는 어머니와 의논하여 그 의사의 소개를 받아 마을 병원에서 간병인을 한 명 부탁하기로 했다. 아버지는 머리맡에 와서 인사하는, 하얀 옷을 입은 여성을 보고 이상한 표정을 지었다.

아버지는 죽을병에 걸렸다는 걸 일찍부터 자각하고 있었다. 그러면서도 목전에 육박한 죽음 그 자체를 알아차리지 못했다.

"곧 나으면 도쿄에 한 번 놀러 가도록 하지. 인간은 언제 죽을지 모르니까 하고 싶은 건 뭐든 살아 있는 동안 해둬야지."

어머니는 하는 수 없이 "그때는 저도 함께 갈게요."라고 맞장구를 쳤다.

때로는 굉장히 쓸쓸해 했다.

"내가 죽으면 네 엄마에게 잘해줘라."

나는 이 '내가 죽으면'이라는 말에 기시감을 느꼈다. 도쿄에서 선생님이 부인에게 몇 번이고 이 말을 반복했던 것은 내가 졸업한 날 밤의 일이었다. 나는 웃음을 띤 선생님의 얼굴과 불길하다며 귀를 막던 부인을 떠올렸다. 그때의 '내가 죽으면'은 단순한 가정에 지나지 않았다. 지금 내가 들은 것은 언제 일어나도 이상하지 않은 현실이었다. 나는 선생님을 대하는 부인의 태도를 흉내 낼 수 없었다. 하지만 입으로는 어떻게든 아버지를 달래야만 했다.

"그런 약한 소리 마세요. 이제 곧 나으면 도쿄에 놀러 가야죠. 어머니도 함께요. 이번에 오시면 분명 놀라실걸요, 많이 변했어요. 새로운 열차 노선만 해도 상당히 늘어났어요. 노면 열차가 지나다니게 되면 자연히 거리 풍경도 변하고 거기다 도시개조사업도 했고 도쿄가 멈춰 있는 건 아마 하루에 일 분도 채 안 된다고 할 정도예요."

나는 어쩔 수 없이 말하지 않아도 되는 것까지 주절거렸다. 아버지 또한 만족한 듯 그것을 들었다.

병자가 있었기에 자연히 집에 오는 사람도 많아졌다. 근처에 있는 친척들은 이틀에 한 명 꼴로 돌아가며 병문안을 왔다. 그중에는 비교적 멀리 있어 평소 소원했던 이도 있었다. "어떤가 했더니 이런 상태면 괜찮겠어. 이야기도 편하게 하고 뭣보다 얼굴이 전혀 수척해지질 않았어." 이런 식으로 말하며 돌아가는 사람도 있었다. 내가 돌아왔을 때는 너무 적막하다 싶을 정도로 조용했던 집이 이런 일로 점점 왁자지껄해지기 시작했다.

그 와중에 움직이지 않고 누워 있는 아버지의 병은 좋지 않은 쪽으로 내달릴 뿐이었다. 어머니와 숙부와 의논하여 결국 형과 동생에게 연락을 넣었다. 형에게는 바로 오겠다는 답이 왔다. 매부도 오겠다고 하는 보고가 있었다. 여동생은 요전번에 임신했을 때 유산을 했기에 그런 일이 반복되지 않도록 이번에야말로 소중히 할 참이라고 누차 말하던 매부는 동생 대신 본인이 올지도 몰랐다.

11

이렇게 진정되지 않는 어수선한 상황에도 나는 차분히 앉아 있을 여유가 있었다. 가끔은 책을 펼치고 열 장이나 이어서 읽을 시간이 있을 정도였다. 일단 굳게 싸둔 내 행장은 어느샌가 풀리고 말았다. 필요에 따라 그중에서 여러 물품을 꺼냈다. 도쿄를 나올 때 마음속에서 정했던 이번 여름 일과를 되돌아보았다. 내가 실행한 일은 일과의 삼 분의 일도 되지 않았고 지금까지도 이러한 불쾌함을 몇 번이고 반복했지만 이번 여름만큼 계획대로 일하지 못한 적도 드물었다. 이런 건 예삿일이라고 생각하면서도 자괴감에 사로잡혔다.

나는 이 불쾌함 속에서 한편으로 아버지의 병에 대해 생각했고 아버지가 죽은 후의 일을 상상했다. 그와 동시에 한편으로 선생님에 대해 떠올렸다. 나는 이 불쾌한 기분의 양극단에서 지위와 교육, 성격이 전혀 다른 두 사람의 모습을 응시했다.

내가 아버지의 머리맡에서 일어나 어질러진 책 사이에서 홀로 팔짱을 끼고 있던 차에 어머니가 얼굴을 내밀었다.

"잠시 낮잠이라도 자두렴. 너도 꽤나 지쳤을 테니."

어머니는 내 기분을 몰랐다. 어머니가 짐작할 수 있을 만한 그런 자식도 아니었다. 나는 간단하게 고맙다는 말을 늘어놓았다. 어머니는 여전히 방 입구에 서 있었다.

"아버지는요?" 하고 내가 물었다.

"지금 잘 주무신다." 하고 어머니가 대답했다.

어머니는 갑자기 들어와서 내 곁에 앉으며,

"선생님께 아직 답장이 오지 않았니?"라고 물었다.

어머니는 내 말을 믿고 있었다. 그때 나는 선생님이 반드시 답장을 할 거라고 어머니에게 단언했다. 하지만 부모님이 원하는 답장이 올 거라고는 당시의 나 역시 전혀 기대하지 않았다. 나는 의도적으로 어머니를 속인 것과 진배없는 일을 한 것이다.

"한 번 더 편지를 보내 보려무나." 하고 어머니가 말했다.

헛수고인 편지를 몇 통 보내든 그것이 어머니에게 위안이 된다면 수고를 아낄 내가 아니었다. 하지만 이러한 용건으로 선생님을 들볶는 것이 괴로웠다. 아버지에게 혼나거나 어머니의 기분을 상하게 하는 것보다도 선생님께 경멸당하는 것이 훨씬 더 두려웠다. 이 부탁에 대해 지금까지 답장을 받지 못한 것도 어쩌면 그러한 이유는 아닐까 하는 의심도 들었다.

"편지를 쓰는 거야 쉽지만 이런 일은 우편으론 절대 결론 나지 않습니다. 일단 직접 얼굴을 보고 부탁해야죠."

"그렇지만 아버지가 저러니 언제 도쿄에 갈 수 있을지 모르잖니."

"그렇다고 갈 수는 없죠. 병세가 어느 쪽으로든 결정 나지 않으면 무조건 여기 있을 참입니다."

"그야 당연한 소리지. 언제든 병세가 악화할 수 있다는 위독한 병자를 방치해두고 누가 도쿄 같은 곳에 갈 수 있겠니?"

나는 마음속으로 아무것도 모르는 어머니를 처음으로 동정했다. 하지만 어머니가 어째서 이런 이야기를 이렇게 어수선할 때 꺼내는지 이해할 수 없었다. 내가 위독한 아버지를 놔두고 가만히 앉아 있거나 책을 보고 있을 여유가 있던 것처럼 어머니도 눈앞에 있는 병자를 잊고 다른 일에 대해 생각할 만큼 마음에 공백이 있던 것이 아닐까 추측했다. 그때

"실은 말이야." 하고 어머니가 말을 꺼냈다.

"실은 아버지가 살아있을 동안 네 자리가 정해지면 안심하시지 않을까 생각했단다. 이대로면 도저히 타이밍을 맞추기 힘들겠지만 그래도 아직 저렇게 말도 잘하고 기분도 괜찮은 것 같으니 저러고 있는 동안에 기쁘게 해드릴 수 있게 효도 좀 하려무나."

불쌍한 나는 효도도 못하는 처지였다. 나는 결국 선생님께 한 줄의 편지도 보내지 않았다.

12

형이 집에 돌아왔을 때 아버지는 누워서 신문을 읽고 있었다. 아버지는 평소에 다른 건 몰라도 반드시 신문을 보는 습관이 있었는데 병석에 들고 나서는 지루함 때문에 그런지 더욱 읽고 싶어 했다. 우리는 강하게 반대하지 못하고 되도록 병자가 하고 싶은 대로 내버려 두었다.

"그럴 기력이 있다면 다행이죠. 많이 악화되었나 했더니 꽤나 좋아 보이지 않습니까."

형은 이런 말을 하며 아버지와 이야기를 나눴다. 지나치게 발랄한 모습이 도리어 조화롭지 않게 들렸다. 그런데도 아버지 앞이 아니라 나와 마주했을 때는 도리어 불안해 보였다.

"신문 같은 걸 보게 놔두면 안 되는 거 아냐?"

"나도 그렇게 생각하지만 안 읽으면 가만있지를 않으니 말릴 수가 없어."

형은 나의 변명을 가만히 듣고 있었다. 이윽고 "이해는 잘하고 있나?" 하고 말했다. 형은 아버지의 이해력이 병 때문에 예전보다 더 둔해졌다고 느낀 것 같았다.

"그야 괜찮습니다. 이십 분쯤 전에 머리맡에 앉아 이런저런 이야기를 해봤지만 상태가 안 좋은 모습은 전혀 없었습니다. 저런 상태면 경우에 따라서는 아직 좀 더 버틸지도 모르겠습니다."

형과 전후로 도착한 매부의 의견은 우리보다도 훨씬 낙관적이었다. 아버지는 그에게 동생에 대해 이것저것 묻고 있었다. "홀몸이 아니니까 무턱대고 기차 같은 걸 타고 움직이지 않는 편이 좋아. 무리해서 병문안을 오면 도리어 이쪽이 걱정하거든." 하고 말했다. "곧 병이 나으면 아기 얼굴이라도 보러 오랜만에 내가 외출을 해도 지장은 없지."
하고 덧붙였다.

노기乃木 대장이 죽을 때도 아버지는 가장 먼저 신문으로 그것을 알았다.

"큰일이다, 큰일이 났어."라고 말했다.

아무것도 모르던 우리는 갑작스러운 외침 소리 때문에 놀라고 말았다.

"그때는 드디어 머리가 이상해진 게 아닐까 싶어서 소름이 돋았지."라고 나중에 형이 내게 말했다. "저도 실은 놀랐습니다." 하고 매부도 동감이라는 말투였다.

실제로 그 당시 신문에는 시골 사람에게 날마다 기대되는 기사가 많았다. 나는 아버지의 머리맡에 앉아 세세하게 그것을 읽었다. 읽을 시간이 없을 때는 살며시 내 방으로 가져와서 남김없이 훑어보았다. 나는 군복을 입은 노기 장군과 궁녀 복식을 입은 듯한 부인 모습을 오랫동안 잊을 수가 없었다.

시골구석까지 비통한 바람이 불어와 깨나른한 초목과 풀을 흔들고 있는 상황에서 갑작스레 선생님으로부터 한 통의 전보를 받았다. 양복을 입은 사람을 보고 개가 짖어대는 이런 변경지에서는 한 통의 전보조차 대사건이었다. 그것을 받은 어머니는 굉장히 놀란 모습으로 나를 사람이 없는 곳으로 불러냈다.

"뭐라시니."라고 하며 옆에 서서 내가 봉투를 개봉하는 걸 기다렸다.

거기에는 잠시 만나고 싶은데 올 수 있느냐고 하는 것이 간략하게 적혀 있었다. 나는 고개를 갸웃했다.

"분명 부탁드렸던 일자리에 관한 내용이겠지."라고 어머니가 추단했다.

나도 어쩌면 그럴지도 모르겠다고 생각했다. 하지만 그렇다기에는 조금 이상하기도 했다. 아무튼 형과 매부까지 호출한 마당에 아버지의 병환을 떠넘기고 도쿄에 갈 수는 없었다. 나는 어머니와 의논하여 갈 수가 없다고 연락하기로 했다. 가능한 한 간략한 말로 아버지의 병이 위독해지고 있다는 말도 덧붙였으나 그걸로도 마음이 편치 않았기에 뒤이어 편지에다가 구체적인 사정을 곧장 적어 당일 우편으로 보냈다.

부탁한 일에 대한 것이라고 굳게 믿고 있던 어머니는, "정말이지 타이밍이 너무 안 좋았구나." 하고 말하며 아쉽다는 표정이었다.

13

내가 쓴 편지는 장문의 글이었다. 어머니도 그렇지만 나도 이번에야말로 선생님으로부터 무슨 언질이 있을 것으로 추측했다. 그러자 편지를 부치고 난 이틀째에 다시 전보가 도착했다. 거기에는 오지 않아도 된다는 글자밖에 없었다. 나는 그것을 어머니에게 보여주었다.

"어쩌면 편지로 말씀하실 생각일지도 모르잖니?"

어머니는 끝까지 선생님이 날 위해 생계를 위한 일자리를 알선해준다고 해석하는 것 같았다. 나도 어쩌면 그럴지도 모르겠다고 생각했으나 평소 선생님을 미루어 짐작하건대 아무래도 이상했다. 선생님이 자리를 알아봐 준다는 것은 불가능해 보였다.

"일단 제 편지는 아직 저쪽에 도착하지 않았을 테니 이 전보는 그전에 보낸 게 분명하겠네요."

나는 어머니에게 이런 당연한 말을 했다. 어머니는 당연하다는 듯이 "그렇지." 하고 대답했다. 내 편지를 읽기 전에 선생님이 이 전보를 쳤다는 게 선생님을 해석하는 데 아무런 도움도 되지 않는다는 건 훤히 보이는데도 말이다.

그날은 마침 주치의가 마을에서 병원장을 데려오기로 되어 있었기에 어머니와 나는 그 일에 관해 대화를 나눌 기회가 없었다. 두 의사는 진찰하고 나서 병자의 관장 따위를 하고 돌아갔다.

누워서 안정을 취하도록 의사에게 지시받은 이래로 아버지는 누운 채 대소변까지 남의 손으로 처리하게 되었다. 예민한 아버지는 처음엔 그것을 심할 정도로 수치스럽게 여겼으나 몸이 말을 듣지 않았기에 마지못해 침상에서 용무를 보았다. 병의 상태로 인해 머리가 점점 둔해지는 것인지, 날이 지남에 따라 싫어하던 배설을 개의치 않게 되었다. 가끔은 이불이나 시트를 더럽혔고 간병인이 눈살을 찌푸려도 당사자는 도리어 무덤덤했다. 애초에 소변의 양은 병의 성격상 극도로 적어졌다. 의사는 그걸 걱정했다. 식욕도 점차 줄어갔다. 가끔 뭔가 먹고 싶어 해도 혀가 원할 뿐, 목 아래로는 극소량만 넘겼다. 좋아하던 신문도 손에 들 기력이 없었다. 베개 곁에 둔 노안경은 검은 안경집에서 나올 일이 없었다. 어렸을 적부터 사이가 좋았던 사쿠라고 하는 이웃이 문병을 왔을 때 아버지는, "아아, 사쿠 씬가."라고 하며 흐리멍덩한 눈으로 사쿠 씨를 보았다.

"사쿠 씨 잘 와 주었어. 사쿠 씨는 건강하니 좋겠군. 난 이제 글렀어."

"그렇지 않아. 댁의 자녀는 둘 다 대학을 졸업했으니 병에 걸렸대도 괜찮아. 날 보라고. 마누라는 죽었지, 아이도 없어. 그저 이렇게 살아 있을 뿐이라고. 건강해도 아무 즐거움도 없지 않은가."

관장을 한 것은 사쿠 씨가 오고 나서 이삼일 후의 일이었다. 아버지는 의사 덕분에 굉장히 편해졌다고 하며 기뻐했다. 자신의 수명에 대해 조금 배짱이 생긴 듯 기분이 나아졌다. 곁에 있던 어머니는 그것에 휩쓸렸는지, 병자에게 기력을 주고 싶었는지 선생님한테 전보가 온 것에 대해 내 자리가 아버지가 바란 대로 도쿄에 있었다는 것처럼 말했다. 곁에 있던 나는 근질거리는 기분이었으나 어머니의 말을 가로막을 수도 없었기에 그저 가만히 듣고 있었다. 환자는 기쁜 얼굴이었다.

"그거 잘됐네요."라고 매부도 말했다.

"어떤 자리인지 자세한 건 아직 모르나." 하고 형이 물었다.

나는 이제 와서 그것을 부정할 용기가 나지 않았다. 영문을 알 수 없는 애매한 대답을 하고 일부러 자리를 피했다.

14

아버지의 병은 최후의 일격 직전까지 진행되었고 그곳에서 잠시 주춤거리는 것처럼 보였다. 집안사람들은 운명의 선고가 내려지는 것을 불안해하며 매일 밤 병실에 들었다.

아버지는 간병인을 괴롭게 할 만큼의 고통을 전혀 느끼지 않았다. 그 점에 있어서 병간호는 도리어 편한 편이었다. 병간호를 위해 한 명씩 교대로 깨어 있었으나 나머지 사람들은 상당 시간 각자의 침실로 돌아가도 지장은 없었다. 무슨 연유에선지 잠들지 못했을 때 병자가 신음하는 듯한 흐릿한 소리를 들었다고 착각한 나는 밤중에 이부자리를 빠져나와 만약을 위해 아버지의 머리맡에 가 본 일이 있었다. 그날 밤은 어머니가 깨어 있을 순서였다. 하지만 어머니는 아버지 옆에서 구부린 팔을 베개로 삼아 잠들어 있었다. 아버지도 깊은 잠에 빠진 사람처럼 조용했다. 나는 살금살금 걸어서 다시 자신의 침실로 돌아갔다.

나는 형과 함께 모기장을 치고 잤다. 매부는 손님 취급을 받고 있던 탓에 떨어진 방에 혼자 들어가 쉬었다.

"세키 씨한테도 미안해. 저렇게 며칠이고 발이 묶여 돌아가지를 못하니까."

세키라는 것은 매부를 가리키는 것이었다.

"하지만 그리 바쁘지 않으니 저렇게 머무르고 있는 거겠죠. 매부보다도 형이 곤란하겠죠, 이렇게 길어지면."

"곤란해도 어쩌겠니. 다른 일도 아니고."

형과 이부자리를 나란히 하고 누운 나는 이런 이야기를 했다. 형의 머리에도 내 가슴에도 아버지는 어차피 얼마 남지 않았다는 생각이 자리했다. 어차피 회복되지 않을 거라는 생각도 있었다. 우리는 자녀로서 아버지가 죽는 걸 기다리는 것과 같았지만 그것을 말로 표현하는 것을 꺼렸다. 그리고 우리는 서로가 무슨 생각을 하고 있는지 잘 이해하고 있었다.

"아버지는 여전히 나을 생각인 것 같아."라고 형이 내게 말했다.

실제로 형이 말한 것처럼 보이는 부분이 없는 건 아니었다. 이웃 사람이 문병을 오면 아버지는 꼭 만나겠다고 고집을 부렸다. 사람을 만나면 반드시 내 졸업 축하 자리에 부르지 못한 걸 아쉬워했다. 그 대신 자신의 병이 나으면 하겠다는 듯이 때때로 덧붙였다.

"네 졸업 축하는 안 하게 돼 다행이다. 나 때는 난처했으니까." 하고 형은 내 기억을 쑤셨다. 나는 알코올의 힘에 잠식당한 그때의 난잡한 모습을 떠올리곤 씁쓸하게 웃었다. 술을 강제로 돌리는 아버지의 태도도 쓰디쓰게 내 눈에 비쳤다.

우리는 그렇게까지 사이 좋은 형제는 아니었다. 어렸을 때는 자주 다퉜고 형은 나이 어린 날 언제나 울렸다. 학교에 들어간 후의 전공 차이도 모두 상이한 성격에서 비롯되었다. 대학에 있던 시기의 나는, 특히나 선생님과 접촉했던 나는 멀리서 형을 바라보며 항상 동물적이라고 생각했다. 나는 오랫동안 형과 만나지 않았고 멀리 떨어져 있었기에 시간과 거리상 언제나 나와 가깝지 않았던 것이다. 그런데도 오랜만에 이렇게 만나보니 형제의 친숙한 기분이 어디선가 자연히 솟아났다. 경우가 경우인 것도 지대한 원인이 되었다. 두 사람에게 공통적인 아버지, 그 아버지가 죽음을 맞으려고 하는 머리맡에서 형과 나는 악수를 나눈 것이다.

"너 앞으로 어쩔 거냐."라고 형은 물었다. 나는 전혀 상관없는 질문을 형에게 했다.

"대체 우리 집 재산은 어떻게 되어 있는지."

"난 몰라. 아버지가 아직 아무 말도 없으니까. 하지만 재산이라고 해봤자 돈으로 따지면 별거 아니겠지."

어머니는 또 어머니대로 선생님의 답장에 대해 걱정했다.

"아직 편지는 안 왔니?"라며 나를 닦달했다.

15

"선생님이라는 건 대체 누굴 말하는 거야."라고 형이 물었다.

"저번에 말했잖아."라고 나는 대답했고 자기가 물어보고는 곧장 설명한 것을 잊어버린 형에게 불쾌한 기분을 느꼈다.

"듣기야 들었지만."

형은 분명 들어도 이해하지 못하는 것이다. 내 입장에서 보면 무리를 하면서까지 형에게 이해시킬 필요는 없었지만 화는 났다. 또 형다운 부분이 드러났다고 생각했다.

내가 따르고 존경하는 이상 그 사람은 반드시 저명한 문인이어야만 한다고 형은 생각했다. 적어도 대학교수는 될 거라고 넘겨짚고 있었다. 이름 없는 사람, 아무것도 하지 않는 사람, 그 어디에 가치가 있을까. 형의 내면은 그런 점에서 아버지와 완벽히 일치했다. 하지만 아버지가 아무것도 할 수 없으니 놀고 있는 것이라고 속단한 것에 비해 형은 능력이 있는데 농땡이를 부리고 있는 별 볼 일 없는 인간이라는 식으로 해석한 것 같았다.

"에고이스트는 못 쓰지. 아무것도 안 하며 살겠다는 건 뻔뻔한 생각이니까. 사람은 가능한 한 자신이 가진 재능을 펼치고 싶어 하는 법이지."

나는 형에게 자신이 쓰고 있는 에고이스트라는 말의 의미는 제대로 알고 있느냐고 되묻고 싶어졌다.

"그래도 그 사람 덕택에 자리를 얻을 수 있다면 뭐 좋은 일이지. 아버지도 기뻐했잖아."

형은 나중에 이런 말을 했다. 선생님께 명료한 편지가 오지 않는 이상 나는 그렇게 해석하지 못했고 그걸 입에 담을 용기도 나지 않았다. 그것을 어머니의 지레짐작으로 모두에게 퍼트린 걸 지금 와서 갑자기 없던 일로 할 수는 없었다. 나는 어머니에게 재촉당하는 것과 관계없이 선생님의 편지를 기다렸다. 그리고 그 편지에 모두가 생각하는 생계를 위한 자리에 대한 것이 적혀 있기를 염원했다. 나는 죽음이 임박한 아버지, 그런 아버지를 조금이라도 안심시키고 싶다고 기원하는 어머니, 그리고 일하지 않으면 인간이 아니라는 식으로 말하는 형, 기타 매부나 숙부, 숙모 같은 친척들 앞에서 내가 전혀 개의치 않고 있던 것에 대해 신경을 써야만 했다.

아버지가 노란 덩어리를 토해냈을 때 나는 과거 선생님과 부인한테서 들었던 말을 떠올렸다. "이렇게 오래 누워있으니

위도 안 좋아지겠지."라고 한 아무것도 모르는 어머니의 얼굴을 보면서 눈물을 지었다.

형과 내가 거실에서 만났을 때 형은, "들었나."라고 했다. 그것은 의사가 돌아갈 때 형에게 말한 것을 들었느냐는 의미였다. 나는 설명을 기다리지 않아도 그 의미를 잘 이해할 수 있었다.

"넌 여기로 돌아와 집을 관리할 생각은 없나."라면서 형이 나를 돌아보았다. 나는 아무 대답도 하지 않았다.

"어머니 혼자서 살 수는 없잖아."라고 형이 다시 말했다. 형은 내가 흙냄새를 맡으며 썩어가도 아깝지 않다는 듯이 보고 있었다.

"책을 읽을 뿐이라면 시골에서도 충분히 가능하고 거기다 일할 필요도 없어지니 딱 좋잖아."

"형이 돌아오는 게 도리겠지."라고 내가 말했다.

"그게 가능하겠냐."라고 형은 단칼에 잘라버렸다. 형의 마음속에는 앞으로 세상에서 일하겠다는 기분으로 충만했다.

"네가 싫으면 숙부에게라도 부탁하겠지만 그런다 해도

어머니는 어느 쪽이 나서서 맡아야겠지."

"어머니가 여기서 움직일지 아닐지가 선결 문제겠지."

형제는 아버지가 죽기 전부터 아버지가 죽은 후에 대하여 이런 식으로 이야기를 나눴다.

16

아버지는 때때로 헛소리를 하게 되었다.

"노기 대장께 죄송하다. 정말이지 면목이 없다. 아니, 나도 곧 뒤를 따를 테지."

이따금 이런 말을 했고 어머니는 기분 나빠했다. 또한 될 수 있으면 사람들을 자기 옆에 모아두고 싶어 했다. 의식이 분명할 때는 끊임없이 쓸쓸해 하는 병자에게도 그것이 희망처럼 보였다. 특히 방안을 둘러보고 어머니가 보이지 않으면 아버지는 반드시 "오미츠는?" 하고 물었다. 묻지 않아도 눈이 그렇게 말하고 있었다. 나는 곧장 일어나 어머니를 부르러 갔다. "무슨 일이에요."라고 어머니가 하고 있던 일을 그대로 두고 병실에 오면 아버지는 그저 어머니의 얼굴을 바라볼 뿐 아무 말도 하지 않은 적도 있었다. 그런가 하면 뜬금없는 말도 했다. 갑자기 "오미츠, 네게도 신세를 많이 졌구면." 같이 상냥한 말을 건넬 때도 있었다. 어머니는 이러한 말을 들으면 반드시 눈물을 글썽거렸다. 그런 후에는 반드시 건강했던 예전 아버지를 대조적으로 떠올리는 것 같았다.

"저리 기가 죽어 있긴 하지만 말이야, 지금은 저러지만 예전엔 천방지축이었지."

어머니는 아버지 때문에 빗자루로 등을 맞았던 일 따위에 대해 말했다. 지금까지 몇 번이고 똑같은 말을 들어왔던 나와 형은 평소와는 전혀 다른 기분으로 어머니의 말을 아버지의 유품처럼 귀담아들었다.

아버지는 자신의 눈앞에 거무죽죽하게 비치는 죽음의 그림자를 바라보면서 아직 유언다운 말을 입에 담지 않았다.

"이럴 때 유언을 들어둘 필요는 없을까?" 하고 형이 내 얼굴을 봤다.

"그런가."라고 나는 대답했고 선뜻 나서서 그런 것을 끄집어내는 것도 환자를 위해서 생각해 볼 문제라고 봤다.

우리는 결정을 내리지 못하고 결국 숙부에게 의논했다. 숙부도 의아해했다.

"말하고 싶은 게 있는데 하지 못하고 죽는 것도 안타깝고, 그렇다고 우리가 재촉하는 것도 안 좋을지 몰라."

결국 결론이 나지 않은 상태로 어정쩡해졌다. 그 사이에 혼수상태가 왔다. 평소처럼 아무것도 모르는 어머니는 그것을 그저 자는 것이라고 착각하고는 도리어 기뻐하며 "저리 편히 자고 있으면 병간호하는 사람도 편하죠."라고 말했다.

아버지는 때때로 눈을 뜨고 아무개는 어디 갔느냐고 갑작스레 물었다. 지칭하는 아무개는 조금 전까지 그곳에 앉아 있던 사람의 이름으로 정해져 있었다. 아버지의 의식에는 어두운 곳과 밝은 곳이 만들어졌고, 밝은 곳만이 어둠을 기워내는 하얀 실처럼 일정 거리를 두고 이어져 있는 것처럼 보였다. 어머니가 혼수상태를 단순한 수면 상태라고 잘못 이해하고 있던 것도 무리는 아니었다.

그러는 사이에 혀가 점점 꼬부라졌다. 무슨 말을 해도 말끝이 명확하지 않았기 때문에 요령부득으로 끝나는 일이 잦아졌다.

그런 주제에 이야기를 시작할 때는 위독한 병자로는 생각되지 않을 정도로 강한 목소리를 냈다. 우리는 보통 이상의 과장된 어조로 목소리를 높여 귓가에 입을 가져가야만 했다.

"아버지, 머리를 식히니 기분이 좀 낫습니까?"

"응."

나는 간병인과 함께 아버지의 물베개를 갈고 새 얼음을 넣은 얼음주머니를 머리 위에 올렸다. 고르지 않게 쪼개져 뾰족하게 잘린 얼음 파편이 주머니 속에서 자리를 잡는 동안 나는 벗겨진 아버지의 이마 가장자리에 대고 그것을 부드럽게 누르고 있었다. 그때 형이 들어와서 한 통의 우편물을 아무 말 없이 내 손에 건넸다. 자유로운 왼손을 내밀어 그 우편을 받았던 나는 곧장 의문이 들었다.

그것은 보통 편지와 비교해 무게감이 상당했다. 흔한 종이봉투에도 넣어져 있지 않았다. 또한 평범한 종이봉투에 넣을 수 있는 분량도 아니었다. 종이로 감싸서 봉한 자리를 정중하게 풀로 붙여두었다. 그것을 형의 손에서 건네받았을 때 곧장 등기 우편이라는 것을 알아챘다. 뒤집어보니 그곳에 선생님의 성함이 조심스러운 글자로 적혀 있었다. 손을 뗄 수 없었던 나는 곧장 봉인을 뜯어볼 수 없었기에 잠시 그것을 안주머니에 집어넣었다.

17

그날은 병자의 상태가 특히나 더 안 좋아 보였다. 내가 화장실에 가려고 자리를 뜨려 했을 때 복도에서 마주친 형은 "어딜 가나." 하고 파수병 같은 어조로 검문했다.

"아무래도 상태가 좀 이상하니까 되도록 곁을 지켜야지." 하고 주의를 주었다.

나도 그렇게 생각하던 차였다. 안주머니에 넣은 편지는 그대로 두고 다시 병실로 돌아갔다. 아버지는 눈을 뜨고서 그곳에 서 있는 사람의 이름을 어머니에게 물었다. 어머니가 이건 누구 저건 누구 하며 하나하나 설명해주자 아버지는 그때마다 고개를 끄덕였다. 고개를 끄덕이지 않을 때는 어머니가 목소리를 높여 "누구누구 씨예요, 알겠어요?" 하고 거듭 확인했다.

"안녕하세요. 와 주셔서 감사합니다."

아버지는 이렇게 말했다. 그리고 다시 혼수상태에 빠졌다. 머리맡을 둘러싸고 있는 사람들은 아무 말 없이 얼마간 병자의 모습을 바라보았다. 이윽고 그중에서 한 명이 일어나 옆방으로 나갔다. 그러자 다른 한 명이 일어났다. 나 역시 세 번째로 자리를 뜨며 내 방으로 돌아갔다. 내게는 조금 전 안주머니에 넣어둔 우편물을 열어보겠다는 목적이 있었다. 그것은 환자의 머리맡에서도 쉽게 가능한 일임이 분명했다. 하지만 적혀 있는 분량이 너무나도 많았기에 그곳에서 단숨에 읽어내려갈 수 없었고 특별히 시간을 내어 그것에 할애했다.

나는 질긴 섬유 포장지를 가르듯이 찢었다. 안에서 나온 것은 가로 세로로 선을 그은 괘선 안에 단정하게 적힌 원고용지였다. 봉인하기 쉽도록 두 번 접혀 있었는데, 길이 잡힌 종이를 반대로 접어 읽기 좋게 펼쳤다.

내 마음은 이 다량의 종이와 잉크가 과연 내게 무엇을 말할 것인지에 관한 생각에 휩싸여 놀라고 있었다. 동시에 병실에 대한 일이 걸렸다. 내가 이 문서를 읽기 시작하여 다 읽기 전에 아버지는 분명 어떻게 될 것이다. 적어도 형이든 어머니든,

그도 아니면 숙부에게든 불려갈 게 분명하다고 하는 예감이 들었고 마음 편히 선생님의 편지를 읽을 수 있을 것 같지 않았다. 우물쭈물하다가 그저 첫 페이지를 훑었다. 그곳에는 아래와 같이 적혀 있었다.

"당신이 과거에 관하여 물었을 때 대답할 수 없었던, 용기가 없었던 저는 지금 당신 앞에 그것을 명확하게 밝힐 자유를 얻었다고 믿습니다. 그러나 이 자유는 당신의 상경을 기다리는 사이에 다시 잃어버리게 될 세간적인 자유에 불과합니다. 따라서 그것이 가능할 때 이용하지 않으면 제 과거를 당신의 머리에 간접적인 경험으로서 알려드릴 기회를 영원히 놓치게 됩니다. 그렇게 되면 그때 굳게 약속했던 말이 완벽히 거짓이 됩니다. 저는 어쩔 수 없이 입으로 말해야 하는 것을 글로 풀어내게 되었습니다."

나는 거기까지 읽고 처음으로 이 긴 편지가 적힌 이유를 분명히 알 수 있었다. 나의 생계를 위한 자리, 그런 것에 대해 선생님이 편지를 보낼 일은 없을 거라고 애초부터 알고 있었다. 하지만 쓰는 걸 싫어하는 선생님이 어째서 이 사건을 장문으로 적어 내게 보여줄 생각이 들었을까? 선생님은 어째서 내가 상경할 때까지 기다리지 않았을까?

"자유를 얻었으니 말한다. 하지만 그 자유는 다시 영원히 잃어버리게 된다."

나는 마음속으로 이렇게 반복하면서 그 의미를 파악하려고 고심했다. 그러다가 갑자기 불안에 휩싸여 다음 내용을 읽으려고 했을 때였다. 그때 병실 쪽에서 나를 부르는 형의 커다란 목소리가 들려왔다. 나 또한 놀라서 일어섰다. 복도를 뚫고 나가듯이 달려 모두가 있는 곳으로 갔다. 결국 아버지가 최후의 순간을 맞이했음을 직감했다.

18

병실에는 어느샌가 의사가 와 있었다. 되도록 병자를 편하게 한다는 주의에서 또다시 관장하고 있던 참이었다. 간호사는 어젯밤 피로를 씻어내기 위해 별실에서 눈을 붙이고 있었다. 익숙지 않은 형은 일어나서 어물쩍거렸다. 내 얼굴을 보더니 "잠시 자리 좀 지켜줘."라고 말하고 자신은 자리에 앉았다. 나는 형 대신 기름종이를 아버지 엉덩이 밑에 댔다.

아버지의 상태는 조금 안정되었다. 삼십 분쯤 머리맡에 앉아 있던 의사는 관장한 결과를 말한 후 다시 오겠다고 하며 돌아갔다. 돌아갈 때 무슨 일이 생기면 언제든 불러 달라는 식으로 운을 떼고 있었다.

지금 당장에라도 변화가 생길 법한 병실을 떠나 다시 선생님의 편지를 읽고자 했다. 하지만 좀처럼 마음이 편치 않았다. 책상 앞에 앉자마자 다시 형이 큰 소리로 부를 것 같아 견딜 수가 없었다. 그리고 이번에 불러가면 그것이 마지막이라고 하는 두려움이 내 손을 떨게 했다. 나는 그저 무의미하게 편지를 넘겼다. 내 눈은 테두리 안에 꼼꼼하게 들어가 있는 글자를 보았다. 하지만 그것을 읽을 여유는 없었다. 띄엄띄엄 읽을 여유조차 없었고 마지막 페이지까지 순서대로 펼쳐보고 다시 그것을 원래대로 접어 책상 위에 두려고 했다. 그때 문득 결말에 가까운 한 구절이 내 눈에 들어왔다.

"이 편지가 당신 손에 들어갈 무렵엔 전 이미 이 세상에는 없겠죠. 진작에 죽었을 테죠."

나는 화들짝 놀랐다. 지금까지 수런거리며 움직이던 내 가슴이 단숨에 응결된 것 같았다. 다시 앞장으로 돌아가서, 한 장에 한 구절 정도씩 거꾸로 읽어나가면서, 순식간에 내가 알아야만 하는 것을 파악하기 위해 아물아물한 글자를 꿰뚫어 보고자 했다. 그때 내가 파악하고 싶었던 것은 선생님의 안위뿐이었다. 선생님의 과거, 예전에 선생님이 내게 말하겠다고 약속했던 어두컴컴한 그 과거, 그런 건 내게 전혀 쓸모가 없었다. 나는 페이지를 역행하며 내가 필요로 하는 지식을 쉽사리 주지 않는 이 긴 편지를 속이 타들어 가는 심정으로 접었다.

나는 다시 아버지의 모습을 보러 병실로 갔고 병자의 머리맡은 의외로 조용했다. 의지할 곳이 없는 것처럼 지친 얼굴로 그곳에 앉아 있는 어머니를 손짓으로 부르며 "어떻습니까, 용태는." 하고 물었다. 어머니는 "지금 잠시 진정된 것 같아."라고 대답했다. 나는 아버지의 눈앞에 얼굴을 내밀고, "어떠세요, 관장하니 기분이 조금은 나아지셨습니까?"라고 물었다. 아버지는 끄덕였다. 아버지는 확실하게 "고마워."라고 말했다. 아버지의 의식은 의외로 몽롱하지 않았다.

　나는 다시 병실을 나와서 내 방으로 돌아갔다. 그곳에서 시계를 보며 기차 시간표를 조사했다. 나는 갑자기 일어나 허리띠를 다시 묶고 소맷자락 속에 선생님의 편지를 집어넣었다. 그러고 나서 뒷문을 통해 밖으로 나갔다. 나는 정신없이 의사의 집으로 달려갔고 의사에게 아버지가 앞으로 이삼일 정도는 견딜 수 있을지에 대해 확답을 얻고자 했다. 주사든 뭐든 조처해서 버티게 해달라고 부탁하러 갔다. 의사는 안타깝게도 집에 없었다. 나는 가만히 그가 돌아오기를 기다릴 시간이 없었다. 마음이 진정되지 않았다. 곧장 역으로 발걸음을 재촉했다.

　나는 연필을 들고 역의 벽면에 종잇조각을 대고서 어머니와 형 앞으로 편지를 썼다. 편지는 극히 간단한 것이었는데 말도 없이 가는 것보다는 낫다고 생각하여 그것을 급히 집에 전해달라고 인편으로 부탁했다. 그런 다음 단단히 마음을 먹고 기세 좋게 도쿄행 기차로 뛰어들었다. 나는 굉음이 나는 삼등석 열차 안에서 소맷자락에 넣어둔 선생님의 편지를 다시 꺼내어 처음부터 끝까지 훑어 내려갔다.

하 선생님과 유서

1

……저는 올여름 당신으로부터 두어 번 편지를 받았습니다. 도쿄에서 좋은 자리를 얻고 싶으니까 잘 부탁한다고 적혀 있던 것은 아마 두 번째였던 걸로 기억하는데, 그것을 읽고서 어떻게든 해주고 싶었습니다. 적어도 답장을 보내야겠다고는 생각했습니다. 하지만 자백하건대 전 당신의 부탁에 대해 전혀 노력하지 않았습니다. 잘 아시다시피 교제 범위가 좁다기보다도 세상과 격리되어 살고 있다고 하는 편이 더 정확하다고 할 수 있는 제게 구태여 그러한 노력을 할 여지는 없습니다. 하지만 그것은 문제가 되지 않습니다. 사실 전 저 자신을 어찌하면 좋을지 번민하고 있던 참입니다. 이대로 인간 속에 남겨진 미라처럼 존재해갈 것인가, 아니면…… 그 당시 전 '아니면' 하는 말을 마음속으로 반복할 때마다 소름이 돋았습니다. 절벽 끝까지 뛰어가서 갑작스레 끝이 보이지 않는 골짜기를

들여다보고 있는 사람처럼. 전 비겁했습니다. 그리고 대부분 비겁한 사람이 그러는 것처럼 번민했습니다. 유감스럽게도 그때 제 머리에는 당신이라는 사람이 거의 존재하지 않았다고 해도 과장은 아닙니다. 다시 말해 당신의 지위, 생계의 밑천 따위는 제게 있어 아무런 의미가 없는 것이었습니다. 어찌 되든 상관없었습니다. 저는 그럴 정신이 없었고, 편지꽂이에 당신의 편지를 꽂아두고 적당히 팔짱을 끼며 생각에 잠겼습니다. 집에 어느 정도의 재산이 있는 자가 무얼 괴로워하고 졸업이나 지위 따위에 연연하며 발버둥을 치고 있는가. 저는 도리어 쓸쓸한 기분으로 먼 곳에 있는 당신에게 이러한 일침을 던졌을 뿐입니다. 저는 답장을 하지 않으면 미안하다는 생각을 했고 변명하기 위해 이처럼 밝힙니다. 당신의 속을 긁으려고 일부러 무례한 말을 늘어놓는 것은 아닙니다. 제 본의는 뒤에 보시면 잘 알 수 있을 것이라 믿습니다. 아무튼 전 말해야만 하는 것을 하지 않고 있었으니 이 태만한 죄를 당신 앞에서 사죄하고 싶습니다.

그 후 저는 당신에게 전보를 쳤습니다. 사실 그때 잠시 당신을 만나고 싶었습니다. 그리고 당신의 바람대로 제 과거를 당신에게 말하고 싶었습니다. 당신은 전보에 대한 답으로 현재 도쿄에 올 수 없다고 거절해왔는데 저는 실망하여 오랫동안 그 전보를 바라보았습니다. 당신도 전보만으로는 마음이 차지 않았던 걸로 보였고 나중에 긴 편지를 써서 이유를 설명했기에 당신이 도쿄로 나오지 못하는 사정은 충분히 이해할 수 있었습니다. 제가 당신을 무례하다고 생각할 이유는 없습니다. 소중한 아버님의 병환을 나 몰라라 하며 어떻게 당신이 집을 비울 수 있겠습니까? 아버님의 생사를 망각한 제 태도야말로 불합리합니다. 저는 실제로 그 전보를 칠 때 당신의 아버님에 대해 잊고 있었습니다. 그런 주제에 당신이 도쿄에 있을 때 난치병이니 각별히 주의를 기울여야 한다고 재차 충고했던 것도 저인 것을요. 저는 이렇게나 모순된 인간입니다. 어쩌면 제 머리보다도 제 과거가 저를 압박한 결과 이런 모순된 인간으로 변했는지도 모를 일입니다. 전 이 부분에 대해서도 제 아집을 충분히 인정하고 당신에게 용서를 빌어야만 합니다.

　당신의 편지, 당신에게서 온 마지막 편지를 읽었을 때 저는 미안한 일을 했다고 생각했습니다. 그래서 그런 의미를 담은 편지를 보내려고 했으나 한 줄도 적지 못하고 그만두었습니다. 어차피 적는다면 이 편지를 적고 싶었기에, 그리고 이 편지를 적기에는 아직 시기가 이르니 관두기로 했던 겁니다. 제가 그저 올 필요가 없다고 하는 간단한 전보를 다시 보낸 것은 그 때문입니다.

2

저는 그 후로 이 편지를 쓰기 시작했습니다. 평소 글을 적지 않는 제게 자신이 생각한 대로 사건이나 사상이 부드럽게 이어지지 않는 것은 무거운 고통입니다. 하마터면 저는 당신에 대한 제 의무를 내팽개칠 뻔했습니다. 하지만 아무리 그만두자고 생각하며 쓰지 않으려고 해도 뜻대로 되지 않았습니다. 저는 한 시간도 채 지나지 않아 다시 쓰고 싶어졌습니다. 당신 입장에서 본다면 이것이 의무의 수행을 중요시하는 저의 성격처럼 생각될지도 모르겠습니다. 그건 저도 부정하지 않습니다. 저는 당신이 알고 있는 대로 세간과 교류가 거의 없는 고독한 인간이니 의무라고 할 정도의 의무는 제 전후좌우 어디를 둘러봐도 어느 방향으로도 뿌리를 뻗고 있지 않습니다. 고의였는지 자연스러웠던 건지 저는 가능한 한 그것을 줄여 생활했습니다. 하지만 의무에 냉담했기에 이렇게 된 것이 아닙니다. 도리어 너무도 예민해서 자극을 견딜 만한 힘이 없어, 보시는 바와 같이 소극적인 세월을 보내게 되었습니다. 따라서 일단 약속을 한 이상 그것을 지키지 않는 걸 상당히 싫어합니다. 당신에 대한 이 싫은 기분에서 벗어나기 위해서라도 쓰다 만 글을 다시 적어내야만 합니다.

게다가 전 쓰고 싶습니다. 의무는 별도로 하고 제 과거에 관하여 쓰고 싶습니다. 제 과거는 저만의 경험이니 제 것이라고 해도 지장이 없을 테고 그것을 남에게 전하지 않고 죽는 것은 아깝다고들 하겠지요. 제게도 다소 그런 마음은 있습니다. 하지만 받아들이지 못하는 타인에게 전할 정도라면 저는 도리어 제 경험을 제 목숨과 함께 매장하는 편이 더 나을 것 같습니다. 실제로 여기에 당신이라는 한 사람이 존재하고 있지 않았다면 제 과거는 끝끝내 간접적으로도 타인의 지식은 되지 않고 끝났겠지요. 저는 몇천만이라고 하는 일본인 중에서 당신에게만 제 과거를 이야기하고 싶습니다. 당신은 진지하니까. 당신은 진지하게 인생 그 자체로부터 살아 있는 교훈을 얻고 싶다고 말했으니까.

저는 어두운 인간 세상의 그늘을 당신의 머릿속에 가차 없이 던져 넣겠습니다. 하지만 두려워하지 마십시오. 어둠을 가만히 응시하여 그 안에서 당신에게 참고가 될 만한 것을 잡으세요. 제가 어둡다고 하는 것은 본래부터 윤리적인 어둠을 뜻합니다. 저는 윤리적으로 태어나 자란 사람입니다. 이러한 윤리적인 생각은 요즘 젊은이들과 상이한 부분이 꽤 있을지도 모릅니다. 하지만 아무리 다르다고 해도 저 자신의 것입니다. 급한 대로 빌려 입은 옷이 아닙니다. 따라서 이제부터 발달하려고 하는 당신에게는 어느 정도 참고가 되리라고 생각합니다.

당신은 현대의 사상 문제에 대하여 자주 제게 의논했던 것을 기억하고 있겠죠. 그것에 대한 제 태도도 잘 알고 있을 겁니다. 저는 당신의 의견에 대해 경멸까지는 하지 않았으나 존경을 표할 정도는 아니었습니다. 당신의 생각에는 어떠한 배경이나 토대가 없었고 당신은 자기 자신의 과거를 가지기에는 너무나도 젊었기 때문입니다. 나는 때때로 웃었다. 당신은 어딘가 부족한 듯한 얼굴을 살짝살짝 내게 비췄다. 그런 끝에 당신은 내 과거를 두루마리처럼 당신 앞에 펼쳐달라고 촉구했다. 나는 그때 마음속에서 처음으로 당신을 존경했다. 당신이 거리낌 없이 제 마음속에 살아 있는 무언가를 잡고자 하는 결심을 보여줬기 때문입니다. 제 심장을 쪼개서 따뜻하게 흐르는 혈류를 마시려고 했기 때문입니다. 그때 난 아직 살아 있었다. 죽는 것이 싫었다. 그래서 훗날을 기약하며 당신의 요구를 보류했다. 저는 지금 스스로 제 심장을 파괴하여 그 피를 당신의 얼굴에 뿌리고자 합니다. 제 고동이 멈췄을 때 당신의 가슴에 새로운 생명이 깃드는 것이 가능하다면 그걸로 만족합니다.

3

제가 양친을 여읜 것은 아직 성인이 되지 않은 시기였습니다. 언젠가 아내가 당신에게 이야기했던 것으로 기억합니다만 두 분은 같은 병으로 타계했습니다. 또한 아내가 당신의 의구심을 불러일으킨 대로 거의 동시라고 해도 좋을 정도로, 전후로 세상을 떠났습니다. 사실 아버지의 병은 무시무시한 장티푸스였습니다. 곁에서 간호하던 어머니가 그것에 감염되었던 겁니다.

저는 두 사람 사이에 생긴 단 하나뿐인 아들이었습니다. 집에는 상당한 재산이 있었기에 의젓하게 자랄 수 있었습니다. 자신의 과거를 되돌아보며 그때 양친이 죽지 않고 건재했더라면, 적어도 아버지나 어머니 중 어느 한쪽이라도 좋으니 살아 있었더라면 의젓한 마음을 지금까지 간직해올 수 있었을 겁니다.

저는 부모님 뒤에 막연히 남겨졌습니다. 제게는 지식이나 경험이 전무했고 분별도 없었습니다. 아버지가 죽을 때 어머니는 곁을 지킬 수 없었습니다. 어머니가 죽을 때까지 아버지의 죽음에 대해 일언반구도 하지 않았습니다. 어머니는 그걸 알고 있었는지 아니면 간병인이 말한 것처럼 사실 아버지는 회복기에 접어들었다고 믿고 있었는지 그건 잘 모르겠습니다. 어머니는 그저 숙부에게 모든 것을 부탁했습니다. 그곳에 있던 저를 가리키는 것처럼, "이 아이를 꼭 좀 부탁합니다.” 하고 말했습니다. 저는 그전부터 양친의 허가를 받아 도쿄에 갈 생각이었기에 어머니는 내친김에 그것까지 말할 참이었던 것 같습니다. 그래서 “도쿄에.”라고만 덧붙이니 숙부가 곧장 뒤를 이어, “알았으니 전혀 걱정할 필요 없네.”라고 대답했습니다. 어머니는 고열을 잘 견디는 체질이었던 것인지, 숙부는 “심지가 곧은 사람이다.”라고 절 보며 어머니에 대해 칭찬했습니다. 하지만 그것이 과연 어머니의 유언이었는지 아닌지, 지금 돌이켜보면 잘 모르겠습니다. 어머니는 물론 아버지가 걸린 병의 무시무시한 이름을 알고 있었습니다. 그리고 자신이 그것에 감염되어 있던 것도 알고 계셨습니다. 하지만 자신이 걸린 병으로 인해 목숨을 잃을 것을 예견했는지에 대한 사실까지 가면 의심할 여지는 아직 얼마든지 있다고 생각됩니다. 게다가 열이 높을 때 하는 어머니의 말씀은 아무리 절도 있고 명확한 것이었다고 해도 특정 기억으로서 어머니의 머릿속에 흔적조차 남기지 않았던 일도 자주 있었습니다. 그러니까…… 하지만 그런 건 문제가 아닙니다. 그저 이런 식으로 뭔가를 풀어보거나 다시 둘둘 말아 바라보는 버릇은 그 시절부터 이미 제게는 확실하게 내재되어 있었습니다. 이건 처음부터 당신에게도 미리 밝혀둬야만 한다고 생각합니다만, 그러한 사례로서는 당면한 문제와 그다지 관계가 없는 이런 기술記述이 도리어 도움이 되지 않을까 합니다. 당신도 아무튼 그렇게 생각하며 읽어 주십시오. 이 성향이 윤리적인 개인의 행위나 동작에 시선을 두게 하여, 저는 이후에 점점 더 타인의 도덕심을 의심하게 되었던 것 같습니다. 그것이 적극적으로 저의 번뇌와 고통에 커다란 힘을 더하고 있는 건 확실하니 기억해 두십시오.

　이야기가 본론에서 벗어나면 알기 어려워지니 다시 앞으로 되돌리죠. 그래도 저는 이 긴 편지를 씀에 있어서 동일한 상황에 처한 타인과 비교한다면 어쩌면 다소 차분하지 않나 싶습니다. 세상이 잠들면 들려오는 열차 소리도 이미 끊겼습니다. 덧문 밖에는 어느샌가 가련한 벌레 소리가 이슬을 머금은 가을을 살그머니 떠올리게 만드는 박자로 희미하게 울고 있습니다. 아무것도 모르는 아내는 옆방에서 천진하게 잠들어 있습니다. 제가 글을 적으면서 한 획, 한 글자를 만드는 대로 펜 끝에서 소리가 납니다. 저는 도리어 차분한 상태로 종이를 마주하고 있습니다. 익숙하지 않은 탓에 펜이 옆으로 비껴갈지도 모를 일이지만 고뇌로 인해 머리가 혼란스러워 글이 너저분하게 내달리지 않도록 노력하려 합니다.

4

아무튼 홀로 남겨진 저는 어머니 말씀대로 이 숙부를 의지할 수밖에 없었습니다. 숙부 또한 모든 것들 받아들이고 전부 돌봐주었습니다. 그리고 제가 원하는 대로 도쿄에 갈 수 있도록 선처해 주었습니다.

저는 도쿄에 와서 고등학교에 들어갔습니다. 당시 고등학생은 지금보다도 훨씬 살벌하고 거칠었습니다. 제가 아는 사람 중에는 밤중에 목수와 싸움을 해서 상대방 머리를 신발로 가격하여 상해를 입힌 자가 있었습니다. 술을 마신 끝에 일어난 일이어서 정신없이 서로 패싸움을 벌이는 사이에 결과적으로 학교 모자를 상대방에게 빼앗기고 말았습니다. 그런데 그 모자 뒤에는 당사자의 이름이 선명하게, 마름모꼴 하얀 천 위에 새겨져 있었습니다. 그래서 얼마 안 있어 일이 수면 위로 드러나며 경찰이 학교로 찾아올 상황이었습니다. 하지만 친구가 여러모로 애를 써서 겨우 소송까지 번지지 않도록 해주었습니다. 그런 난폭한 행위를 요즘 같은 고상한 분위기 속에서 자란 당신에게 말하면 분명 바보 같다는 느낌을 받겠죠. 저 역시 그 생각에 동의합니다. 하지만 그 대신 그들은 요즘 학생들에게 없는 순박한 부분을 갖고 있었습니다. 당시 제가 다달이 숙부에게 받고 있던 돈은 당신이 현재 아버지께 받는 학비와 비교하면 상당히 적었습니다. 물론 물가도 다르겠지만요. 그러면서도 저는 조금의 부족함도 느끼지 않았습니다. 뿐만 아니라 많은 동급생 중에서 경제적 측면에서는 결코 남을 부러워해야 할 가여운 처지에 있던 건 아닙니다. 지금 회상해 보면 도리어 남들에게 부러움을 사는 쪽이었겠죠. 다시 말해 저는 다달이 정해진 송금 외에 서적비(저는 그 당시부터 책을 사는 걸 좋아했습니다.)와 임시 비용을 자주 숙부에게 요청하여 그것을 자신이 원하는 대로 척척 소비할 수 있었으니까요.

물정에 어두웠던 저는 숙부를 믿고 있기만 한 게 아니라 항상 감사하는 마음을 담아 숙부를 은혜롭다는 듯이 존경했습니다. 숙부는 사업가였습니다. 시의원도 되었습니다. 그런 관계로 비롯된 것도 있었을 텐데 정당에도 연고가 있던 걸로 기억합니다. 아버지의 친동생이었지만 그러한 점과 성격에서 봤을 때 아버지와는 전혀 다른 방향으로 발달한 것처럼 보였습니다. 아버지는 선조로부터 물려받은 유산을 소중히 지켜가는 독실하기만 한 사람이었습니다. 취미로는 차나 꽃을 즐겼습니다. 그리고 시집 같은 걸 읽는 것도 좋아했습니다. 서예와 골동품에도 조예가 깊었던 것 같습니다. 집은 시골에 있었지만 일 킬로미터도 채 가지 않아 보이는 시가지, 그곳에 숙부가 살고 있었습니다. 그 시에서 때때로 골동품 가게 점원이 족자나 향로 따위를 가지고 손수 아버지에게 보여주러 방문했습니다. 아버지는 한마디로 하면 맨 오브 민즈Man of Means라고 하면 될까요. 비교적 고상한 취미를 가진 시골 신사였습니다. 천성으로 비교하자면 활달한 숙부와는 상당히 동떨어져 있었습니다. 그러면서도 두 사람은 묘하게 사이가 좋았습니다. 언제나 아버지는 숙부를 높이 평가하며 자신보다도 훨씬 더 활동적이며 듬직한 사람으로 묘사했습니다. 자신처럼 부모에게 재산을 물려받은 사람은 아무래도 특정한 재주나 솜씨가 둔해진다. 즉, 세상과 싸울 필요가 없어지니 못 쓰겠다고도 말했습니다. 이 말은 어머니도 듣고 저도 들었습니다. 아버지는 도리어 제 소양이 될 수 있도록 말한 것으로 생각됩니다. "너도 명심하거라." 하면서 아버지는 일부러 제 얼굴을 주시하는 겁니다. 그래서 저는 지금도 그걸 잊지 못합니다. 그 정도로 제 아버지로부터 신용과 칭찬을 받고 있던 숙부를 무슨 일이 있어도 의심할 수가 없었죠. 제게는 안 그래도 자랑스러울 수밖에 없는 숙부였습니다. 부모님이 돌아가시고 모든 부분에서 그 사람의 보살핌을 받아야만 했던 제게 숙부는 단순한 자랑이 아니었습니다. 제 존재에 필수불가결한 인간이 되었던 겁니다.

5

제가 여름방학에 처음으로 귀향했을 때 부모님의 죽음에 의해 텅 비어버린 우리 집에는 새로운 주인으로서 숙부 부부가 들어와 살고 있었습니다. 이것은 제가 도쿄로 나오기 전부터 정해진 약속이었습니다. 홀로 남겨진 제가 집에 없는 이상 그렇게 할 수밖에 없었습니다.

숙부는 당시 시에 있는 여러 회사와 관계를 맺고 있는 것 같았습니다. 업무 상황에서 보면 지금까지의 주택에서 생활하는 편이 일 킬로미터나 떨어져 있던 우리 집으로 들어오는 것보다 훨씬 더 편하다며 웃었습니다. 이것은 부모님께서 돌아가신 후 저택을 정리하고 도쿄에 나가는 것에 대해 상담할 때 숙부의 입에서 흘러나온 말이었습니다. 우리 집은 유구한 역사를 가지고 있었기에 그 일대에서 어느 정도 유명했습니다. 당신 고향도 똑같다고 생각하는데 시골에서는 상속인이 있는데도 유서 있는 집을 부수거나 파는 건 엄청난 사건입니다. 지금의 저라면 그 정도의 일은 별거 아니라고 생각하겠지만 그 당시는 아직 어린애였으니 도쿄에는 나가겠지만 집은 그대로 두지 않으면 안 되는 상황이라고 판단하여 심히 처리에 고심했습니다.

숙부는 어쩔 수 없이 제 빈집에 들어오겠다고 승낙하였습니다. 하지만 시에 있는 주택도 그대로 두고 양쪽을 왔다 갔다 하는 편의를 봐줘야만 한다고 말했습니다. 애초에 제게 이견이 있을 리가 없었습니다. 저는 어떤 조건이든 도쿄에 나갈 수만 있다면 된다는 정도로만 생각하고 있던 겁니다.

천진난만한 저는 고향을 떠나서도 여전히 그리운 듯이 고향 집을 보고 있었습니다. 그곳에 아직 자신이 돌아갈 수 있는 집이 있다는 여행자의 마음으로 바라보고 있던 겁니다. 방학이 되면 돌아갈 곳이 있다는 것은 아무리 도쿄를 동경하던 제게도 마음 든든했습니다. 저는 열심히 공부하고 유쾌하게 놀고 난 후 방학이 되면 돌아갈 수 있다고 믿는 고향 집에 대한 꿈을 자주 꾸었습니다.

제가 집을 비운 사이 숙부가 어떤 식으로 양쪽을 오가고 있었는지는 모르지만 고향에 돌아갔을 때는 모두 한집에 모여있었습니다. 학교에 다니는 아이들은 아마도 평소 시에 있었을 테지만 이것도 휴가를 위해 시골에서 반쯤 휴양한다는 식으로 받아들였습니다.

모두 제 얼굴을 보며 기뻐했습니다. 저 또한 부모님이 있을 때보다 도리어 왁자지껄하고 밝아진 집을 보고 기뻐했습니다.

숙부는 본래 제 것이었던 방을 점령하고 있던 장남을 쫓아내고서 저를 그곳에 두었습니다. 방의 개수도 적지 않았으니 저는 다른 방이어도 상관없다고 사양했지만 숙부는 네 집이라고 하며 듣지 않았습니다.

저는 때때로 돌아가신 부모님을 떠올리는 것 외에 어떤 불쾌함도 없이 그해 여름을 숙부의 가족과 함께 보내고 다시 도쿄로 돌아갔습니다. 단지 한 가지, 그해 여름의 사건으로서 제 마음에 우중충한 그림자를 던진 것은 숙부 부부가 입을 맞추어 아직 고등학교에 갓 들어갔을 뿐인 제게 결혼을 권한 것이었습니다. 그것은 아마 전후로 서너 번이나 반복되었죠. 저도 처음에는 그저 갑작스러움에 놀랐을 뿐이었습니다. 두 번째는 딱 잘라 거절했습니다. 세 번째가 되니, 결국 그 이유를 반문하지 않을 수 없었습니다. 그들의 뜻은 간단했습니다. 하루빨리 부인을 맞이한 후 이 집에 돌아와서 돌아가신 아버지의 뒤를 이으라고 할 뿐이었습니다. 집은 방학이 되어 돌아올 수만 있다면 그걸로 족하다고 저는 생각했습니다. 아버지의 뒤를 잇는다. 그러려면 부인이 필요하니 맞이한다.

양쪽 다 이유로는 대강 이해했습니다. 특히나 시골 사정을 잘 알고 있던 저는 납득할 수 있었습니다. 저도 절대 그것을 싫다고는 하지 않았겠죠. 하지만 도쿄로 갓 수업을 나간 제게는 망원경으로 보는 것처럼 아득한 거리에 있는 것처럼 보일 뿐이었습니다. 저는 숙부의 뜻을 승낙하지 않고 마침내 다시 집을 떠났습니다.

6

저는 혼담에 대한 일을 그대로 잊었습니다. 제 주변을 에워싸고 있는 청년들의 얼굴을 보면 집안에 얽매여 있는 사람은 한 명도 없습니다. 모두 자유롭습니다. 그리고 모조리 단독으로 존재하는 것처럼 보였습니다. 이렇게 유유자적하는 사람 중에도 그 이면을 보면 가정사 때문에 하는 수 없이 부인을 맞이한 사람이 있었을지도 모르지만 어린애 같던 저는 그것을 알아채지 못했습니다. 그리고 그런 특별한 처지에 있던 사람도 주변을 생각하여 되도록 학생과 인연이 먼 가정사는 말하지 않도록 조심하고 있었겠죠. 나중에 생각해보니 저 자신이 이미 그 패거리였겠지만 그것조차 모른 채 그저 아이처럼 유쾌하게 학문의 길을 걸었습니다.

학년 말에 저는 다시 행장을 메고 부모님의 묘가 있는 시골로 돌아왔습니다. 그리고 작년처럼 과거 부모님이 계시던 우리 집에서 숙부 부부와 아이들의 변함없는 얼굴을 보았습니다. 저는 다시 그곳에서 고향의 향기를 맡았습니다. 그 향기는 여전히 그리운 것이었습니다. 1학년의 단조로움을 부수는 변화로서도 고마운 것임이 분명했습니다.

하지만 자신을 키워온 것과 다름없는 향기 속에서 갑작스레 숙부가 결혼 문제를 코앞에 들이밀었습니다. 숙부는 작년 권유를 똑같이 반복할 뿐이었습니다. 이유도 작년과 똑같았습니다. 그저 저번에 권했을 때는 어떤 목적물이 없었는데 이번에는 중요한 당사자를 제대로 준비해두었기에 저는 더욱 곤란해졌습니다. 그 당사자라는 건 숙부의 딸, 다시 말해 제 사촌에 해당하는 여자였습니다. 그 여자를 맞이하는 게 서로를 위해 좋다. 아버지도 살아생전에 그런 말을 했다고 숙부가 말하는 겁니다. 저도 그렇게 하면 좋다고는 생각했습니다. 아버지가 숙부에게 그런 식의 이야기를 했다는 것도 있음 직한 일이라고 생각했습니다. 하지만 그것은 제가 숙부에게 들어서 처음으로 알게 된 것이므로 그전부터 짐작하고 있던 것은 아니었습니다. 따라서 저는 놀랐고 놀라긴 했지만 숙부의 바람에 무리가 없다는 것도 그 때문에 잘 이해했습니다. 저는 경솔했던 걸까요. 어쩌면 그럴지도 모릅니다만, 아마도 그 사촌에게 무관심했던 것이 주된 원인이었겠죠. 저는 어렸을 적부터 시에 있는 숙부의 집에 자주 놀러 갔습니다. 단순히 방문했을 뿐만 아니라 빈번하게 그곳에 묵었습니다. 그렇게 이 사촌과는 그 시절부터 친했습니다. 당신도 아시겠죠, 형제 사이에서 사랑이 성립한 예가 없다는 것을. 공인된 사실을 멋대로 부연하고 있는지도 모르지만 항상 접촉하며 지나치게 친해진 남녀 사이에는 사랑에 필요한, 자극이 되는 청신한 느낌이 사라져버리는 것 같습니다. 향을 맡기 쉬운 건 향을 피우기 시작한 순간이 최고인 것처럼, 술맛이 나는 건 술을 마시기 시작한 순간에 있는 것처럼, 사랑의 충동에도 이런 아슬아슬한 하나의 점이 시간 위에 존재한다고 생각할 수밖에 없습니다. 한 번 아무렇지도 않게 그곳을 지나치고 나면 익숙해질수록 친밀함이 늘어갈 뿐, 사랑의 신경은 점차 마비되어 갈 뿐입니다. 저는 몇 번을 다시 생각해 봐도 이 친척을 아내로 맞을 생각이 들지 않았습니다.

숙부는 만일 제가 원한다면 졸업할 때까지 결혼을 미뤄도 좋다고 말했습니다. 하지만 좋은 일은 서두르라는 속담도 있으니 가능하면 지금 당장 혼례의 술잔 교환만은 끝내두고 싶다고도 말했습니다. 그 사람을 원하지 않는 제게는 어느 쪽이 되었든 똑같은 것입니다. 저는 또다시 거절했습니다. 숙부는 싫은 얼굴을 했습니다. 사촌은 울었습니다. 저와 부부가 되지 못해서 슬픈 게 아닙니다. 결혼을 청하는 것에 대해 거절당한 것이 여자로서 괴로웠기 때문입니다. 제가 사촌을 사랑하지 않는 것처럼 사촌도 저를 사랑하지 않는다는 것을 잘 알고 있었습니다. 저는 다시 도쿄로 돌아갔습니다.

7

제가 세 번째로 귀향한 것은 그로부터 일 년이 지난 초여름이었습니다. 저는 언제나 학년말 시험이 끝나기를 고대하며 도쿄를 빠져나왔습니다. 고향이 그 정도로 그리웠기 때문입니다. 당신도 기억할 테죠. 태어난 곳은 공기 색이 다릅니다. 토지의 향기도 각별합니다. 부모님의 기억도 짙게 감돌고 있습니다. 일 년 중에 칠팔월이란 기간동안 그 안에 둥지를 트는 것은 구멍에 들어가 있는 뱀처럼 제게 무엇보다도 따뜻하고 행복한 기분을 가져다주었습니다.

단순한 저는 사촌과의 결혼 문제에 대해서 그다지 머리를 싸매고 있을 필요가 없다고 생각했습니다. 싫은 건 거절한다. 거절하기만 하면 그걸로 끝이며 아무것도 남지 않는다. 저는 이렇게 믿었습니다. 따라서 숙부의 바람대로 의지를 꺾지 않았음에도 불구하고 도리어 평온했습니다. 과거 일 년간, 일찍이 그런 것을 거북스러워했던 기억도 없이 평소처럼 활기찬 기분으로 고향으로 돌아갔던 겁니다.

그런데 돌아가 보니 숙부의 태도가 달랐습니다. 예전처럼 인자한 얼굴로 저를 자신의 가슴에 안으려고 하지 않습니다. 그런데도 대범하게 자란 저는 돌아와서 사오 일간은 그 사실을 깨닫지 못했습니다. 그저 어떤 계기로 기묘하게도 갑자기 떠올랐던 겁니다. 그러자 묘하게도 숙부만이 아니었습니다.

숙모도 이상하고 사촌도 이상했습니다. 중학교를 졸업하고 앞으로 도쿄의 상업고등학교에 들어갈 생각이라고 하며 편지로 상황을 묻곤 했던 사촌 동생마저 이상했습니다.

제 성격상 생각하지 않을 수 없었습니다. 어째서 내 마음이 이렇게 변한 것일까? 아니, 어째서 상대방이 이렇게 변한 것인가? 저는 죽은 부모님이 둔감한 자신의 눈을 씻기고 갑작스레 세상을 선명하게 보이도록 해준 게 아닐까 의심했습니다. 부모님이 세상을 뜬 후에도 세상에 있을 때와 똑같이 그들이 저를 사랑해줄 거라고 마음속 어딘가에서 깊이 믿고 있었던 겁니다. 무엇보다 당시에도 저는 사리에 어두운 편은 결코 아니었습니다. 하지만 선조에게 물려받은 미신의 덩어리도 강한 영향력을 가지고 제 핏속에 숨어 있었습니다. 지금도 그렇겠죠.

저는 홀로 산에 올라가서 부모님의 묘 앞에 무릎을 꿇었습니다. 반은 애도의 의미, 반은 감사하는 마음이었습니다. 그리고 제 미래의 행복이 차가운 돌 아래에 누워있는 그들의 손에 달린 듯한 기분으로 제 운명을 지키고 싶어서 그들에게

기도했습니다. 당신은 웃을지도 모릅니다. 저 역시 충분히 웃을 수 있다고 생각합니다. 하지만 저는 그런 인간이었습니다.

제 세계는 손바닥 뒤집듯이 변했습니다. 애초에 이것은 첫 경험이 아니었습니다. 저는 열여섯 열일곱 때였을까요, 처음으로 세상에 아름다운 것이 있다는 사실을 발견했을 때 순간적으로 깜짝 놀라고 말았습니다. 몇 번이고 자신의 눈을 의심하면서 자신의 눈을 비볐습니다. 그리고 마음속에서 '아아, 아름답구나.'라고 외쳤습니다. 그 나이대면 남자든 여자든 속된 말로 성적 매력에 눈을 뜨는 시기입니다. 성에 눈을 뜬 저는 처음으로 세상에 있는 아름다운 것의 대표자로서 여자를 볼 수 있게 되었습니다. 지금까지 존재 자체에 조금도 신경 쓰지 않았던 이성에 대하여 맹목적인 눈이 즉각 떠진 겁니다. 그 이후 제 세상은 완벽하게 새로운 무언가가 되었습니다.

제가 숙부의 태도를 알아차린 것도 전부 이것과 똑같겠죠. 돌연 깨달은 겁니다. 아무런 예감도 전조도 없이 불시에 찾아든 겁니다. 불시에 그와 그의 가족이 이제까지와는 전혀 다르게 제 눈에 비쳤습니다. 저는 놀랐고 이대로 가다간 제 앞날에 파란이 일 것 같다는 예감이 들었습니다.

8

저는 이제껏 숙부에게 맡겨둔 집의 재산에 대해 잘 알아두지 않으면 돌아가신 부모님께 죄송스러운 일을 하는 것이란 마음이 들었습니다. 숙부는 자칭 바쁜 몸이라고 하는 것처럼 매일 밤 같은 곳에서 밤을 보내지 않았습니다. 이틀 집에 돌아오면 사흘은 시에서 생활한다는 식으로 양쪽을 오가며 그날그날을 안정감 없이 지냈습니다. 그리고 바쁘다는 말을 입버릇처럼 사용했습니다. 아무런 의심도 들지 않았을 때는 실제로 바쁠 것으로 생각했습니다. 바빠지려고 하지 않는 건 당시의 생활방식이 아닐 거라고 비꼬며 해석했던 것입니다. 하지만 재산에 대해 시간이 걸리는 이야기를 하겠다는 목적이 생긴 시선으로 바빠지려고 하는 이 모습을 바라보자 그것은 단순히 절 피할 구실로 받아들일 수밖에 없었습니다. 저는 쉽사리 숙부를 잡을 기회를 얻지 못했습니다.

저는 숙부가 시에 첩을 두고 있다는 소문을 들었습니다. 그 소문을 예전 중학교 동급생이었던 친구에게 들었습니다. 첩을 두는 것 정도는 숙부에게 있어 조금도 이상할 것 없는 일이었는데 아버지가 살아 계실 때 그런 평판을 들었던 기억이 전무했던 저는 깜짝 놀랐습니다. 친구는 그 외에도 숙부에 대한 여러 가지 소문을 알려주었습니다. 한때 사업으로 실패하기 직전에 처했다고 남들에게 생각되었는데 이삼 년 사이에 급속히 만회해왔다고 하는 것도 그중 하나였습니다. 그것은 제 의심을 강하게 물들였던 것 중 하나였습니다.

저는 드디어 숙부와 교섭에 나섰습니다. 교섭이라는 건 조금 온당치 못할지도 모르겠지만 이야기의 추세로 보면 그런 말로 형용하는 것 외에 방법이 없는 곳에 자연스럽게 상황이 안착합니다. 숙부는 어디까지나 저를 애 취급하려고 합니다. 저 또한 처음부터 의심하는 눈으로 숙부를 대합니다. 온화한 해결이 될 리가 없습니다.

유감스럽게도 지금 여기에 이 교섭의 자초지종을 소상하게 적을 수 없을 정도로 마음이 급합니다. 사실 저는 이것 이상으로 좀 더 중요한 일을 안고 있습니다. 제 펜은 서둘러 그곳에 도착하고 싶어 하는 걸 겨우 억누르고 있을 정도입니다. 당신과 만나 조용히 이야기할 기회를 영원히 잃어버린 저는 글을 적는 것에 익숙하지 않을 뿐 아니라 소중한 시간을 절약한다는 의미에서 적고 싶은 것도 생략할 수밖에 없습니다.

　당신은 아직 기억하고 있겠죠, 제가 언젠가 당신에게 찍어낸 듯한 나쁜 사람이 세상에 있는 게 아니라고 한 것을. 대부분의 착한 사람들이 여차하는 순간 갑자기 나쁜 사람이 되니 방심해서는 안 된다고 했던 것을. 그때 당신은 제게 흥분하고 있다고 지적했습니다. 그러고는 어떤 경우에 착한 사람이 나쁜 사람으로 변하는지를 물었습니다. 제가 단순히 '돈'이라고 대답했을 때 당신은 불만스러운 표정을 지었습니다. 저는 당신의 그 얼굴을 아주 잘 기억하고 있습니다. 지금 당신 앞에서 모든 것을 밝히건대 저는 그때 이 숙부에 대해 생각했습니다. 보통 사람이 돈을 보고 갑작스레 악인으로 돌변하는 일례로서, 세상에 신용할 수 있는 사람이 존재하지 않는다는 일례로서 증오와 함께 이 숙부를 생각하고 있던 겁니다. 제 대답은 사상계의 깊은 곳을 향해 돌진하고자 하는 당신에게 부족하고 진부했을지도 모릅니다. 하지만 제게는 그것이 살아 있는 답이었습니다. 실제로 저는 흥분하고 있지 않았습니까? 냉담한 머리로 새로운 것을 입에 담는 것보다 뜨거운 혀로 평범한 설을 논하는 편이 진실일 것이라고 믿습니다. 피의 힘으로 몸이 움직이기 때문입니다. 말이 공기에 파동을 전할 뿐만 아니라 더 강한 것에 더 강력하게 작용할 수 있기 때문입니다.

9

요컨대, 숙부는 재산에 대해 얼버무리려고 했습니다. 그러한 일은 제가 도쿄에 나가 있는 삼 년간 쉽게 감행되었습니다. 모든 것을 숙부에게 맡겨두고서 유유자적했던 저는 세상에서 보자면 바보 그 자체였습니다. 세상 이상의 견지에서 평가하자면 단순히 존귀한 사람이라고 할 수 있을까요. 그때의 자신을 되돌아보고 어째서 사람이 좀 더 나쁘게 생겨먹지 않았나 싶어서, 지나치게 솔직했던 자신이 억울해서 견딜 수가 없습니다. 하지만 어떻게든 다시 한번 그때와 같은 순수한 모습으로 돌아가 살아보고 싶다는 마음도 듭니다.

기억하십시오, 당신이 알고 있는 저는 더러움에 찌들고 난 이후의 저입니다. 교활해진 세월이 많은 것을 선배라고 부른다면 저는 확실히 당신보다 선배일 것입니다.

만일 제가 숙부의 바람대로 사촌 동생과 결혼했다면 그 결과는 물질적으로 제게 유리했을까요? 이것은 일고의 가치조차 없습니다. 숙부는 책략적으로 딸을 제게 떠넘기려고 했습니다. 호의적으로 양가의 편의를 꾀한다기보다도 훨씬 비겁한 손익관계에 대한 마음에 사로잡혀 결혼 문제를 제게 들이밀었던 겁니다. 저는 사촌을 사랑하고 있지 않았을 따름이지 싫어하지는 않았는데 나중에 생각해보면 결혼을 거절한 것은 조금 통쾌한 일 같습니다. 얼버무리는 건 어느 쪽이든 똑같았겠지만 당한 쪽에서 보면 사촌을 받아들이지 않는 편이 그들이 생각한 대로 되지 않았다고 하는 점에서 조금은 제 의지가 통했다는 게 될 테니까요. 하지만 그것은 거의 문제라고도 할 수 없는 사소한 것에 불과합니다. 특히나 관계없는 당신에게는 꽤나 바보 같은 고집으로 보이겠지요.

저와 숙부 사이에 다른 친척이 개입했습니다. 저는 그 친척도 전혀 신용하지 않았습니다. 신용하기는커녕 도리어 적대하고 있었습니다. 숙부가 저를 속였다는 걸 깨달음과 동시에 다른 사람도 반드시 자신을 속일 게 분명하다고 연결 지었습니다. 아버지가 칭찬해 마지않았던 숙부마저 이런데 다른 사람은 어떻겠냐고 하는 것이 제 논리였습니다.

그런데도 그들은 저를 위하여 제가 소유하고 있던 모든 것을 정리해주었습니다. 그것은 금액으로 어림잡으면 제 예상보다 훨씬 더 적었습니다. 제게는 묵묵히 그것을 받든지 숙부를 상대로 소송을 벌이든지 하는 두 가지 방법밖에 없었습니다. 저는 분개하는 한편 망설였습니다. 소송이 되면 낙착까지 오랜 시간이 걸리는 점도 두려웠습니다. 저는 공부를 하는 몸이었기 때문에 학생으로서 소중한 시간을 빼앗기는 건 상당히 괴로운 일이라고도 생각했습니다. 고심 끝에 중학교 시절 옛 친구에게 부탁하여 제가 받은 것을 모두 돈으로 바꾸려고 했습니다. 옛 친구는 놔두는 편이 이득이라며 충고했지만 듣지 않았습니다. 저는 오랫동안 고향을 떠날 결심을 그때 했고 숙부의 얼굴을 다신 보지 않겠다고 마음속으로 맹세했던 겁니다.

저는 고향을 떠나기 전에 다시 부모님의 묘에 성묘하러 갔습니다. 저는 그 이후로 그 묘지를 본 적이 없고 이제 영원히 볼 기회가 없겠지요.

친구는 제 말대로 조처해주었습니다. 애초에 그것은 제가 도쿄에 도착하고 나서 상당 시간이 흐른 후의 일입니다. 시골에서 밭 같은 것을 팔려고 해도 쉽사리 팔리지 않는 데다 여차하면 약점을 파고들어 떼어먹을 우려가 있었기에 제가 받은 금액은 시가와 비교하면 상당히 적었습니다. 여기서 털어놓자면 제 재산은 집을 나올 때 주머니에 넣어온 약간의 공채公債와 나중에 이 친구에게 받은 돈뿐입니다. 부모님의 유산이 본래보다 상당히 줄어있던 게 분명합니다. 게다가 제가 적극적으로 줄여나갔으니 더욱 마음이 좋지 않았습니다. 하지만 학생으로서 생활하는 데는 과분할 정도였습니다. 사실을 말하자면 저는 그 후 나오는 이자의 반도 쓰지 못했습니다. 이런 여유로운 생활이 저를 생각지도 못한 상황에 처하게 만듭니다.

10

금전 상황에 부족함이 없던 저는 시끄러운 하숙집을 나와 새롭게 집 하나를 얻을 생각이 들었습니다. 하지만 그러려면 세간을 사야 하는 성가심도 있었고, 시중을 들어줄 아주머니도 필요해지고 또 그 아주머니가 정직하지 않으면 곤란했고, 집을 비울 때도 괜찮은 사람이 아니면 걱정이었습니다. 이런저런 이유로 실천이 의심스러운 상황이었습니다. 어느 날 저는 일단 집이라도 찾아보겠다는 들뜬 마음으로 산책하는 김에 혼고다이本鄕台를 서쪽으로 내려가서 고이시카와小石川 언덕에서 그대로 직진하여 덴즈인伝通院 쪽으로 올라갔습니다. 노면 열차가 지나다니게 되고 나서 그 근처의 모습이 완전히 달라졌는데 그 당시 왼쪽은 포병 공창砲兵工廠의 토담이었고, 오른쪽에는 벌판이라고도 언덕이라고도 할 수 없는 공터에 풀이 무성하게 돋아나 있었습니다. 저는 그 풀 속에 서서 아무 생각 없이 맞은편 벼랑을 바라보았습니다. 지금도 나쁜 경치는 아니지만 그 당시에는 좀 더 서쪽 정취가 남달랐습니다. 둘러보는 모든 곳에 깊은 신록이 우거져 있는 것만으로도 예민했던 신경이 편안해집니다. 저는 문득 이 근처에 적당한 집을 찾고 싶다고 생각했습니다. 그래서 곧장 초원을 가로질러 가느다란 북쪽 길로 나아갔습니다. 아직도 좋은 마을이 되지 못하고 허름한 집들이 즐비한 그곳은 때가 때인 만큼 상당히 너저분했습니다. 저는 골목길을 빠져나가거나 옆길로 들어서는 등 사방팔방 누볐습니다. 결국에는 막과자 가게 주인에게 이 근처에 아담한 셋집은 없는지 물어보았습니다. 주인은 "글쎄요."라고 하며 얼마간 고개를 갸우뚱하다가 "셋집은 찾기 힘들 텐데요……"라고 하며 전혀 생각나는 게 없어 보였습니다. 저는 가망이 없다고 포기하고서 돌아가려고 했습니다. 그러자 주인이 다시, "가정집 하숙은 어떻습니까?"라고 묻는 것입니다. 저는 살짝 마음이 바뀌었습니다. 조용한 가정집에 혼자 하숙을 하는 건 도리어 집을 가지는 성가심이 없어 좋겠다고 생각한 것입니다. 그 후에 그 막과자 가게에 앉아 주인에게 자세한 이야기를 들었습니다.

그것은 어느 군인의 가족이라기보다는 도리어 유가족이 산다고 하는 편이 정확한 집이었습니다. 남편은 아마 청일전쟁인가 무슨 전쟁에서 죽었다고 주인이 말했습니다. 일

년쯤 전에는 이치가야의 사관학교 옆에서 살다가 마구간 같은 게 있어 저택이 너무 넓었기에 그곳을 팔고 이곳으로 이사를 왔지만, 사람이 없어 적적하니 적당한 사람이 있으면 알선을 부탁했다고 합니다. 저는 주인에게 그 집에는 부인과 한 명의 딸 그리고 가정부 외엔 아무도 없다는 것을 확인했습니다. 내심 한적해서 정말 좋을 것 같다고 생각했습니다. 하지만 그런 집에 저 같은 것이 갑자기 찾아가면 태생도 모르는 학생이라는 신분이라서 즉각 거절당할 것이라는 걱정도 있었고, 가지 않는 게 나을 거란 생각도 들었습니다. 하지만 저는 학생으로서 그다지 보기 흉한 차림은 아니었습니다. 그리고 대학 제모를 쓰고 있었습니다. 당신은 웃으시겠죠, 대학 제모가 뭐라고. 하지만 당시 대학생은 요즘과는 다르게 세간에서 신용이 있었습니다. 그때 이 사각모에서 자신감을 찾아냈을 정도입니다. 그렇게 막과자 가게의 주인이 알려준 대로 소개도 아무것도 없이 군인의 유가족을 찾아갔습니다.

저는 부인과 만나 찾아온 뜻을 밝혔습니다. 부인은 저의 신원과 학교, 전공 등 여러 가지 질문을 던졌습니다. 그리고 이거면 됐다고 하는 부분을 어디선가 발견한 거겠죠. 언제든 이사해도 좋다고 하는 답을 즉시 주었습니다. 부인은 올바르며 똑부러진 사람이었습니다. 군인의 아내라는 건 모두 이런 것인가 싶어서 감탄이 절로 나왔습니다. 감탄도 했지만 놀라기도 했습니다. 이런 성격으로 어디가 적적한 건지 의문이 들기까지 했습니다.

11

　저는 곧장 그 집으로 이사했습니다. 처음 찾아갔을 때 부인과 이야기를 나눴던 방을 빌렸습니다. 그곳은 집에서 가장 좋은 방이었습니다. 혼고 부근에 고등 하숙이라는 부류의 집이 하나둘 세워졌던 시기였기에 학생으로서 점령할 수 있는 가장 좋은 방의 모습을 알고 있었습니다. 제 방은 그러한 것보다도 훨씬 훌륭했습니다. 옮겼을 당시에는 학생에게는 지나치다고 생각되었습니다.

　방은 8조 크기[6]였습니다. 도코노마床の間 옆에 선반이 있고 툇마루 반대 방향에는 벽장이 한 칸 붙어 있었습니다. 창문은

---

6) 12.96㎡

하나도 없었지만 그 대신 남향인 툇마루에 밝은 햇살이 잘 들었습니다.

저는 이사를 한 날, 그 방의 도코노마에 장식된 꽃과 그 옆에 세워져 있던 고토[7]를 보았습니다. 둘 다 제 마음에 들지 않았습니다. 저는 시와 서도, 차에 소양이 있는 아버지 슬하에서 자랐기에 어렸을 때부터 고풍스러운 취미를 접했습니다. 그 때문이었을까요, 어느샌가 이런 요염한 장식을 경멸하는 버릇이 생긴 것입니다.

아버지가 생전에 모은 골동품은 숙부 때문에 엉망이 되어 버렸지만 그런데도 어느 정도는 남아 있었습니다. 저는 고향을 나올 때 그것을 친구에게 맡겨두었습니다. 그런 후 그중에서 흥미로워 보이는 것을 네다섯 점 벗겨서 행장 속에 넣어왔습니다. 저는 이사를 오자마자 그것을 꺼내어 도코노마에 두고 즐길 생각이었습니다. 그런데 방금 말한 고토와 생화를 보고서 그럴 용기가 급격히 사라지고 말았습니다. 나중에 이 꽃이 저에 대한 환영의 뜻으로 놓아둔 것이라는 걸 알았을 때

---

7) 일본 전통 현악기

저는 내심 씁쓸하게 웃었습니다. 무엇보다 고토는 전부터 그곳에 있었기에 그걸 둘 곳이 없어서 어쩔 수 없이 그곳에 세워뒀던 것이겠죠.

이런 이야기를 하면 자연스레 젊은 여자의 그림자가 당신의 머릿속을 스쳐 지나가겠죠. 저도 이사하기 전부터 이런 호기심을 갖고 있었습니다. 이러한 흑심이 예비적으로 자연스러운 저를 망치고 있었기 때문인지 아니면 제가 아직 교제에 익숙하지 않았던 탓인지, 저는 처음 그곳 아가씨를 만났을 때 당황하고 쩔쩔매며 인사를 했습니다. 아가씨도 얼굴을 붉혔습니다.

저는 그때까지 부인의 풍채나 태도를 통해 추측하여 아가씨의 모든 것을 상상하고 있었습니다. 그 상상이란 것은 아가씨에게 그다지 유리한 것은 아니었습니다. 군인의 부인이니까 이러저러할 것이다, 그런 부인의 딸이니까 이럴 거라고 하는 순서로 저의 추측은 점차 범위를 넓혀갔습니다. 그런데 그 추측이 아가씨의 얼굴을 본 순간 모조리 사라졌습니다. 그리고 제 머릿속에 이제껏 상상조차 해 본 적이 없던 이성의 향기가 새로이 찾아들었습니다. 저는 그 후로 도코노마 정면에 피어 있는 꽃이 싫지 않았습니다. 동시에 도코노마에 세워져 있는 고토도 거슬리지 않게 되었습니다.

그 꽃은 시들어갈 무렵이 되면 규칙적으로 다시 피어났습니다. 고토 역시 종종 모퉁이를 돈 곳에 있는 방에 옮겨져 있었습니다. 저는 제 방 책상에서 턱을 괴고서 고토의 음색을 들었고 그것이 능숙한 건지 아닌지 잘 몰랐습니다. 하지만 그다지 손을 복잡하게 움직이지 않는 걸 보면 능숙하지 않아 보였습니다. 아마도 꽃꽂이 실력과 비등비등할 것 같았습니다. 꽃이라면 저도 잘 알 수가 있었는데 아가씨는 결코 잘하는 편은 아니었습니다.

그런데도 주눅 들지 않고 다양한 꽃으로 제 도코노마를 장식했습니다. 꽃꽂이 방식은 언제 봐도 똑같았고 화병도 전혀 변한 적이 없었습니다. 하지만 음악은 꽃보다도 더 괴이했습니다. 띠링띠링 줄을 튕길 뿐 육성은 전혀 들리지 않았던 겁니다. 노래하지 않는 건 아니었지만 마치 비밀 이야기라도 하는 것처럼 작은 소리밖에 내지 않았습니다.

게다가 혼이 나면 그 소리조차 사라졌습니다.

　저는 기꺼이 서툰 꽃꽂이를 바라보고 엉망인 고토 소리에 귀를 기울였습니다.

12

　제 성향은 고향을 떠날 때 이미 염세적이었습니다. 사람은 믿을 만한 게 못 된다는 관념이 그때 뼛속까지 스며들었던 것 같습니다. 저는 제가 적대시하는 숙부나 숙모 그 외 친척들을 어디까지나 인류의 대표자처럼 치부하기 시작했습니다. 기차를 타고서도 옆 사람의 모습을 살며시 주시했습니다. 가끔 상대방이 말을 걸어오기라도 하면 더욱 경계하고 싶어졌습니다. 제 마음은 침울했고 납을 삼킨 것처럼 갑갑해질 때가 가끔 있었습니다. 그러면서도 제 신경은 지금 말한 것처럼 날카롭고 뾰족해졌습니다.

　제가 도쿄에 와서 하숙집을 나가려고 한 것도 이것이 커다란 원인이 되었던 것 같습니다. 돈이 넉넉하여 집을 가져보려는 생각이 든 것이라고 한다면 그뿐이겠지만 예전의 저라면 설령 주머니 사정에 여유가 생겨도 자기 스스로 그런 성가신 짓은 하지 않았겠죠.

저는 고이시카와로 이사하고 나서도 당분간 이 긴장된 상태에 느슨함을 줄 수가 없었습니다. 스스로가 수치스러울 정도로 두리번거리며 주위를 신경 썼습니다. 신기하게도 잘 움직이는 건 머리와 눈뿐이었고 입은 그와 반대로 점점 더 굳어갔습니다. 저는 집에 있는 사람의 모습을 고양이처럼 유심히 관찰하면서 가만히 책상 앞에 앉아 있었습니다. 때때로 그들에게 미안해질 정도로 신경을 곤두세우며 그들을 관찰했던 겁니다. '난 물건을 훔치지 않는 소매치기 같은 놈이다.' 저는 이렇게 생각하며 자신이 싫어지는 일마저 있었습니다.

당신은 분명 이상하게 생각할 것입니다. 어떻게 이런 제게 그 아가씨를 좋아할 여유가 있었는지. 어떻게 그 아가씨의 서툰 꽃꽂이를 기쁘게 바라볼 여유가 있었는지. 또한 어떻게 서툰 그 사람의 고토를 기쁘게 들을 여유가 있었는지. 그런 질문을 받았을 때 그저 양쪽 모두 사실이었으니 사실로서 당신에게 알려드린다는 것 외에 할 말은 없습니다. 해석은 머리가 좋은 당신에게 맡기기로 하고 그저 한 마디 덧붙이도록 하죠. 저는 돈에 대해서는 인류를 의심했지만 사랑에 대해서는 아직 그들을 의심하지 않았던 겁니다. 따라서 남이 보면 이상한 것이고 자신이 생각해 봐도 모순된 것이라고 해도 제 가슴속에서는 평범하게 양립했습니다.

부인은 저를 조용한 사람, 어른스러운 남자라고 평가했습니다. 또한 열심히 공부한다고 칭찬해주었습니다. 하지만 제 불안한 눈초리나 두리번거리는 모습에 대해서는 일언반구도 없었습니다. 눈치채지 못했던 건지 배려를 해주고 있던 건지, 어느 쪽인지 잘 모르겠지만 아무래도 그것에는 전혀 주의를 기울이지 않는 것처럼 보였습니다. 그뿐만 아니라 어떤 경우에는 저를 의젓한 사람이라고 하며 존경한다는 말을 한 적도 있습니다. 그때 솔직한 저는 얼굴을 조금 붉히며 상대방의 말을 부정했습니다. 그러자 부인은 "당신은 자신에 대해 잘 몰라서 그런 말을 하는 겁니다."라고 진지하게 설명했습니다. 부인은 본래 저 같은 학생을 집에 둘 생각은 없었던 것 같았고, 관청에서 근무하는 사람에게 방을 빌려줄 요량으로 근처에 알선을 부탁한 것 같았습니다. 봉급이 넉넉하지 않아 하는 수 없이 가정집에서 하숙할 정도의 사람이라는 생각이 일찍이 부인의 머릿속 어딘가에 자리하고 있던 거겠죠. 부인은 자기 마음속에 그린 상상의 손님과 저를 비교하여 이쪽이 더 의젓하다며 칭찬하는 겁니다. 확실히 허리띠를 졸라매며 생활하는 사람과 비교하면 저는 돈에 대해 의젓했을지도 모르겠습니다. 하지만 그것은 성격 문제가 아니니 제 내면과 관계가 없는 것과 같습니다. 부인은 그것을 제 전부라고 확대 해석하여 같은 말을 응용하는 데 힘썼습니다.

13

부인의 이런 태도가 자연히 제 마음에 영향을 주었고 얼마 지나지 않아 예전처럼 두리번거리지 않을 수 있었습니다. 제 마음이 자신이 앉아 있는 곳에 제대로 자리를 잡은 것 같은 기분도 듭니다. 다시 말해 부인을 비롯한 집안사람이 비뚤어진 제 시선이나 의심 많은 모습에 대해 아예 신경도 쓰지 않았던 것이 제게 커다란 행복을 선사했던 거겠죠. 제 신경은 상대방으로부터 되돌아오는 반향이 없었기 때문에 점차 안정을 찾았습니다.

부인은 이해심이 있는 사람이었기에 일부러 저를 그런 식으로 다룬 것 같기도 하고, 스스로 공언한 것처럼 실제로 저를 의젓하다고 판단한 건지도 모릅니다. 사소한 것에 얽매이는 제 방식은 머릿속 현상에 불과하여 그다지 겉으로 표출되지 않았다는 식으로도 해석할 수 있으니 어쩌면 부인이 속고 있던 것일지도 모릅니다.

　제 마음이 안정됨과 동시에 저는 점차 가족들과 가까워졌습니다. 부인과 아가씨와 농담을 나눌 정도였습니다. 차를 끓였다고 하며 건넌방에 불려가는 날도 있었습니다. 제 쪽에서 과자를 사 와서 두 사람을 제 방으로 초대한 밤도 있습니다. 저는 갑자기 교제의 구역이 불어난 것처럼 느꼈습니다. 그 때문에 소중한 공부 시간을 망쳐버린 일도 몇 번인가 있었습니다. 신기하게도 그런 것이 전혀 거추장스럽지 않았습니다. 부인은 본래부터 한가한 사람이었습니다. 아가씨는 학교에 가는 데다 꽃과 악기를 배우고 있으니 필경 바쁘리라고 생각했지만 의외로 얼마든지 시간에 여유가 있는 것처럼 보이기도 했습니다. 그래서 세 명은 얼굴만 봤다 하면 함께 모여 잡담을 나누며 어울렸던 것입니다.

저를 부르러 오는 건 대체로 아가씨였습니다. 아가씨는 툇마루를 통해 제 방 앞에 오기도 했고 거실을 지나 옆방의 맹장지 그림자로 모습을 드러내는 일도 있었습니다. 아가씨는 그곳에 와서 잠시 머뭇거렸습니다. 그러고 나서 반드시 제 이름을 부르고, "공부 중?" 하고 물었습니다. 저는 대부분 어려운 서적을 책상에 펼쳐두고 그것을 보고 있었기 때문에 옆에서 보면 공부를 열심히 하는 것처럼 보였겠죠. 하지만 실상은 그렇게까지 열중하여 서적을 연구하고 있지는 않았습니다. 종이 위에 눈을 두고 아가씨가 부르러 오기를 기다리고 있을 뿐이었습니다. 기다리고 있다가 오지 않으면 별수 없이 제 쪽에서 일어납니다. 그렇게 그녀의 방 앞에 가서 "공부하십니까?"라고 물었습니다.

아가씨의 방은 거실과 이어진 세 평보다 조금 큰 넓이였습니다. 부인은 거실에 있을 때도 있었고 아가씨 방에 있기도 했습니다. 다시 말해 이 두 개의 방은 구분되어 있지만 구분되지 않은 것처럼, 모녀 두 사람이 오가며 애매하게 점령하고 있었습니다. 제가 바깥에서 말을 걸면 "들어오세요." 하고 대답하는 건 반드시 부인이었습니다. 아가씨는 그곳에 있어도 좀처럼 대답을 한 적이 없었습니다.

때때로 용무가 있어 아가씨 혼자 제 방에 들어와서 함께 앉아 어느새 이야기에 열중하는 경우도 생겼습니다. 그럴 때는 제 마음이 묘하게 불안해졌습니다. 단순히 젊은 여성과 마주 보고 앉아 있는 것이 불안하다고 생각할 수만은 없었습니다. 저는 어쩐지 안절부절못했고 스스로가 자신을 배신하는 것 같은 부자연스러운 태도가 저를 괴롭혔습니다. 하지만 상대방은 도리어 평온했습니다. 이것이 악기를 연주하며 소리조차 제대로 내지 못했던 그 여자와 동일 인물인가 의심스러워질 정도로 쑥스러워하지 않았습니다. 너무 오래 함께 있으니 거실에서 어머니가 불러도 "네."라고 대답할 뿐 쉽사리 일어나지 않는 일마저 있었습니다. 그러면서도 아가씨가 어린애였던 건 아니었습니다. 제 눈에는 그런 것이 잘 보였습니다. 알아달라는 듯이 행동하는 흔적마저 확연했습니다.

14

아가씨가 나간 후에 숨을 한 번 크게 내쉽니다. 그와 동시에 뭔가 부족한 것 같으면서도 미안한 기분이 듭니다. 저는 여성스러웠던 걸지도 모릅니다. 요즘 세대 청년인 당신들이 보면 더욱 그렇게 보이겠죠. 하지만 당시 우리들은 대체로 그런 식이었습니다.

부인은 좀처럼 외출하는 법이 없었습니다. 가끔 집을 비울 때도 아가씨와 저를 둘만 남기고 가는 일은 없었습니다. 그게 또 우연인지 고의인지 전 모르겠습니다. 제 입으로 말하는 것도 이상하지만 부인의 모습을 꼼꼼히 관찰하고 있으면 어쩐지 자신의 딸을 제게 접근시키고 싶어 하는 것처럼 보였던 겁니다. 그러면서도 때에 따라서 은근히 경계하는 부분도 있었으니 처음으로 이런 상황에 처한 저는 때때로 기분이 상했습니다.

부인이 태도를 어느 쪽으로든 명확하게 해줬으면 싶었습니다. 머리의 움직임으로 보면 그건 명백한 모순이었던 것입니다. 하지만 숙부에게 속았던 기억이 아직 새로웠던 저는 한발 더 나아간 의심을 품지 않을 수 없었습니다. 저는 부인의 태도 중 어느 쪽이 진짜고 어느 쪽이 가짜인지를 추정해 보았으나 결론을 내리지 못했습니다. 그저 판단하지 못했을 뿐만이 아니라 그런 묘한 행동이 의미하는 바가 무엇인지 이해되지 않았습니다. 이유를 생각하려 해도 생각해낼 수 없었던 저는 멋대로 그 이유를 여자라는 두 글자에 전가한 적도 있습니다. 분명 여자니까 이런 것이다. 여자라는 건 어차피 어리석다. 제 생각은 벽에 부딪히면 항상 이곳에 도착했습니다.

그 정도로 여자를 깔보고 있던 제가 아무래도 아가씨를 깔볼 수가 없었습니다. 제 논리는 그 사람 앞에서 무용지물이었는데, 저는 그 사람에 대해서 거의 신앙에 가까운 사랑을 가졌던 겁니다. 종교에서만 사용하는 이 말을 젊은 여성에게 적용하는 것을 보고 당신은 이상하게 생각할지 모르겠지만 저는 지금도 굳게 믿고 있습니다. 진정한 사랑은 종교심과 그리 다르지 않다고 하는 것을요. 저는 아가씨의 얼굴을 볼 때마다 자신이 아름다워지는 듯한 기분이 들었습니다. 아가씨에 대해 생각하면 곧장 자신 안에서 고결한 기분이 번지는 것처럼 느꼈습니다. 만일 사랑이라는 불가사의한 것에 두 끝이 있어서, 높은 끝에는 신성한 느낌이 움직이고 낮은 끝에는 성욕이 움직이고 있다고 한다면 제 사랑은 분명히 그 높은 극점을 잡은 것입니다. 저는 인간으로서 육체를 벗어날 수 없는 몸입니다. 하지만 아가씨를 보는 제 시선이나 아가씨를 생각하는 제 마음은 전혀 육체적인 향기를 띠고 있지 않았습니다.

저는 어머니에 대해 반감을 품으면서도 딸에 대해 연애의 정도를 더해갔던 것이니 세 사람의 관계는 하숙하고 있던 처음보다는 점차 복잡해져 갔습니다. 무엇보다 그 변화는 대체로 내면적인 것이라서 겉으로 드러나지 않았습니다. 그러는 와중에 저는 뜻밖의 계기로 인하여 지금까지 부인을 오해하고 있던 게 아닐까 하는 마음이 들었습니다. 저에 대한 부인의 모순된 태도가 어느 쪽도 거짓이 아닐 거라고 생각을 고쳐먹었던 겁니다. 게다가 상반된 감정이 부인의 마음을 지배하고 있는 것이 아니라 양쪽이 동시에 부인의 가슴에 존재하고 있다고 생각하게 되었습니다. 다시 말해, 부인이 가능한 한 아가씨를 제게 접근시키려고 하면서 동시에 경계를 더하고 있는 건 얼핏 모순인 것 같지만, 경계할 때 상반된 태도를 잊거나 번복하는 것이 아니라 여전히 두 사람을 이어주고 싶어 하는 모습을 관찰했던 겁니다. 요컨대 본인이 적당하다고 인정하는 이상으로 두 사람이 친밀해지는 것을 꺼린다고 해석했습니다. 아가씨에 대하여 육체적 방면에서 접근하려는 마음을 보이지 않았던 저는 그때 불필요한 걱정이라고 생각했습니다. 하지만 부인을 나쁘게 생각할 마음은 그로부터 사라졌습니다.

15

저는 부인의 태도를 여러모로 종합해 보고서 이 집에서 절 충분히 신뢰한다는 것을 확인했습니다. 게다가 그 신뢰는 첫 대면부터 있었다고 하는 증거마저 발견했습니다. 남을 의심하기 시작했던 제 가슴에는 이 발견이 조금 기이할 정도로 큰 반향을 만들었습니다. 남자보다 여자 쪽이 그만큼 직감이 뛰어난 것일 테죠. 동시에 여자가 남자를 위해 속아주는 것도 여기에 있는 게 아닐까 했습니다. 부인을 그렇게 관찰한 제가 아가씨에게도 똑같이 강한 직감을 발휘하고 있었으니 지금 생각하면 이상합니다. 저는 타인을 믿지 않겠다고 마음속에서 맹세하면서도 아가씨를 절대적으로 믿었고 그러면서도 저를 믿는 부인을 기이하게 생각했으니까요.

　저는 고향에 대해 그다지 많은 말을 하지 않았고, 특히 앞선 사건에 대해서는 일언반구도 하지 않았습니다. 그에 대해 제 마음속에 떠올린다는 사실조차 묘한 불쾌감이 들어서 되도록 부인의 이야기만을 듣기 위해 노력했습니다. 그런데 그래서는 상대방이 납득하지 않습니다. 어떤 구실을 붙여서든 제 고향 사정을 알고 싶어 하는 겁니다. 저는 결국 모든 것을 털어놓았습니다. 두 번 다시 고향에는 돌아가지 않는다. 돌아가도 아무것도 없다. 있는 건 부모님의 묘지뿐이라고 말했을 때 부인은 굉장히 감동한 모습이었습니다. 아가씨는 울었고 저는 말하길 잘했다고 생각했습니다. 저는 기뻤던 겁니다.

　모든 사정을 알게 된 부인은 말 그대로 자신의 직감이 적중했다고 생각은 하면서도 겉으로 드러내지 않을 뿐인 표정을 내보였습니다. 그 후로는 저를 자신의 친척에 해당하는 젊은이나 무엇쯤으로 대우했습니다. 그것이 짜증스럽지 않았고 도리어 유쾌하게 느껴졌습니다. 그런데 그러는 사이에 다시 의심이 피어났습니다.

저는 아주 사소한 일로 부인을 의심하기 시작했습니다. 하지만 그 사소한 것이 반복되는 사이에 의심은 점차 뿌리를 뻗어갔습니다. 저는 어떤 타이밍엔가, 문득 부인이 숙부와 같은 의미로 아가씨를 제게 접근시키려고 노력하는 것 같다는 의심이 들었습니다. 그러자 지금까지 친절해 보였던 사람이 돌연 교활한 책략가로서 제 눈에 비치기 시작했습니다. 저는 쓰디쓰게 입술을 악물었습니다.

부인은 처음부터 사람이 없어 적적하니 객을 두고 돌보겠다고 공언했고 저도 그것을 거짓이라고는 생각하지 않습니다. 친해지며 허심탄회하게 여러 이야기를 듣고 난 후에도 틀림없던 것 같습니다. 그러나 이 집의 일반적인 경제 상황은 그다지 풍족하지는 않았습니다. 이해 문제로 생각해보면 저와 특수한 관계를 맺는 건 상대방에게 결코 손해는 아니었던 겁니다.

저는 재차 경계를 더해갔습니다. 하지만 딸에게 앞서 서술했을 정도의 강한 사랑을 품고 있던 제가 그녀의 어머니에 대해 아무리 경계를 한다고 해도 무슨 소용이 있을까요? 저는 홀로 자신을 조소했습니다. 바보라고 되뇌며 자신에게 역정을 낸 적도 있습니다. 하지만 그 정도 모순이라면 바보일지언정 괴로움조차 거의 느끼지 않고 끝났을 겁니다. 제 번민은 부인과 마찬가지로 아가씨마저 책략가라고 하는 의문을 만나고서야 생겨납니다. 두 사람이 제 등 뒤에서 입을 맞춘 데다 온갖 일을 꾸미고 있다고 생각하자 저는 갑자기 괴로워서 견딜 수가 없었습니다. 단순히 불쾌한 게 아닙니다. 절체절명, 막다른 골목에 다다른 마음인 겁니다. 그러면서도 저는 한편으로 아가씨를 굳게 믿으며 의심하지 않았습니다. 따라서 저는 믿음과 혼란, 그 중간에 서서 조금도 움직일 수 없었습니다. 제게는 어느 쪽도 상상이었고 어느 쪽도 진실이었습니다.

16

저는 변함없이 학교에 출석하고 있었습니다. 하지만 교단에 선 인간의 강의가 먼 곳에서 들려오는 상태였습니다. 공부도 똑같았는데 눈으로 들어오는 활자는 마음까지 도달하지 않은 채 연기처럼 사라졌습니다. 거기다 저는 과묵해졌고 그에 대해 두어 명의 친구들이 오해하여 명상에 잠겨있다는 식으로 다른 친구들에게 퍼트렸습니다. 저는 이 오해를 풀고자 노력하지 않았고 상황 좋은 가면을 남들이 빌려준 것에 대해 도리어 운이 좋다며 기뻐했습니다. 그런데도 때때로 마음이 불편했던 거겠죠. 뜬금없이 까불고 다니며 그들을 놀라게 한 적도 있습니다.

제가 지내는 곳은 사람의 왕래가 적은 집이었고 친척도 많지 않은 것 같았습니다. 아가씨의 학교 친구가 가끔 놀러 오는 일은 있었지만 있는지 없는지도 모르게 상당히 작은 소리로 이야기를 나누고는 돌아가는 것이 보통이었습니다. 그것이 저를 신경 써준 것이라는 사실을 알아차리지 못했습니다. 저를 찾아오는 사람은 난폭한 사람도 없었지만 집에 있는 사람을 어렵게 여겨 배려하는 사람은 한 명도 없었으니까요. 그런 부분을 보면 하숙하는 저는 주인 같았고 진짜 주인인 아가씨가 도리어 식객 같았습니다.

하지만 이건 그저 떠올린 김에 적었을 뿐이며 사실은 어찌 되든 좋은 부분이지만 단순히 넘길 수 없는 일이 한 가지 있었습니다. 거실인지 아가씨의 방에서인지, 갑자기 남자 목소리가 들려왔던 겁니다. 또한 목소리가 제 손님과 다르게 상당히 낮았습니다. 따라서 무슨 이야기를 하고 있는지 전혀 알 수 없었습니다. 그리고 파악되지 않는 만큼 제 신경에 어떤 흥분을 주었습니다. 저는 앉은 상태로 묘하게 초조해졌습니다. '저건 친척일까 아니면 그저 아는 사이인 걸까.' 하며 우선 생각해 봤습니다. 그러고 나서 젊은 남자, 선배 등 이리저리 후보를 떠올려 봅니다. 앉아서 그런 것을 알 수 있을 턱이 없습니다. 그렇다고 자리를 박차고 문을 열어볼 수는 없는 노릇이었습니다. 제 신경은 떨리고 있다기보다 커다란 파동에 맞아 괴로워졌습니다. 저는 손님이 돌아간 후 잊지 않고 단박에 그 사람의 이름을 물었습니다. 아가씨와 부인의 대답 또한 상당히 간결했습니다. 저는 뭔가 부족하단 얼굴을 두 사람에게 내보이면서도 만족할 때까지 추궁할 용기가 없었습니다. 권리는 물론 없었죠. 저는 자신의 품격을 중시해야 한다는 교육에서 온 자존심과 실제로 그 자존심을 배신하고 있는, 물욕에 사로잡힌 표정을 동시에 그들 앞에 드러냈던 겁니다. 그들은 웃었습니다.

그것이 조소의 의미가 아닌 호의에서 온 것인지 아니면 호의처럼 보이려는 생각인지, 저는 즉시 해석의 여지를 둘 수 없을 정도로 평정심을 잃었습니다. 그렇게 일단락이 된 후에 어디까지 바보 취급을 당했고 혹여나 바보 취급을 당하지는 않았는지에 대하여 몇 번이고 마음속으로 반추했습니다.

저는 자유로운 몸이었습니다. 설령 학교를 중간에 그만두든 어디에 가서 어떻게 살든 아니면 어디의 아무개와 결혼을 하든 간에 혼자 결정할 수 있는 위치에 서 있었습니다. 저는 마음을 단단히 먹고 부인에게 아가씨를 달라는 이야기를 꺼내 볼 결심을 한 적이 그때까지 몇 번이고 있었습니다. 하지만 그때마다 주저하며 결국 입에는 담지 않고 끝났습니다. 거절당하는 것이 두려웠기 때문이 아니었습니다. 만일 거절당하면 제 운명이 어떻게 변할지는 모르겠지만 그 대신 지금과 방향이 다른 장소에 서서 새로운 세상을 둘러볼 기회도 생겨날 테니 그 정도의 용기는 내려면야 낼 수 있었습니다. 그러나 저는 유인당하는 것이 싫었습니다. 타인의 손에 조종당하는 건 무엇보다도 부아가 치밀었습니다. 숙부에게 속았던 저는 앞으로 무슨 일이 있어도 남에겐 속지 않겠다고 결심했던 겁니다.

17

　제가 책만 사는 걸 보고 부인은 옷도 좀 마련하라고 말했습니다. 저는 실제로 시골에서 짠 면직물로 만든 것밖에 갖고 있지 않았고 당시 학생은 비단이 들어간 옷을 몸에 걸치지 않았습니다. 제 친구 중에 요코하마의 상인인지 뭔지, 집이 상당히 호화롭고 잘사는 사람이 있었는데 어느 날 하부타에Habutae silk 조끼가 배달되어 온 적이 있습니다. 그러자 다들 그것을 보며 웃었고 그 친구는 겸연쩍어하며 여러모로 변명했지만 모처럼 받은 조끼를 고리짝에 넣어두고 입지 않았습니다. 그랬던 것을 여럿이서 몰려가서는 억지로 입혔습니다. 그러자 불운하게도 그 조끼에 이Pediculus가 꾀어들었습니다. 친구들은 마침 잘 됐다 싶었겠죠. 소문이 자자한 조끼를 둘둘 말아서 산책하러 나간 김에 네즈根津에 있는 커다란 시궁창에 버렸습니다. 그때 동행했던 저는 다리 위에 서서 웃는 얼굴로 친구들의 행동을 지켜보았는데 제 마음 어디에도 아깝다는 마음은 조금도 들지 않았습니다.

　그 당시와 비교해 보면 저도 상당히 성장했습니다. 하지만 아직 스스로 나들이옷을 맞출 정도의 분별은 없었고 졸업을 하고 수염을 기를 시기가 아니면 복장에 대한 걱정 따위는 할 필요가 없다는 이상한 생각을 품고 있었습니다. 그래서 부인에게 책은 필요하지만 옷은 필요 없다고 대답했습니다. 부인은 제가 서적을 얼마나 사들이는지 알았는데 구입한 책을 모두 읽느냐고 묻는 겁니다. 제가 산 것 중에는 옥편도 있었는데 당연히 봐야 했지만 책을 펼친 적이 없는 것도 다소 있었으니 저는 대답을 주저할 수밖에 없었습니다. 그러자 어차피 불필요한 걸 살 거라면 서적이나 옷이나 똑같다는 것을 깨달았습니다. 게다가 저는 여러모로 신세를 지고 있다는 구실로 아가씨가 마음에 들어 할 법한 허리띠나 옷감을 사주고 싶었습니다. 그래서 모든 것을 부인에게 부탁했습니다.

　부인은 혼자서 가겠다고 말하지 않았고 제게도 함께 오라고 지시하면서 아가씨도 동행해야만 한다고 합니다. 지금과 다른 분위기 속에서 자란 우리들은 학생 신분으로 젊은 여성과 함께 걸어 다니는 일은 좀처럼 없었습니다. 그때 저는 지금보다 더 관습에 구애받는 노예였기 때문에 조금 망설였지만 용기를 내어 외출했습니다.

아가씨는 예쁘게 치장했습니다. 본래 얼굴이 희면서 하얀 분을 풍성하게 바르니 더욱 눈에 띄였고 왕래하는 사람들이 힐끔힐끔 쳐다봅니다. 그리고 아가씨를 본 사람들은 반드시 시선을 돌려 제 얼굴까지 쳐다보니 참으로 이상한 일이었습니다.

세 명은 니혼바시에 가서 사고 싶은 것을 샀습니다. 물건을 고르는 동안에도 마음이 시시각각 바뀌기 때문에 생각보다 시간이 걸렸습니다. 부인은 친히 제 이름을 불러가며 이것저것 의향을 물었습니다. 때때로 옷감을 세로로 펼쳐 아가씨의 어깨부터 가슴에 대며 제게 두세 발 떨어져서 봐달라고 합니다. 저는 그때마다 그건 안 되겠다거나 그건 잘 어울린다는 식으로, 아무튼 한 사람의 의견을 제시했습니다.

이런 식으로 시간을 보냈고 돌아가려고 하니 저녁이 되었습니다. 부인은 답례로 맛있는 걸 사주겠다고 하며 기하라다나木原店라고 하는 공연장이 있는 좁은 골목길로 저를 데리고 들어갔습니다. 길도 좁았지만 밥을 먹는 곳도 좁았습니다. 이 부근 지리를 전혀 모르던 저는 부인의 지식에 놀랐을 정도입니다.

우리는 밤이 되어서야 집에 돌아왔습니다. 그다음 날은 일요일이어서 온종일 방안에 틀어박혀 있었고 월요일이 되어 등교한 저는 이른 아침부터 한 명의 급우에게 놀림을 받았습니다. 언제 부인을 맞이했느냐고 하며 과장되게 묻는 겁니다. 그리고 나서 제 부인은 상당히 미인이라고 칭찬했습니다. 이 친구는 며칠 전 셋이서 니혼바시에 갔던 것을 어디선가 보고 있던 것 같았습니다.

18

저는 집에 돌아와서 부인과 아가씨에게 그 이야기를 했습니다. 부인은 웃으면서도 필시 민폐일 거라고 하며 제 얼굴을 보았습니다. 저는 그때 마음속으로 남자는 이런 식으로 여자의 환심을 사는 게 아닐까 생각했습니다. 부인의 눈빛은 제게 그렇게 생각하게 할 만큼 충분한 의미가 깃들어 있었습니다. 저는 그때 자신이 생각하는 바를 직설적으로 밝혔으면 좋았을 테지만 제게는 이미 의심하며 망설인다는 깔끔하지 못한 덩어리가 달라붙어 있었습니다. 저는 마음을 털어놓으려고 하다가 순간 멈췄습니다. 그러고 나서 이야기의 방향을 고의로 조금 바꾸었습니다.

저는 정작 중요한 '나'라는 존재를 문제 안에서 제외했습니다. 그리고 아가씨의 결혼에 대해 부인의 의중을 탐색했습니다. 부인은 두어 번 그런 이야기가 없던 것도 아니라는 걸 확실히 제게 밝혔습니다. 하지만 아직 학교에 다니고 있을 정도로 나이가 어리니까 이쪽도 그렇게까지 급하지 않다고 설명했습니다. 부인은 입에 담지 않지만 아가씨의 용모에 꽤나 큰 가치를 두고 있는 것 같았습니다. 혼처를 정하려고 하면 얼마든지 할 수 있다는 듯한 말까지 입에 담았습니다. 또한 아가씨 말고 다른 자녀가 없다는 것도 쉽게 보낼 수 없는 원인이었습니다. 시집을 보내는가 데릴사위를 맞이하는가, 그마저 고민하는 부분도 엿보였습니다.

대화를 나누는 사이에 저는 부인에게서 여러 가지 지식을 얻었지만 그 때문에 기회를 놓치는 결과를 낳고 말았습니다. 저는 자신에 대하여 한마디 말도 할 수 없었고 적당한 곳에서 말을 끊고 제 방으로 돌아가려고 했습니다.

방금까지 함께 있으면서 추임새를 넣으며 웃던 아가씨는 어느샌가 맞은편 구석에 가서 등을 돌리고 있었습니다. 일어서려고 돌아보았을 때 그 뒷모습이 눈에 들어왔으나 뒷모습에서 인간의 마음을 읽을 수 있을 리가 없습니다. 아가씨가 이 문제에 대하여 어떻게 생각하고 있는지 상상조차 되지 않았습니다. 아가씨는 붙박이장 앞에 앉아 있었는데 삼십 센티미터 정도 열려 있는 틈새에서 아가씨는 뭔가를 꺼내어 무릎 위에 두고 바라보고 있는 것 같았습니다. 제 눈은 그 틈새 끄트머리에서 엊그제 산 옷감을 발견했습니다. 제 옷도 그랬지만 아가씨의 것도 같은 붙박이장 구석에 포개져 있었습니다.

제가 아무 말 없이 자리를 뜨려고 하자 부인은 갑자기 격식을 차린 어조로 제 의중을 물었습니다. 묻는 방식이 무엇에 대한 걸 지칭하는지 반문하지 않으면 알 수 없을 만큼 갑작스러웠습니다. 그것이 아가씨를 하루빨리 시집 보내는 편이 상책이라는 의미라고 판명 났을 때 저는 되도록 천천히 진행하는 게 좋겠다고 대답했습니다. 부인은 자신도 그렇게 생각한다고 말했습니다.

부인과 아가씨, 저의 관계가 이런 모습이었을 때 또 한 명의 남자가 끼어들게 됩니다. 이 남자가 가족의 일원이 된 결과 제 운명에 상당한 변화를 초래했습니다. 만일 그 남자가 제 생활의 행로를 가로지르지 않았더라면 아마도 이런 기나긴 편지를 당신에게 남길 필요도 없었겠죠. 저는 무방비로 마가 낀 그 앞에 서서 순간의 그림자에 의해 평생을 음울해지면서도 깨닫지 못했습니다. 자백하건대 저는 스스로 그 남자를 집에 끌어들였습니다. 물론 허락이 필요했기에 자초지종을 숨김없이 밝히고 부인에게 부탁했습니다. 그런데 부인은 만류했습니다. 제게는 데려와야 할 충분한 사정이 있었는데 말리는 부인에게는 도리에 맞는 이유가 전혀 없었습니다. 따라서 저는 제가 옳다고 생각하는 것을 강행했습니다.

19

저는 그 친구의 이름을 K라고 부르겠습니다. 저는 이 K와 어릴 때부터 친했습니다. 어렸을 때라고 하면 새삼 말하지 않아도 아시겠지만 두 사람에게는 동향의 연고가 있었습니다. K는 진종 스님의 자녀였지만 장남은 아니고 차남입니다. 그래서 어느 의사 집안에 양자로 갔습니다. 제가 태어난 지방은 그 종파의 위력이 꽤 강한 곳이었기에 진종 스님은 다른 사람에 비해 물질적으로 벌이가 좋았던 것 같습니다. 일례로, 만일 스님에게 딸이 있고 그 딸이 성년이 되면 단가 사람이 상담하여 적당한 곳에 시집을 보내줍니다. 물론 비용은 스님 주머니에서 나오는 것이 아닙니다. 그런 이유로 진종사는 상당히 풍족했습니다.

K가 태어난 집도 그에 걸맞은 생활을 하고 있었으나 차남을 도쿄에 수업 보낼 정도로 여력이 있었는지는 잘 모르겠습니다. 또한 수업에 나갈 수 있는 형편에 따라 양자의 상담이 성립된 것인지 아닌지 그것에 대해서도 전 모릅니다. 아무튼 K는 의사 집안에 양자로 들어갔고 그것은 우리가 아직 중학생이었을 때의 일입니다. 교실에서 선생님이 출석을 부를

때 갑자기 K의 성이 변한 것에 놀랐던 걸 지금까지도 선명하게 기억합니다.

K가 양자로 간 곳도 상당한 재산가 집안이었는데 K는 그곳에서 학비를 받아 도쿄에 나왔습니다. 저와 함께 온 것은 아니었지만 도쿄에 도착하고 나서는 곧장 같은 하숙집에 들어갔습니다. 그때는 방 하나에 둘이든 셋이든 책상을 놓고 생활하는 것이 흔했고 K와 저도 둘이서 같은 방을 썼습니다. 산에서 생포 당한 동물이 우리 안에서 서로 껴안고서 바깥을 노려보는 것과 비슷했을 겁니다. 우리는 도쿄와 도쿄 사람을 두려워하면서도 세 평 남짓한 방안에서는 세상을 멸시하는 말을 나누었습니다.

그러나 우리는 진지했고 실제로 위대해질 생각이었습니다. 특히나 K는 심지가 굳었습니다. 절에서 태어난 그는 항상 정진이라는 말을 사용했고 그의 행위 동작은 모조리 정진이란 말 한마디로 대변되는 것처럼 보였습니다. 저는 마음속으로 언제나 K를 경외했습니다.

K는 중학생 때부터 종교나 철학 등의 어려운 문제로 저를

곤란하게 했습니다. 그건 그의 아버지에게 감화된 것인지 아니면 자신이 태어난 집, 다시 말해 절이라고 하는 어떤 특수한 부류에 속한 분위기의 영향인지 알 수 없습니다. 아무튼 그는 평범한 스님보다 훨씬 더 스님다운 성격을 가진 것 같았습니다. 본래 K의 양부모는 그를 의사로 만들 참으로 도쿄로 보냈는데 완고한 그는 의사가 되지 않겠다는 결심으로 도쿄에 나왔습니다. 저는 그렇게 되면 양부모를 속이는 것이 아니냐고 힐책했고 대담한 그는 그렇다고 대답했습니다. 도道를 위해서라면 그 정도 일은 해도 된다고 했습니다. 그때 그가 사용했던 '도'라는 단어의 의미는 아마 그도 잘 몰랐을 거고 저 역시 알았다고는 할 수 없습니다. 하지만 젊은 우리에게 이 막연한 말이 고귀하게 들렸습니다. 잘 모른다고 해도 고귀한 마음에 이끌려 그쪽으로 움직여가고자 하는 기개에 비열한 부분이 보일 리가 없었습니다. 저는 K의 생각에 찬동했고 제 동의가 K에게 어느 정도 힘을 실어줬는지 그건 저도 모르겠습니다. 외골수인 그는 가령 제가 아무리 반대해도 제 뜻을 굽히지 않고 관철할 것이 뻔히 보였습니다. 하지만 찬성이라는 성원을 보낸 제게 다소의 책임이 있을 수 있다는 것 정도는 어린 나이지만 잘 알고 있었습니다. 그때 그 정도의 각오가 없다고 할지언정 성인의 시선으로 과거를 돌아볼 필요가 생긴 경우, 제게 할당된 책임은 저 스스로 지겠다는 전제하에 동의한 것입니다.

20

K와 저는 같은 과에 입학했습니다. K는 양심의 가책도 없이 양부모가 보내주는 돈으로 자신이 좋아하는 길을 걸었습니다. 그에 대해 알 리가 없다고 하는 불안과 안다고 해도 알 게 뭔가 하는 배짱이 K의 마음속에 양립했다고 볼 수밖에 없습니다. K는 저와는 다르게 태연했습니다.

첫 여름방학에 K는 고향에 돌아가지 않고 고마고메駒込에 있는 어느 절에서 방 하나를 빌려 공부하겠다고 말했습니다. 제가 돌아온 것은 구월 상순이었는데 그는 대관음 옆에 있는 더러운 절간에 틀어박혀 있었습니다. 그의 방은 본당 바로 옆에 있는 좁은 방이었는데 그곳에서 자신의 생각대로 공부했단 사실을 흡족해하는 것 같았습니다. 저는 그때 그의 생활이 점차 스님을 닮아가는 것을 목도했는데 일례로 그는 손목에 염주를 차고 있었습니다. 제가 그것을 왜 하고 있느냐고 묻자 그는 엄지손가락으로 하나둘 세어 가는 시늉을 했고 이렇게 반복적으로 염주를 돌려가며 세고 있는 것 같았습니다. 그저 그 의미를 전 모르겠습니다. 둥근 고리 형상으로 되어 있는 것을 한 알씩 세어 가면 아무리 세어 봤자 끝은 없습니다. K는 어느 부분에서 어떤 기분으로 염주를 넘기는 손을 멈췄을까요? 쓸데없었지만 저는 자주 그런 생각을 떠올렸습니다.

그 후 저는 그의 방에서 성서를 발견하였습니다. 그때까지 경전 이름이 가끔 그의 입을 통해 흘러나온 적은 있었지만 성서에 대해서는 질문받거나 대답한 적이 없었기 때문에 조금 놀랐습니다. 저는 그 이유를 묻지 않을 수 없었고 K는 별다른 이유는 없다고 대답했습니다. 많은 사람이 존경하는 서적이라면 읽어보는 게 당연하다고 덧붙이기도 했습니다. 게다가 그는 기회가 있다면 '코랄'도 읽어볼 생각이라고 말하면서 무함마드와 검이라고 하는 말에 지대한 관심을 두고 있는 것 같았습니다.

두 번째 여름에 그는 고향에서 돌아오라는 연락을 받고서 결국 돌아갔고 전공에 대한 것은 아무 말도 하지 않은 걸로 보였습니다. 집에서도 그 사실을 알아차리지 못했습니다. 당신은 학교 교육을 받은 사람이니 이러한 일에 대해 잘 알고 있겠지만 세간은 학생의 생활이나 학교의 규칙 따위에 관하여 놀랄 만큼 무지합니다. 우리에게 아무것도 아닌 일이 외부에서는 전혀 통하지 않습니다. 또한 우리는 비교적 내부의 공기만 마시고 있기에 교내의 일은 하나도 빠짐없이 세상에 널리 알려져 있을 거라고 과신하는 버릇이 있습니다. K는 그런 부분에서 저보다도 세간을 잘 파악하고 있었는지 점잔을 빼는 얼굴로 다시 돌아왔습니다. 고향을 떠날 때는 저도 함께였으니 기차에 타자마자 곧장 어땠느냐고 K에게 물었고 K는 아무일도 없었다고 대답했습니다.

세 번째 여름은 제가 부모님을 분묘한 땅을 영원히 떠나려고 결심했던 해입니다. 저는 그때 K에게 귀향을 권했지만 K는 응하지 않았습니다. 매년 집에 돌아가는 것은 시간낭비라며 또다시 이곳에 남아 공부를 할 생각인 것 같았습니다. 저는 하는 수 없이 홀로 도쿄를 떠나게 됩니다. 제가 고향에서 생활한 두 달의 시간이 제 운명에 어떠한 파란을 일으켰는지 상술하였으니 반복하지 않겠습니다. 저는 원망과 우울, 고독의 서글픔을 가슴 가득 안고서 구월에 K와 재회했는데 그의 운명 또한 저처럼 급변했다는 걸 알게 되었습니다. 그는 제가 없는 사이에 양부모에게 편지를 보내 자신의 거짓을 자백했던 겁니다. 그는 처음부터 그럴 각오였다고 합니다. 양부모가 엎질러진 물이라며 이렇게 된 이상 네가 하고 싶은 걸 해나가라는 말을 할 것이란 기대도 있었을까요? 아무튼 대학 입학 후에도 끝까지 양부모를 속일 생각은 없었던 것 같습니다. 어쩌면 속이려고 해봤자 언젠가는 들통이 날 것이라고 간파했던 건지도 모릅니다.

21

K의 편지를 본 양부는 많이 화가 난 건지 부모를 속이는 괘씸한 놈에게 학비를 보내줄 수 없다고 하는 냉엄한 답장을 곧장 보냈습니다. K는 그것을 제게 보여주었고 그와 전후로 본가에서 보내온 편지도 보여줬습니다. 거기에도 전자와

비교하여 뒤떨어지지 않을 정도로 냉엄하게 힐난하는 말이 적혀 있었습니다. 양부모에 대해 죄송한 마음이 더해졌던 탓도 있었을까요? 여기에도 일절 지원하지 않겠다고 적혀 있었습니다. 이 사건으로 인해 K는 호적에 대한 양자택일의 딜레마에 빠지게 되었는데 그에 관한 결정은 앞으로 일어날 문제였으나 시급한 것은 다달이 필요한 생활비였습니다.

저는 그 부분에 대해 K에게 방도가 있느냐고 물었는데 K는 야간 학교 교사라도 할 작정이라고 대답했습니다. 그때는 지금에 비하면 생각 외로 세상이 느슨해서 당신이 생각하는 것보다 그리 어렵지 않게 부업 자리를 찾을 수 있었습니다. 저는 K가 이걸로 충분히 생활해나갈 것으로 생각했으나 제게는 저에게 부과된 책임이 있습니다. K가 양부모의 바람에 등을 돌리고 자신이 가고 싶은 길을 가고자 할 때 찬성한 것은 다름 아닌 저였으니 수수방관할 수가 없었습니다. 저는 앉은 자리에서 즉각 물질적인 보조를 제안했고 K는 단칼에 그것을 거절했습니다. 그의 성격에서 봤을 때 자활하는 편이 친구의 보호 아래에 있는 것보다 훨씬 마음 편하다고 생각했던 거겠죠.

그는 대학에 들어간 이상 자기 하나쯤 건사할 수 없으면 남자가 아니라는 식의 말을 했고, 저의 책임을 다하기 위하여 K의 감정을 무시하거나 상처 입힐 수는 없었습니다. 그래서 그가 뜻하는 바를 이루도록 손을 뗐습니다.

K는 얼마 지나지 않아 자신이 원하는 곳을 찾아냈지만 시간을 아까워하는 그에게 이 일이 얼마나 괴로웠는지는 상상할 필요도 없는 일입니다. 그는 지금까지 해온 대로 조금도 공부의 끈에서 손을 놓지 않고 새로운 짐을 지고서 맹렬히 돌진했던 겁니다. 저는 그의 건강을 염려했지만 강직한 그는 웃을 뿐 조금도 제 말에 귀를 기울이지 않았습니다.

동시에 그와 양부모의 관계는 점차 극단으로 치달았습니다. 시간의 여유가 없어진 그와 전처럼 이야기할 기회가 없었기 때문에 결과적으로 소상한 경위를 들을 수 없었는데, 해결이 점점 더 어려워져 간다는 것과 타인이 개입하여 중재하려고 했던 사실은 들었습니다. 그 사람은 편지로 K에게 집으로 돌아오라고 권유했지만 K는 어차피 틀어진 일이라며 응하지 않았습니다. K는 학기 중이라서 돌아갈 수 없다고 말했지만 상대방 입장에서는 납득할 수 없었을 테고 이것이 그의 완고한 성정이었죠. 그것이 일을 점차 험악하게 만들어 가는 것 같았습니다. 그는 양부모의 감정을 상하게 하는 동시에 본가의 노여움도 사게 되었습니다. 제가 걱정하여 쌍방을 융화시켜 보려고 편지를 썼을 때는 이미 아무런 효과도 볼 수 없는 상태였습니다. 제 편지는 한 마디 답장조차 받지 못하고 무시당했고 저도 부아가 치밀었습니다. 지금까지도 돌아가는 정황상 K를 동정하고 있던 저는 그 이후에는 사리를 따지지 않고 무조건 K의 편을 들 생각이 들었습니다.

최종적으로 K는 결국 호적을 되돌렸습니다. 양부모가 내준 학비는 본가에서 변상하게 되었고 본가에서도 앞으로는 멋대로 하라고 했습니다. 옛말을 빌리자면 의절이라는 거겠죠. 어쩌면 그렇게까지 극단적인 의미는 아닐지도 모릅니다만 당사자는 그렇게 해석하고 있었습니다. K는 어머니를 여읜 남자였고 그의 성격의 일면은 계모의 손에 키워진 결과라고 볼 수 있을 겁니다. 만일 친모가 살아 있었더라면 그와 본가의 관계에 이 정도의 간극이 생기는 일 없이 끝났을지도 모르겠다고 저는 생각합니다. 그의 아버지는 당연히 승려였고 의리를 중시한다는 점에서 도리어 무사와 닮은 부분이 있지 않았을까 추측합니다.

22

K의 사건이 일단락된 후에 저는 그의 자형으로부터 긴 서신을 받았습니다. K를 양자로 들인 곳은 이 사람의 친척에 해당하였기에 그를 알선하거나 복적시킬 때는 이 사람의 의견이 주요한 영향력을 행사했다고 K가 제게 말해주었습니다.

편지에는 K의 근황을 알려달라고 적혀 있었고 누나가 걱정하고 있으니 되도록 빨리 답장을 받고 싶다는 말도 덧붙였습니다. K는 절을 이은 형보다도 시집을 간 이 누나를 좋아했습니다. 그들은 모두 한배에서 난 형제였지만 이 누나와 K 사이에는 나이 차가 상당했습니다. 그러니 K가 어렸을 때는 계모보다도 이 누나 쪽이 도리어 진짜 어머니처럼 보였겠지요.

저는 K에게 편지를 보여줬고 그에 대해 아무 말도 하지 않았지만 자신에게도 누나로부터 같은 의미를 담은 편지가 두세 통 도착했다는 사실을 밝혔습니다. K는 그때마다 걱정할 필요가 없다고 답했다고 합니다. 운 나쁘게도 이 누나는 생활에 여유가 없는 집에 시집을 갔기 때문에 아무리 K를 동정한다고 해도 물질적으로 동생을 지원해 줄 수가 없었습니다.

저는 K와 같은 답장을 그의 자형 앞으로 보냈습니다. 또한 만일의 경우에는 제가 어떻게든 할 테니 안심하라고 하는 의미를 단호하게 적었고, 본래부터 제 생각은 이러했습니다. K의 앞날을 걱정하는 누나를 안심시키려고 하는 호의도 물론 있었지만 저를 경멸한다고 생각할 수밖에 없는 그의 본가나 양부모에 대한 반발도 있었습니다.

K가 복적한 것은 일 학년 때였습니다. 그러고 나서 이 학년 여름방학까지 약 일 년 반 동안 그는 혼자 힘으로 생활했습니다. 그런데 이 과도한 노력이 서서히 그의 건강과 정신에 영향을 주는 것처럼 보였습니다. 너무도 당연하지만 집안과 관련한 시끄러운 문제도 한몫했겠죠. 그는 점차 감상적으로 변했고 가끔은 자기만 외따로 세상 속 불행을 짊어지고 서 있는 것 같다고 말했습니다. 그리고 그에 대해 반박하면 금세 격해지면서 자신의 미래에 가로놓인 광명이 서서히 그의 시야에서 멀어지는 것처럼 생각하며

안절부절못합니다. 학문을 시작했을 때는 누구나가 위대한 포부를 품고 새로운 여행을 떠나는 것이 보통이지만 한 해, 두 해 시간을 보내면서 졸업을 앞두고서야 자신의 발걸음이 더디다는 것을 급작스럽게 깨닫게 되는 흔한 과정에서 실망하는 것이 일반적이었고 K의 경우도 똑같았지만, 그가 초조해하는 방식 또한 보통 사람에 비해 훨씬 더 격렬했습니다. 고민 끝에 그의 기분을 안정시키는 것이 가장 중요하다고 결론 지었습니다.

저는 그에게 자잘한 일을 관두라고 말했습니다. 그리고 당분간 몸을 편히 하고 노는 편이 장대한 장래를 위한 상책이라고 충고했습니다. K는 너무도 완고해서 쉽사리 제 말을 듣지 않을 거라고 예상하였지만 실제로 대화를 해 보니 생각보다 설득하는 것이 힘에 부쳤습니다. K는 학문 자체가 자신의 목적이 아니라고 주장했습니다. 의지의 힘을 양성하여 강한 인간이 되는 것이 본인의 생각이라고 하는 겁니다. 그를 위해 되도록 열악한 형편이어야만 한다고 결론을 내립니다. 평범한 사람 입장에서 보면 정신 나간 헛소리입니다. 실제로 열악한 형편이었던 그의 의지는 조금도 강해지지 않았고 도리어 신경쇠약 상태로 보였습니다. 저는 일단 그에게 극히 공감한다는 모습을 내비쳤습니다. 자신도 그와 같은 것을 추구하며 살아갈 생각이었다고 결국 명언했습니다. (애초에 이것은 제게 있어서 완전히 공허한 말도 아니었습니다. K의 논리를 듣고 있으면 점차 그에게 감화될 정도로 그에게는 힘이 있었으니까요). 결국 저는 K와 함께 살면서 함께 향상되어가는 길을 모색하고 싶다고 제안했습니다. 저는 그의 완고함을 꺾기 위하여 그 앞에서 일부러 무릎을 꿇었고 겨우 그를 제 집으로 데려갈 수 있었습니다.

23

제 방에는 창고라고 할 법한 두 평 정도의 공간이 붙어 있었습니다. 현관에서 제 방으로 가려면 이 공간을 가로지르지 않으면 안 되기 때문에 실용적인 면에서 보자면 상당히 불편한 방이었습니다. 저는 이곳에 K를 두었던 겁니다. 처음에는 제 방에 책상을 놓고 옆방을 공유할 생각이었지만 K는 비좁아서 갑갑해도 혼자 있는 편이 좋다고 하며 스스로 그쪽을 선택했습니다.

앞서 말한 대로 부인은 저의 이 조치에 대하여 처음에는 찬성하지 않았습니다. 하숙집은 한 명보다 두 명이 편리하고 두 명보다 세 명이 이득이지만 장사가 아니니까 되도록 그러지 않는 편이 좋겠다고 했습니다. 제가 수고를 끼치는 사람이 결코 아니니 신경 쓰지 않아도 될 거라고 말하자 수고는 끼치지 않아도 기질을 알 수 없는 사람은 싫다고 대답했습니다. 그러면 지금 신세를 지고 있는 저 역시 똑같지 않으냐고 따지자 제 기질은 처음부터 아주 잘 알고 있다고 변명을 하는 게 아닙니까? 저는 씁쓸하게 웃었습니다. 그러자 부인은 다시 논리의 방향을 돌렸는데, 그런 사람을 데려오는 건 제게 좋지 않다고 말을 바꾸는 것입니다. 어째서 제게 좋지 않으냐고 묻자 이번에는 부인이 씁쓸하게 웃었습니다.

사실 저 역시 억지로 K와 함께 있을 필요는 없었습니다. 하지만 다달이 생활비를 돈의 형태로 그 앞에 내밀면 그는 분명 그것을 받을 때 주저하겠죠. 그는 그 정도로 독립심이 강한 남자였습니다. 따라서 저는 그를 제집에 두고 그가 모르는 사이에 두 사람분의 식비를 살며시 부인의 손에 건네려고 했습니다. 하지만 저는 K의 경제 문제에 대하여 부인에게 밝힌 적은 전무합니다.

저는 그저 K의 건강에 대하여 설명했습니다. 혼자 두면 점점 인간이 삐뚤어지기만 한다고 말했습니다. 또한 현재 K의 집안 사정 등 여러 가지 이야기를 했습니다. 익사하려던 사람을 안고 자신의 열을 상대방에게 전해줄 각오로 K를 떠맡는 거라고 말했습니다. 그럴 생각으로 따뜻하게 돌봐달라고 부인과 아가씨에게 부탁했습니다. 여기까지 설명한 후 겨우 부인을 설득할 수 있었습니다. 하지만 제게 아무것도 묻지 않는 K는 자초지종을 전혀 모르고 있었습니다. 저도 도리어 그것을 만족스럽게 여기며 굼뜨게 이사를 온 K를 시치미를 떼며 맞이했고 부인과 아가씨는 친절하게 그의 짐을 정리해주었습니다. 그것이 모두 저에 대한 호의에서 나온 행동이라고 해석한 저는 마음속으로 기뻐했습니다. K의 무뚝뚝한 모습은 변함이 없었지만요.

제가 K에게 새 집의 감상을 물었을 때 그는 그저 한 마디,

나쁘지 않다고 할 뿐이었습니다. 제가 봤을 때는 나쁘지 않은 정도가 아니었습니다. 그가 지금까지 있던 곳은 북향에 습습한 냄새가 나는 더러운 방이었습니다. 식사도 상당히 조악했습니다. 제 집으로 옮긴 그는 첩첩산중에서 고목으로 변한 듯한 변화가 있었을 것입니다. 환경에 둔감한 것은 우직한 그의 성격 때문이기도 했으나 그의 주장에서 비롯된 것입니다. 불교의 교의 속에서 자라난 그는 의식주에 대해 사치스러운 말을 하는 걸 부도덕하다고 생각했습니다. 어설프게 옛 고승과 성자의 전기를 읽은 그에게는 걸핏하면 정신과 육체를 따로 생각하는 버릇이 있었습니다. 육체를 경멸하면 영혼의 광채가 더해지는 것처럼 느끼는 경우까지 있었을지도 모를 일입니다.

저는 될 수 있으면 그를 거스르지 않는 방침을 택했습니다. 얼음을 햇볕에 내놓고 녹일 궁리를 했던 겁니다. 곧 녹아서 따뜻한 물이 되면 자신에 대해 스스로 깨달을 기회가 올 것으로 생각했습니다.

24

부인으로부터 그런 식의 취급을 받은 결과 저는 점차 쾌활해져 갔습니다. 그것을 자각했기에 똑같은 것을 이번에는 K에게 응용하려고 시도했던 겁니다. K와 제 성격이 많이 다르다는 건 오래 알고 지낸 사이라 잘 알고 있었지만, 이 집에 들어와서 모난 제 신경이 어느 정도 완화된 것처럼 K의 마음도 이곳에 두면 언젠가 진정될 것으로 생각했습니다.

K는 저보다 강한 결심을 한 남자였습니다. 공부도 저의 두 배는 잘했을 겁니다. 게다가 타고난 머리가 저보다도 훨씬 좋았습니다. 나중에는 전공이 달랐기에 단언할 수는 없지만 같은 반에 있을 때는 중고등학교 시절 모두 K가 항상 제 위였습니다. 평소 제게는 뭘 해도 K를 당해내지 못한다고 하는 자각이 있을 정도였습니다. 하지만 제가 K를 제 집에서 지내도록 강권했을 때는 제 쪽이 좀 더 사리 분별이 있다고 믿었습니다. 제 입장에서 그는 아만我慢8)과 인내를 구별하지 못하는 것처럼 생각됐던 겁니다. 이것은 특히 당신을 위해 덧붙이고 싶으니 들어주십시오. 육체와 정신이라고 하는 우리의

---

8) 자기만 잘난 줄 알고 남을 깔봄

모든 능력은 외부의 자극 때문에 발달도 하고 파괴당하기도 하지만 어느 쪽이든 자극을 점차 강하게 할 필요가 있는 건 당연하므로, 잘 생각하지 않으면 험악한 방향으로 나아가면서도 자신은 물론이고 곁에 있는 사람마저도 알아채지 못할 우려가 있습니다. 의사의 설명에 의하면 인간의 위장만큼 고약한 것은 없다고 합니다. 죽만 먹고 있으면 그 이상으로 딱딱한 것을 소화할 힘이 어느새 소실된다고 합니다. 따라서 다양한 것을 먹는 연습을 해두라고 의사는 말하는데 단순히 익숙해진다는 의미는 아닐 것입니다. 서서히 자극을 더해감에 따라 영양 기능의 저항력이 점차 강해진다고 하는 의미일 수밖에 없습니다. 반대로 만일 위장의 힘이 서서히 약해져 간다고 했을 때 그 결과가 어떨지 상상해 보면 금세 알 수 있는 일입니다. K는 저보다 위대한 남자였지만 이에 대해 무지했습니다. 그저 곤경에 익숙해지면 결과적으로 고난은 아무것도 아니게 된다고 단정하고 있던 것 같습니다. 고난을 반복하면 반복하는 만큼의 공덕이 쌓이고 고난이 신경 쓰이지 않게 되는 시기가 찾아오는 것이라고 철석같이 믿고 있던 것 같습니다.

저는 K를 설득할 때 그걸 명확하게 짚어주고 싶었습니다. 하지만 말하면 반발할 게 뻔했고 옛사람의 일례 같은 것을 논리의 근거로 들고나올 것이 뻔했습니다. 그렇게 되면 저도 그 사람들과 K의 다른 점을 명백하게 밝힐 수밖에 없어집니다. 그것을 수긍해줄 만한 K였다면 좋았겠지만 논쟁이 거기까지 흘러가면 그의 성격으로 쉽사리 뒤로는 물러나지 않습니다. 더욱더 앞으로 돌진하고 말로 내달린 것처럼 행동을 통해 실현하려고 합니다. 이렇게 되면 불도저 그 자체였고 위대했습니다. 스스로 자신을 파괴하며 나아갑니다. 결과를 놓고 보면 그는 그저 자신의 성공을 때려 부순다는 의미에서 위대한 것에 불과하겠지만, 그런데도 결코 범상치 않았습니다. 그의 성격을 잘 알고 있던 저는 결국 아무 말도 할 수 없었습니다. 게다가 저로서는 앞서 말했듯이 그가 다소 신경쇠약에 걸려 있는 것처럼 보였습니다. 제가 그를 설득하는 순간 그는 격해질 것임이 틀림없습니다. 저는 그와 싸우는 걸 두려워하지는 않았지만 고독한 느낌을 견디지 못했던 자신의 상황을 되돌아보았을 때, 친구인 그를 저와 같은 고독한 처지에 둘 수는 없는 노릇이었습니다. 나아가 저보다 더 고독한 처지로 밀어 넣는다는 건 더더욱 싫었습니다. 그래서 저는 그가 집에 옮겨와서도 당분간 비평다운 비평을 하지 않았습니다. 그저 주변 환경이 그에게 끼칠 영향력의 결과를 온화하게 지켜보기로 했던 겁니다.

25

저는 뒤로 몰래 부인과 아가씨에게 K와 이야기를 많이 나눠주십사 부탁했습니다. 그가 지금까지 관철해온 무언 생활이 그에게 탈이 되었다고 믿었기 때문입니다. 사용하지 않는 철이 녹스는 것처럼 제겐 그의 마음이 녹슬어 있다고 판단했습니다.

부인은 비집고 들어갈 틈이 없는 사람이라고 하며 웃었고 아가씨 또한 일부러 그와 관련한 예를 들어가며 제게 설명했습니다. 화로에 불이 있느냐고 묻자 K는 없다고 대답했다고 합니다. 그러면 가져다 주겠다고 하자 필요 없다며 거절했다고 합니다. 춥지 않으냐고 묻자 춥지만 필요 없다고 말하고 나서 대응을 하지 않는다고 했습니다. 저는 그저 쓸쓸하게 웃고 있을 수만은 없었습니다. 안타까운 마음에 무슨 말이라도 해서 그 상황을 수습해야만 했습니다. 애초에 그것은 봄에 있던 일이니 굳이 불을 쬘 필요도 없었지만 이래서야 비집고 들어갈 틈이 없다는 말을 듣는 것도 무리는 아니라고 생각했습니다.

그래서 저는 되도록 자신이 중심축이 되어 두 여성과 K의 연락망이 되고자 노력했습니다. K와 제가 대화를 나누는 차에 그들이 부르거나 그들과 제가 한방에서 만나고 있을 때 K를 데려오는 등, 어느 쪽이든 상황에 적합한 방법으로 그들이 친해지도록 노력했습니다. 물론 K는 그다지 달가워하지 않았습니다. 어느 때는 아무 말도 없이 일어나 밖으로 나갔고 또 어느 때는 아무리 불러도 좀처럼 나오지 않았습니다. K는 그런 쓸데없는 대화를 하며 뭐가 재미있느냐고 하는 겁니다. 저는 그저 미소 지었지만 마음속에서는 K가 그 때문에 저를 경멸하고 있다는 걸 잘 알고 있었습니다.

실제로 어떤 의미에서는 그가 절 경멸할 만했는지도 모릅니다. 그가 눈여겨보는 곳은 저보다 훨씬 더 높은 곳에 있었다고도 할 수 있겠죠. 저도 그것을 부정하지는 않습니다.

하지만 눈만 높고 다른 것이 부합되지 않는 건 너무나도 기형적이었습니다. 어떻게 해서든 이번 기회에 그를 인간답게 만드는 것이 가장 중요하다고 생각했습니다. 아무리 그의 머릿속이 위대한 사람의 이미지로 덮여 있어도 그 자신이 위대해지지 않는 이상 아무 소용이 없다는 것을 발견했던 것입니다. 저는 그를 인간답게 만들 첫 번째 수단으로서 우선 이성 곁에 그를 앉힐 방법을 강구했습니다. 그리고 그 분위기에 그를 노출한 후 녹슬기 일보 직전인 그의 혈액을 새로이 하고자 했습니다.

이 시도는 서서히 성공합니다. 처음에는 융합되기 어려워 보였던 것이 점차 하나로 합쳐졌습니다. 그는 자신 이외의 세계가 있다는 것을 조금씩 깨달아가는 것 같았습니다. 그는 어느 날 여자는 반드시 경멸해야 할 대상은 아니라는 식으로 말했습니다. 처음에 K는 여자에게도 저와 동일한 지식과 학문을 요구하고 있었고 그렇지 않으면 곧장 경멸의 감정이 생겼던 것 같습니다. 과거의 그는 성별에 따라 입장을 바꿔 생각보는 걸 모르고 동일한 시선으로 모든 남녀를 동일하게 취급했던 겁니다. 저는 그에게 만일 우리 남자끼리 영원히 의견 교환만 하고 있으면 그저 직선적으로 앞으로 뻗어가는 것에 지나지 않을 거라고 말했습니다. 그는 타당한 의견이라고 대답했습니다. 저는 그때 아가씨에게 어느 정도 빠져 있던 시기였기에 자연히 그런 말이 나왔던 것이었겠죠. 하지만 그 이면의 일은 그에게 전혀 밝히지 않았습니다.

서적으로 성벽을 만들어 그 안에 틀어박혀 있던 K의 마음이 점차 열려가는 것을 보고 있는 건 무엇보다도 유쾌했습니다. 저는 처음부터 그러한 목적으로 일을 진행했기 때문에 자신의 성공에 따른 희열을 느끼지 않을 수 없었습니다. 저는 본인에게는 말하지 않았으나 부인과 아가씨에게 생각한 바를 밝혔습니다. 두 사람도 만족스러운 모습이었습니다.

26

K와 저는 같은 학과였지만 전공이 달랐기 때문에 자연히 집을 나갈 때나 돌아올 때 차이가 있었습니다. 제 쪽이 빠르면 그가 없는 방을 지나갈 뿐이었지만 늦어지면 간단한 인사를 하고 제 방으로 들어가는 것이 일과였습니다. K는 항상 시선을

책에서 떼고 맹장지를 열어 저를 잠시 보았습니다. 그리고 반드시 "지금 왔나." 하고 말했습니다. 저는 아무 말도 않고 끄덕이기도 했지만 어떨 때는 그저 "응." 하고 대답하며 지나갈 때도 있었습니다.

　어느 날 저는 간다神田에 용무가 있어서 귀가가 평소보다 훨씬 늦어졌고, 빠른 걸음으로 문 앞에 가서 격자문을 옆으로 밀었습니다. 그와 동시에 아가씨의 목소리를 들었고 그 목소리는 분명 K의 방에서 나는 것 같았습니다. 현관을 지나면 거실과 아가씨의 방이 두 개 이어져 있고 거기서 왼쪽으로 꺾으면 K와 제 방이라고 하는 구조였기 때문에 어디서 누구의 목소리가 났는지 정도는 오랫동안 생활했던 저는 잘 알 수 있었습니다. 저는 곧장 격자문을 닫았습니다. 그러자 아가씨의 목소리도 뚝 그쳤습니다. 저는 당시 번거로운 편상화를 신고 있었는데 제가 허리를 구부리며 구두끈을 풀고 있는 동안 K의 방에서는 아무 소리도 나지 않았습니다. 저는 이상했지만 어쩌면 제 기분 탓이었는지도 모르겠다고 생각했습니다. 하지만 평소처럼 K의 방을 지나가려고 맹장지를 열자 그곳에 그 둘은 확실히 앉아 있었습니다. K는 평소처럼 지금 돌아왔느냐고 말했습니다. 아가씨도 어서 오라고 하며 앉아서 인사했습니다. 기분 탓인지 그 간단한 인사가 제겐 조금 딱딱하게 들렸습니다. 어쩐지 부자연스러운 어조로 제 고막을 울렸습니다. 저는 아가씨에게 부인에 대해 물었습니다. 제 질문에는 아무런 의미도 없었습니다. 어쩐지 집안이 평소보다 조용하길래 물어봤을 뿐입니다.

아니나 다를까 부인은 외출 중이었고 가정부도 부인과 함께 나갔습니다. 따라서 집에 남아 있는 건 K와 아가씨뿐이었습니다. 저는 잠시 의아해졌습니다. 오랫동안 함께 지내고 있지만 이제껏 부인이 아가씨와 저만 남겨두고 집을 비운 적은 아직 없었으니까요. 저는 무슨 급한 용건이라도 생겼느냐고 아가씨에게 되물었습니다. 아가씨는 그저 웃었습니다. 저는 이럴 때 웃는 여자가 싫습니다. 젊은 여자의 공통점이라고 하면 그뿐일지도 모르지만 아가씨도 빈번하게 별것도 아닌 일에 대해 웃어넘겼습니다. 하지만 아가씨는 제 얼굴색을 보고 곧장 평소 표정으로 돌아왔습니다. 급한 용건은 아니지만 잠시 일이 생겨 나갔다고 진지하게 대답했습니다. 하숙인인 제게 그 이상 물어볼 권리는 없었고 저는 입을 다물었습니다.

제가 옷을 갈아입고 자리에 앉기도 전에 부인과 가정부가 돌아왔습니다. 이윽고 저녁 식사를 위해 모두 얼굴을 마주할 시각이 되었습니다. 하숙했던 당시는 완벽하게 손님 취급을 했기 때문에 식사할 때마다 가정부가 상을 날라왔는데 그랬던 것이 밥때가 되면 그쪽으로 불려가게 되었습니다. K가 새로 이사 왔을 때도 제 주장대로 그를 저와 똑같이 대우하도록 했습니다. 그 대신 저는 얇은 판으로 만든 화려한 접이식 테이블을 부인에게 선물했습니다. 지금은 보편적으로 사용하는 것 같지만 그 당시 그런 상을 펼치고 밥을 먹는 가족은 거의 없었습니다. 직접 오차노미즈御茶の水에 있는 가구점에 가서 제가 구상한 대로 만든 주문품이었습니다.

밥상머리에서 부인은 그날 생선을 파는 사람이 제 시각에 오지 않았기에 먹거리를 사러 장을 보러 가야만 했다고 설명했습니다. 손님을 두고 있는 이상 그것도 당연한 일이라고 제가 납득했을 때 아가씨는 제 얼굴을 보며 또 웃었습니다. 하지만 이번에는 부인에게 혼나고 곧장 자제했습니다.

27

일주일쯤 지나 저는 또다시 K와 아가씨가 이야기를 나누는 방을 지나갔습니다. 그때 아가씨가 제 얼굴을 보자마자 웃음이 터졌고, 곧장 뭐가 그렇게 웃기느냐고 물어봤으면 좋았을 텐데 전 그저 아무 말 없이 자신의 거처로 들어갑니다. 따라서 K도 평소처럼 말을 건넬 여유조차 없었습니다. 그 후 아가씨는 곧장 거실로 나간 것 같았습니다.

저녁 식사 때 아가씨는 저를 이상한 사람이라고 말했습니다. 저는 그때도 이유를 묻지 않았습니다. 그저 부인이 노려보는 듯한 시선을 아가씨에게 보내는 것을 알아챘을 뿐입니다.

저는 식후 산책에 K를 끌고 갔습니다. 우리는 덴즈인 뒤편에 있는 식물원 길을 빙그르르 돌아 도미자카시타富坂下로 나갔습니다. 산책하기에 짧은 길은 아니었지만 그사이에 이야기한 것은 상당히 적었습니다. 성격으로 봤을 때 K는 저보다도 과묵했습니다. 저도 말수가 많은 편은 아니었지만 걸으면서 최대한 그에게 말을 걸어 보았습니다. 화제는 주로 우리가 하숙하고 있는 집의 구성원에 대한 것이었습니다. 저는 그가 부인이나 아가씨를 어떻게 보고 있는지 알고 싶었습니다. 그런데 그는 죽인지 밥인지 명확히 구분되지 않는 답만 하는 겁니다. 거기다 대답은 요령부득한 주제에 극히 간단했습니다. 그는 두 여자에 관한 것보다도 전공 학과에 더 많은 관심을 기울이고 있는 것 같았습니다. 무엇보다 2학년 시험이 코앞일 때였으니 보통 사람의 입장에서 본다면 그가 더 학생다운 학생으로 비치겠죠. 게다가 그는 스베덴보리Swedenborg가 이렇다 저렇다 말하며 무지한 저를 놀라게 했습니다.

우리가 순조롭게 시험을 끝마쳤을 때 둘 다 앞으로 일 년 남았다고 하며 부인은 기뻐했습니다. 그런 부인의 유일한 자랑이라고도 할 수 있는 아가씨의 졸업도 얼마 남지 않았습니다. K는 제게 여자라는 건 멋모르고 학교를 졸업하는 거라고 말했는데, 아가씨가 학문 이외에 배우고 있는 재봉이나 악기, 꽃꽂이 같은 것은 안중에도 없는 것 같았습니다. 저는 물정에 어두운 그를 비웃었습니다. 그리고 여자의 가치는 그런 것에 있지 않다고 하는 예전 논쟁을 다시 그 앞에서 반복했습니다. 그는 제대로 반박하지도 않았지만 그렇다고 납득하는 모습을 보이지도 않았습니다. 그것이 꽤나 유쾌했습니다. 그의 무관심한 태도가 여전히 여자를 경멸하는 것처럼 보였기 때문입니다. 여자의 대표자로서 제가 알고 있는 아가씨를 대수롭지 않게 생각하고 있는 것 같았기 때문입니다. 지금 회고해 보니 K에 대한 제 질투는 이미 그때 충분히 조짐을 보였던 것 같습니다.

저는 여름방학 피서지에 대해 K와 의논했습니다. K는 가고 싶지 않다는 말투였습니다. 물론 그는 자신의 자유의지로 어디든 갈 수 있는 몸이 아니었지만 제가 제안하기만 하면 어딜 가도 지장이 없었습니다. 저는 가고 싶지 않은 이유에 관해 물었습니다. 그는 이유고 뭐고 없다고 말했습니다. 자긴 집에서 책을 읽는 게 편하다고 합니다. 제가 시원한 곳에서 공부하는 편이 몸에 좋다고 주장하자 그러면 저 혼자 가면 된다고 합니다. 하지만 K를 혼자 이곳에 남겨두고 갈 생각이 들지 않았습니다. 저는 안 그래도 K와 아가씨가 점점 친해지는 걸 보는 것이 그다지 기분 좋지 않았습니다. 제가 처음 바란 대로 되는 것이 어째서 제 마음을 상하게 하는지 묻는 대도 어쩔 수 없습니다. 저는 바보임이 틀림없습니다. 끝나지 않는 두 사람의 논쟁을 보다 못한 부인이 중재했습니다. 우리는 결국 함께 보슈(房州9))에 가게 되었습니다.

28

K는 여행을 좋아하지 않았습니다. 저도 보슈는 처음이었습니다. 우리는 아무 지식도 없이 배가 가장 먼저 정차한 곳에 상륙했습니다. 아마도 호타(保田)라고 했던 것 같습니다. 지금은 얼마나 변했는지 모르지만 그때는 완벽한 어촌이었습니다. 무엇보다 어디 할 것 없이 비렸습니다. 그리고 바다에 들어가면 파도에 떠밀려 손발 할 것 없이 금세 전부 까졌습니다. 밀어닥치는 파도에 떠밀려 주먹같이 커다란 돌이 종일 굴러다녔습니다.

저는 금세 싫증이 났지만 K는 감상을 흘리지 않았습니다. 적어도 표정만은 평온했습니다. 그런 주제에 그는 바다에

---

9) **현 지바현**

들어갈 때마다 어딘가 상처를 입지 않은 적이 없었습니다. 결국 그를 설득하여 도미우라富浦로 이동했고 도미우라에서 다시 나코那古로 이동했습니다. 이 연안은 모두 그 당시 주로 학생이 모이는 곳이었기에 우리에게는 안성맞춤인 해수욕장이었습니다. 우리는 자주 해안의 바위 위에 걸터앉아서 머나먼 바다 빛이나 가까운 물속을 바라보았습니다. 바위 위에서 내려다보는 물 또한 굉장히 맑았습니다. 보통 시장에서는 볼 수 없는 붉은색이나 쪽빛을 띤 작은 물고기가 투명한 물결 속을 이리저리 헤엄치고 있는 것이 선명하게 보였습니다.

저는 그곳에 앉아 자주 책을 펼쳤습니다. K는 아무것도 하지 않고 가만히 있는 쪽이 많았습니다. 생각에 잠겨있는 건지, 풍경에 정신 팔린 건지 아니면 좋아하는 상상을 하는 건지 전혀 알 수 없었습니다. 저는 때때로 시선을 들고 K에게 뭘 하고 있느냐고 물었습니다. K는 한 마디, 아무것도 안 한다고 대답할 뿐이었습니다. 저는 제 곁에 이렇게 가만히 앉아 있는 것이 K가 아니라 아가씨였다면 좋았을 것이라고 생각한 적이 자주 있었습니다. 그것뿐이면 아직 괜찮았지만 돌연 K도 저와 똑같은 바람을 안고서 바위에 앉아 있을 수도 있다는 의심이 스칩니다. 그러자 그곳에서 차분히 책을 펼치고 있는 것이 갑자기 싫어집니다. 저는 불시에 일어나서 있는 힘껏 소리를 내지릅니다. 정돈된 시나 노래를 운치 있게 읊조리는 여유로운 짓은 할 수 없었습니다. 그저 야만인처럼 부르짖었던 겁니다. 어느 날 갑자기 저는 뒤에서 그의 뒷덜미를 움켜쥐었습니다. 이대로 바닷속에 던져 넣으면 어떻겠냐고 K에게 물었습니다. K는 움직이지 않았고 뒤돌아 있는 그대로 "마침 잘 됐다, 해."라고 대답했습니다. 저는 곧장 옷깃을 잡은 손을 뗐습니다.

K의 신경쇠약은 그땐 상당히 호전되었던 것 같습니다. 그와 반비례로 저는 점차 과민해졌습니다. 저는 저보다 안정적인 K를 보고 부럽기도 하고 밉살스럽기도 했습니다. 뭘 해도 저를 상대하는 모습을 보여주지 않았기 때문입니다. 제게는 그것이 이름 모를 자신감으로 비쳤습니다. 그러나 그러한 자신감을 그에게서 찾아냈다고 해도 전혀 만족할 수 없었습니다. 제 의심은 한발 더 나아가 그 성격까지 밝혀내고 싶었습니다. 그는 학문이나 사업에 대하여 앞으로 자신이 나아가야 할 미래의

광명을 다시 한번 손에 넣을 심산이었을까요? 단순히 그뿐이라면 K와 저의 이해관계에 충돌이 일어날 이유는 없었습니다. 도리어 생활 보조에 보람이 있었던 것을 기쁘게 생각했을 것입니다. 하지만 그의 안정이 만일 아가씨로 인해 비롯된 것이라면 저는 결코 그를 받아들일 수가 없습니다. 신기하게도 그는 제가 아가씨를 사랑하고 있다는 것을 전혀 모르는 것 같았습니다. 물론 저도 K의 눈에 띌 정도로 드러내놓고 행동하지는 않았지만요. K는 본래 그런 부분에 둔한 사람이었습니다. 애초에 K라면 괜찮을 거라고 안심할 수 있었기에 그를 집에 데려온 겁니다.

29

저는 날을 잡아 제 마음을 K에게 털어놓으려고 했습니다. 무엇보다 그것은 그때 시작된 게 아니었습니다. 여행을 가기 전부터 그러한 마음이 들었지만 밝힐 기회를 잡는 일도, 그 기회를 만드는 일도 제 수완으로는 잘되지 않았습니다. 지금 생각해보면 그 당시 제 주위에 있던 인간은 모두 기묘했습니다. 여자에 관해 자세한 이야기를 하는 사람은 한 명도 없었습니다.

그중에는 이야깃거리를 갖지 못한 이들도 상당수 있었겠지만 설령 그 반대였다고 해도 보통 함구했던 것 같습니다. 비교적 자유로운 분위기에서 생활하는 현재의 당신들이 보면 분명 이상하겠죠. 그것이 도학道学의 예습인지 아니면 일종의 수줍음인지 판단은 당신의 이해력에 맡깁니다.

우리는 서로 무엇이든 이야기하는 사이였습니다. 가끔은 사랑이나 연애 같은 문제도 입에 오르내리지 않는 건 아니었는데 항상 추상적인 이론으로 끝나버리곤 했습니다. 그것도 좀처럼 화제로 나오지 않았습니다. 대부분은 책과 학문 이야기, 미래의 사업과 포부, 수양에 관한 이야기가 전부였습니다. 아무리 친해도 이렇게 굳어지면 갑자기 태도를 달리할 수 있는 게 아닙니다. 그저 진지하게 친해질 뿐입니다. 저는 아가씨의 일을 K에게 밝히겠다고 결심한 후 속이 갑갑해지는 불쾌함 때문에 몇 번이나 고민했는지 모릅니다. K의 머리 어딘가에 구멍을 뚫고 들어가 그곳에 부드러운 공기를 불어 넣어 주고 싶은 기분이었습니다.

당신들이 보면 가소롭기 짝이 없는 일도 실제로 이때 제게는 난제 그 자체였습니다. 저는 여행지에서도 집에 있던 때와 똑같이 비겁했고 온종일 기회를 잡겠다는 마음으로 K를 관찰하면서도 이상하게 고답적인 그의 태도를 어쩌지 못했습니다. 제 입장에서는 그의 심장 주위를 검은 숯으로 두껍게 칠해 굳혀둔 것과 다름없었습니다. 제가 쏟아내려고 하는 혈류는 단 한 방울도 그 심장 안으로 들어가지 않고 모조리 튕겨 나왔습니다.

어떤 때는 K의 모습이 너무나 굳건하고 고고했기에 도리어 안심했던 적도 있습니다. 그리고 자신의 의심을 마음속으로 후회함과 동시에 속으로 K에게 사과했습니다. 사과하면서 자신이 너무 저열한 인간인 것처럼 보여서 갑자기 기분이 나빠졌습니다. 하지만 얼마 후 예전 의심이 또다시 되살아나서는 강하게 되받아칩니다. 모든 것이 의심에서 이끌려 나왔기에 그 모두가 제게 무익했습니다. 용모도 K가 여자에게 호감을 주는 것처럼 보였습니다. 성격도 저처럼 좀스럽지 않은 부분이 이성에게 호감을 줄 거라고 생각되었습니다. 어딘가 얼이 빠져 있고 그러면서도 똑부러진 남자다운 점도 저보다는 우수해 보였습니다. 학력이 되면, 전공은 다르지만 물론 전 K의 적수는 아니라는 자각이 있었습니다. 모든 부분에서 상대방의 장점만 목전에서 어른거리니 조금 안심했던 저는 곧장 불안했던 때로 돌아갔습니다.

K는 안절부절못하는 제 모습을 보며 싫으면 먼저 도쿄에 돌아가도 된다고 말했지만 그런 말을 들으면 갑자기 돌아가기가 싫어졌습니다. 어쩌면 K를 도쿄에 돌려보내고 싶지 않았던 건지도 모르겠습니다. 우리는 보슈 끝을 돌아 맞은편으로 나갔고, 뜨거운 햇볕을 쬐면서 괴로운 마음으로 가즈사上総10) 지방의 '얼마 안 남았다'는 의례적인 말에 속으면서 힘겹게 걸었습니다. 저는 그렇게 걷는 의미를 전혀 이해할 수 없었고 반 농담으로 K에게 그렇게 말했습니다. 그러자 K는 다리가 있으니까 걷는다고 대답했습니다. 그리고 많이 더우면 바다에 들어갔다 가자고 하며 전혀 개의치 않고 파도에 뛰어들었습니다. 그 후에 다시 강한 햇볕을 쬐고 있었으니 몸이 나른해지고 무거워졌습니다.

---

10) 지바 중앙부

　이런 식으로 걷고 있으면 더위와 피로로 인해 자연히 몸 상태가 망가지는데 병에 걸린 것과 조금 다릅니다. 갑자기 남의 몸속에 자신의 혼령이 들어간 기분입니다. 평소처럼 K와 대화를 나누면서도 어쩐지 평소 기분과는 달랐습니다. 그에 대한 친근함과 증오도 여행 한정이라는 특별한 성질을 띠는 식이었습니다. 다시 말해 우리는 더위와 파도라는 요소, 그리고 함께 걸었다는 이유로 이제까지와는 다른 새로운 관계에 들어설 수 있었던 거겠죠. 그때 우리는 마치 동행하게 된 행상 같은 것이었습니다. 무슨 이야기를 해도 평소와 다르게 머리를 쓰게 되는 복잡하게 얽힌 문제는 다루지 않았습니다.

　우리는 이 상태로 조시銚子까지 갔는데 가는 도중 단 하나 예외가 있던 것을 지금도 잊을 수가 없습니다. 보슈를 떠나기 전 우리는 고미나토小湊라는 곳에서 다이노우라鯛の浦를 견학했습니다. 벌써 몇 년이나 지났고 관심 있는 곳은 아니었기에 선명하게 기억나지 않지만 아무래도 그곳은 니치렌日蓮11)이 태어난 마을이라고 했던 것 같습니다. 니치렌이

태어난 날에 도미[12] 두 마리가 해안가로 튀어 올랐다고 하는 설화가 구전되어, 그 이후 마을 어부가 도미 포획을 자제하고 지금에 이르렀다고 하니 후미[13]에는 도미가 많았습니다. 우리는 작은 배를 구해 도미를 직접 보러 나갔습니다.

그때 저는 한결같이 파도를 보고 있었습니다. 그리고 그 파도 속에서 움직이는, 조금 보랏빛을 띤 도미의 빛깔을 재미있는 현상의 하나로서 질리지도 않고 바라보았습니다. 하지만 K는 저만큼 그것에 흥미를 갖고 있지 않은 것 같았습니다. 그는 도미보다 도리어 니치렌 쪽을 머릿속에 떠올리고 있던 것 같습니다. 마침 그곳에 단조지誕生寺라고 하는 절이 있었습니다. 니치렌이 태어난 마을이니 '탄생'이라고 이름 붙였을 텐데 훌륭한 가람伽藍[14]이었습니다. K는 그 절에 가서 주지를 만나보겠다는 말을 꺼냈습니다. 사실 우리는 상당히 이상한 행색이었습니다. 특히나 K는 바람 때문에 모자가 바다로 날려간 결과 삿갓을 사서 쓰고 있었습니다. 옷도

---

11) 가마쿠라 시대의 승려
12) 다이노우라의 다이는 도미라는 뜻
13) 다이노우라의 우라는 후미에 해당
14) 승려가 살면서 불도를 닦는 곳

평소보다 때가 묻은 데다 땀으로 인해 냄새가 났습니다. 저는 스님을 만나지 않는 편이 좋겠다고 말했지만 K는 완강하게 버텼습니다. 싫으면 저만 밖에서 기다리고 있으라고 합니다. 저는 어쩔 수 없이 함께 현관을 넘었지만 마음속으로는 거절당할 게 분명하다고 생각했습니다. 그런데 스님이라는 자는 의외로 정중했고, 넓고 훌륭한 응접실로 우리를 들이고 곧장 만나주었습니다. 그 당시 저는 K와 생각이 많이 달랐기 때문에 스님과 K의 담화에 그다지 귀를 기울일 마음이 들지 않았지만 K는 끊임없이 니치렌에 관해 물었던 것 같습니다. 니치렌은 초서 니치렌이라고 불릴 정도로 흘려 쓴 필체가 달필이었다고 스님이 말했을 때, 서예에 조예가 없는 K는 쓸데없는 이야기를 한다는 표정을 지은 걸 아직도 기억합니다. K는 그런 것보다도 좀 더 깊은 의미에서 니치렌을 알고 싶었던 거겠죠. 스님이 그런 부분에서 K를 만족시킬 수 있을지는 의문이었지만 그는 절의 경내를 나오자 끊임없이 니치렌에 대해 말하기 시작했습니다. 저는 너무 더워서 녹초 상태였고 의견을 말할 여력이 없었으니 그저 입으로만 적당히 대응했습니다. 그것도 귀찮아지자 완전히 입을 다물어버렸습니다.

아마도 그다음 날 밤의 일이었던 것 같은데 우리는 숙소에 도착해 밥을 먹고서 잠자리에 들기 일보 직전에 갑자기 어려운 문제에 대해 서로 논하기 시작했습니다. K는 어제 자신이 말을 꺼낸 니치렌에 대하여 제가 상대하지 않았던 것을 좋지 않게 생각했던 것 같습니다. 정신적으로 향상심이 없는 자는 바보라고 하며 어쩐지 저를 경박한 사람으로 몰아갔습니다. 그런데 제 마음에는 아가씨의 일로 응어리가 있었으니 경멸에 가까운 그의 말을 그저 웃으며 받아들일 리도 없었습니다. 저는 저대로 변호를 시작했습니다.

31

그때 저는 끊임없이 '인간답다'는 말을 사용했습니다. K는 이 인간답다고 하는 말 속에 제 모든 약점을 감추고 있다고 했습니다. 나중에 반추해 보니 확실히 K가 말한 대로였습니다. 하지만 인간답지 않다는 의미를 K에게 이해시키기 위하여 그 말을 사용하기 시작한 저는 출발점부터가 반항적이었으니 그것을 반성할 만한 여유는 없었습니다. 저는 더 강하게 자기 의견을 피력했습니다. 그러자 K가 그의 어느 부분을 보고 인간답지 않다고 하는지를 물었습니다. 저는 그에게 대답했습니다. "넌 인간답지 않아. 어쩌면 너무 인간다울지도 모르지. 하지만 인간답지 않은 말을 입에 담지. 또 인간답지 않게 행동하고 말이야."

제가 이렇게 말했을 때 그는 그저 자신의 수양이 부족해서 남들에게는 그렇게 보일지도 모르겠다고 대답했을 뿐, 전혀 반박하려고 하지 않았습니다. 저는 의욕이 사라졌다기보다 도리어 미안해졌고 곧바로 거기서 논쟁을 끝냈습니다. 그의 상태도 점차 침울해져 갔습니다. 만일 제가 그가 아는 것처럼 옛사람에 대한 지식이 있었다면 그렇게 공격하지 않았을 거라고 말하며 원망스러워했습니다. K가 입에 담은 옛사람이란 물론 영웅도 아니거니와 호걸도 아닙니다. 영혼을 위하여 육체를 학대하거나 도를 위해 몸을 채찍질하는 이른바 난행고행難行苦行을 한 사람을 가리키는 겁니다. K는 그 때문에 그가 얼마나 괴로운 상태인지 모르는 게 정말 안타깝다고 단언했습니다.

우리는　그대로　잠들었고　그다음　날부터　다시　평범한
행상인의　태도로　돌아가　땀을　뻘뻘　흘리며　걸었습니다.　하지만
저는　걸으면서　그날　밤의　일을　이따금　생각했습니다.　절호의
기회가　찾아왔는데　모르쇠로　일관하며　무심코　흘려넘겼다고
하는　회한의　마음으로　불타올랐던　겁니다.　저는　인간답다고
하는　추상적인　말을　사용하는　대신에　좀　더　직설적이고
간단하게　진실을　밝혔으면　좋았을　것이라고　생각했습니다.　사실
제가　그런　말을　창작한　것도　아가씨에　대한　제　감정이　토대가
되었던　것이니　증류하여　만든　이론　같은　걸　K의　귀에
불어넣기보다　원형　그대로를　그의　눈앞에　드러내는　편이
유익했겠죠.　제가　그것을　할　수　없었던　건　학문적　교제에
바탕을　둔　친밀함이라는　타성에　젖어　있었기　때문에　마음을
다잡고　그것을　돌파할　만큼의　용기가　결여되어　있었다는　걸
이곳에　자백합니다.　거드름을　피웠다고　해도,　허영심에
사로잡혔다고　해도　크게　다르지　않겠지만,　제가　언급한
거드름과　허영이란　의미는　일반적인　것과는　조금　결이
다릅니다.　그것이　당신에게　전달되기만　한다면　저는

만족합니다.

우리는 새까맣게 변하여 도쿄에 돌아왔고 그때 제 기분이 다시 변해있었습니다. 인간답다거나 인간답지 않다고 하는 그럴싸한 논리는 머릿속에 거의 남아 있지 않았습니다. K에게도 종교가다운 모습이 전혀 보이지 않았습니다. 아마 그의 마음 어딘가에도 이때 영혼과 육체에 대한 문제는 깃들어 있지 않았던 거겠죠. 우리는 인종이 변한 것 같은 얼굴로 바빠 보이는 도쿄를 두루두루 바라보았습니다. 그 후 료고쿠両国에 가서 더운데도 샤모를 먹었습니다. K는 그 기세로 고이시카와까지 걸어서 돌아가자고 했습니다. 체력을 보면 K보다도 제 쪽이 강했으니 저는 곧장 응했습니다.

집에 도착했을 때 부인은 우리의 모습을 보고 놀랐습니다. 우리는 단순히 시꺼멓게 변한 게 아니라 무작정 걷는 사이에 상당히 살이 내렸습니다. 부인은 그래도 튼튼해 보인다고 하며 칭찬했습니다. 아가씨는 부인의 모순이 이상하다고 하며 다시 웃기 시작했습니다. 여행 전 그것에 때때로 짜증이 났던 저도 그때만은 유쾌했습니다. 상황이 상황인 것도 한몫했겠지만 오랜만에 들었던 탓이겠죠.

32

그뿐 아니라 저는 아가씨의 태도가 예전과 조금 달라졌다는 걸 알았습니다. 오랜만에 여행에서 돌아온 우리가 평소대로 안정되기까지는 모든 부분에서 여자의 손이 필요했는데 그렇게 돌봐주는 부인은 그렇다 치고, 아가씨가 절 우선하고 K를 나중으로 돌리는 것처럼 보였습니다. 노골적으로 그랬다면 저도 곤란했을지 모릅니다. 때에 따라서는 도리어 불쾌한 감정마저 생겼을지도 모르지만 아가씨의 행동은 그 점에서 몹시도 요령이 좋았고, 전 기뻤습니다. 다시 말해 아가씨는 저만이 알 수 있도록 타고난 친절을 필요 이상으로 제 쪽에 할당해주었던 겁니다. 따라서 K는 딱히 싫은 내색도 없이 멀쩡했습니다. 저는 마음속으로 남몰래 그에 대하여 개가를 울렸습니다.

이윽고 여름도 지나고 구월 중순부터 우리는 다시 학교 수업에 나가야만 했습니다. 우리는 각자의 일정에 따라 드나드는 시각에 또다시 차이가 생겼습니다. 제가 K보다 귀가가 늦을 때는 일주일에 세 번 정도 있었는데 언제 돌아와도 아가씨의 모습을 K의 방에서 보는 일은 없었습니다. K는 그 특유의 시선을 제게 향하며, "지금 왔나."라고 규칙처럼 반복했습니다. 제 가벼운 인사도 거의 기계처럼 간단하고 단조로웠습니다.

아마도 시월 중순이었던 것 같습니다. 늦잠을 잔 결과 잠옷 그대로 급히 학교에 나간 적이 있습니다. 신발도 편상화 같은 걸 묶는 시간이 아까웠기에 적당히 조리를 신고 뛰쳐나갔습니다. 그날 수업 시간표를 보면 K보다도 제가 먼저 돌아오는 날이었습니다. 저는 그런 일정을 떠올리며 현관 격자문을 열었습니다. 그때 뜻하지 않게 없을 거라고 여겼던 K의 목소리가 들려왔습니다. 동시에 아가씨의 웃음소리가 제 귀에 울렸습니다. 저는 평소처럼 시간이 걸리는 신발을 신고 있지 않았기에 곧장 실내로 들어가 칸막이 맹장지를 열었습니다. 평소처럼 책상 앞에 앉아 있는 K를 보았지만 아가씨는 이미 그곳에 없었고, K의 방에서 도망치듯이 빠져나가는 뒷모습을 살짝 보았을 뿐입니다. 저는 K에게 왜 이렇게 일찍 귀가했느냐고 물었고 K는 기분이 좋지 않아 쉬었다고 대답했습니다. 제가 제 방에 가서 그대로 앉아 있자 얼마 안 있어 아가씨가 차를 들고 왔습니다. 그때 아가씨는 처음으로 어서 오라고 말하며 제게 인사를 했습니다. 저는 웃으면서 방금 도망간 이유를 물을 수 있는 천연덕스러운 사람은 아닙니다. 그러면서도 마음속으로는 은근히 그런 것을 신경 쓰는 인간이었습니다. 아가씨는 곧장 자리를 뜨며 툇마루를 따라 맞은편으로 갔습니다. 하지만 K의 방 앞에 우두커니 서서 두어 마디 이야기를 주고받았습니다. 그것은 조금 전 대화와 이어지는 것 같았는데 앞을 듣지 않은 저는 전혀 이해할 수가 없었습니다.

그러는 사이에 아가씨의 태도가 점차 천연덕스럽게 변했습니다. 우리가 함께 집에 있을 때도 자주 K의 방 툇마루에 가서 그의 이름을 불렀습니다. 그리고 그곳에 들어가 오랜 시간을 보냈습니다. 물론 우편물을 갖고 올 때도 있었고 세탁물을 두고 가는 일도 있었으니 그 정도의 교류는 같은 집에 있는 두 사람의 관계상 당연하다고 봐야겠지만, 반드시 아가씨를 독점하고 싶다는 강렬한 일념으로 움직이던 제게는 아무래도 그것이 일반적이지 않은 것처럼 보였습니다. 어느 때는 아가씨가 일부러 제 방을 피해 K에게만 가는 것처럼 느껴질 때도 있었습니다. 그렇다면 어째서 K가 집을 나가도록 하지 않았느냐고 당신은 묻겠죠. 하지만 그렇게 하면 제가 K를 억지로 끌고 들어온 취지가 망가질 뿐이고 그것은 불가능했습니다.

33

십일월 차가운 비가 내리는 날의 일입니다. 저는 외투를 적시며 평소대로 좁은 언덕길을 올라 집으로 돌아왔습니다. K의 방은 텅 비어 허했지만 화로에는 갓 붙인 불이 따뜻하게 불타오르고 있었습니다. 저도 어서 빨간 숯에 차가운 손을 녹이려고 급히 제 방문을 열었습니다. 그런데 제 화로에는 차가운 숯이 하얗게 남아 있을 뿐, 불씨마저 꺼져 있었습니다. 저는 갑작스레 불쾌해졌습니다.

그때 제 발소리를 듣고 나온 것은 부인이었습니다. 부인은 가만히 방 정중앙에 서 있는 절 보며 가엾다는 듯이 외투를 벗겨주고 옷을 입혀주었습니다. 그러고 나서 제가 춥다고 하는 걸 듣고 곧장 옆방에서 K의 화로를 가져왔습니다. 제가 K는 벌써 돌아왔느냐고 묻자 부인은 돌아왔다가 다시 나갔다고 대답했습니다. 그날도 K는 저보다 늦게 돌아오는 일정이었기 때문에 저는 그 이유에 대해 생각했습니다. 부인은 적당히 용무라도 생긴 게 아니겠냐고 말했습니다.

저는 얼마간 그곳에 앉아 독서를 했습니다. 자택 안은 고요했고 그 누구의 말소리도 들리지 않는 사이에 초겨울의 추위와 적적함이 자신의 육체를 파고드는 느낌이 들었습니다. 저는 곧장 책을 덮고 일어났고 문득 활기찬 곳에 가고 싶어졌습니다. 비는 겨우 그친 것 같았는데 여전히 하늘은 차가운 납처럼 무거워 보였기에 만약을 대비하여 우산을 들고 포병 공장 뒷길의 토담을 따라 언덕을 내려갔습니다. 그때는 아직 도로의 개정을 하지 않았던 시기라서 지금보다도 언덕의 경사가 훨씬 급했습니다. 길의 폭도 좁고 똑바르지도 않았습니다. 게다가 언덕을 따라 내려가면 남쪽이 높은 건물로 막혀 있고 물 빠짐이 좋지 않아 거리는 질척거렸습니다. 특히 좁은 돌다리를 건너 야나기초柳町에 나가는 구간이 심각했습니다. 굽이 높은 신발이나 장화를 신어도 쉽사리 걸을 수가 없습니다. 진흙을 가늘고 길게 헤쳐 만들어 둔 길 중앙으로 조심히 더듬어갈 수밖에 없었습니다. 그 임시 길의 폭은 거의 삼십에서 육십 센티미터 남짓하여 하릴없이 거리에 깔린 띠를 밟고 맞은편으로 넘어가는 것과 같았습니다. 행인들은 모두 일렬로 천천히 지나갑니다. 저는 폭이 좁은 이 띠 위에서 K와 맞딱뜨렸습니다. 다리 쪽에만 신경이 팔린 상태였던 저는 그와 마주 볼 때까지 그의 존재를 전혀 모르고 있었습니다. 불시에 앞이 가로막혔기 때문에 발밑에 있던 시선을 올렸을 때 처음으로 그곳에 서 있는 K를 인식한 겁니다. 저는 K에게 목적지에 관해 물었고 K는 잠시 근처에 다녀왔다고 말할 뿐이었습니다. 그의 대답은 평소처럼 무뚝뚝했습니다. K와 저는 가느다란 길 위에서 몸을 교차시켰습니다. 그러자 K의 바로 뒤에 한 명의 젊은 여성이 서 있는 것이 보였습니다. 목전에 있던 저는 지금까지 잘 몰랐었지만 K를 지나친 후에 그 여자의 얼굴을 보니 아가씨였기 때문에 적잖이 놀랐습니다. 아가씨는 조금 붉어진 얼굴로 제게 인사했습니다. 그 당시 트레머리는 지금과 다르게 챙처럼 앞으로 나오지 않았고 머리 중앙에 뱀처럼 빙글빙글 말려 있었습니다. 저는 멍하니 아가씨의 머리를 보고 있었는데, 둘 중 한 명이 길을 양보하지 않으면 안 된다는 사실을 뒤늦게 알아챘습니다. 그 후 질펀한 진창으로 한쪽 발을 내디뎠고 비교적 지나가기 쉬워진 공간을 만들어 아가씨를 건너도록 했습니다.

그러고 나서 야나기초 길로 나온 저는 갈 곳을 잃었습니다. 어딜 가도 재미없을 것 같아서 흙탕물이 튀는 걸 마다하지 않고 진창 속을 무턱대고 걸어서 곧장 집으로 돌아왔습니다.

34

저는 K에게 아가씨와 함께 외출했느냐고 물었고 K는 그렇지 않다고 대답했습니다. 마사고초真砂町에서 우연히 만나 함께 돌아왔다고 설명했습니다. 저는 그 이상 탐색하는 질문을 자제해야만 했습니다. 식사 후 아가씨에게 똑같은 질문을 했습니다. 그러자 아가씨는 제가 싫어하는 특유의 웃음을 지으며 어디에 갔는지 맞춰보라고 말합니다. 당시 저는 아직 불뚱이였기에 젊은 여자가 불성실하게 대응하면 부아가 치밀었습니다. 그런데 그걸 알아차린 것은 같은 식탁에 앉아 있는 사람 중에서 부인뿐이었습니다. K는 평온했습니다. 아가씨의 태도를 보면 알면서 일부러 그러는 건지 모르고 천연덕스럽게 그러는 건지, 조금 석연치 않은 점이 많았습니다. 젊은 여자로서 아가씨는 사려가 깊은 편이었지만 젊은 여성에게 공통되는, 제가 꺼리는 부분이 없느냐고 하면 그렇지도 않았습니다. 그리고 싫어하는 그 부분은 K가 집에 오고 나서 처음으로 제 눈에 들어왔습니다. 그것을 K에 대한 저의 질투로 귀결시켜야 하는지 아니면 저를 다루는 아가씨의 기술이라고 간주해야 하는지 구별이 잘 되지 않습니다. 그때의 제 질투심을 부정할 생각은 없습니다. 여러 번 반복한 대로 사랑의 이면에 있는 이러한 감정의 움직임을 분명히 의식하고 있었으니까요. 게다가 제삼자 입장에서 보면 보잘것없는 사소한 일에서 이 감정이 반드시 고개를 치켜들려고 했으니까요. 여담이지만 이러한 질투는 사랑의 일면이 아닐까요? 저는 결혼하고 나서 이 감정이 점차 흐려져 감을 자각했습니다. 그 대신 애정도 예전처럼 맹렬하지 않았습니다.

저는 지금까지 주저하고 있던 자신의 마음을 단숨에 상대방의 가슴에 내리치는 것에 대해 고심했습니다. 제가 상대방이라고 한 건 아가씨가 아니라 부인이었습니다. 부인에게 아가씨를 달라고 확실하게 담판을 지으려고 생각했던 겁니다. 하지만 그렇게 결심하고서 하루하루 단행일을 미뤘습니다. 이렇게 보면 저는 정말 우유부단해 보이겠죠. 물론 그렇게 보여도 상관없지만 사실 제가 실행하지 못한 건 의지가 부족했기 때문은 아닙니다. K가 없었을 때는 남의 손에 좌지우지되기 싫다고 하는 자제심이 저를 누르고 있어 한 발도 움직일 수 없었습니다. K가 오고 난 후엔 혹시 아가씨가 K에게 마음이 있는 게 아닐까 하는 의심이 끝없이 절 장악했습니다. 만일 아가씨가 저보다 K에게 마음이 기울어 있다면 이 사랑은 입에 담을 가치가 없는 것이라고 결심했던 겁니다. 창피를 당하는 것이 괴롭다는 것과는 의미가 조금 다릅니다. 이쪽이 아무리 사모해도 상대방의 마음이 다른 사람에게 사랑의 시선을 쏟고 있다면 저는 그런 여자와 평생을 함께 하는 게 싫었던 것입니다. 세상에는 좋아하는 여자를 다짜고짜 부인으로 맞이하며 기뻐하는 사람도 있지만 그건 우리보다 훨씬 닳고 닳은 남자든지 그게 아니라면 사랑의 심리를 잘 모르는 미련퉁이가 하는 짓이라고, 당시의 전 생각했습니다. 일단 살을 맞대고 함께 살면 어떻게든 적응이 된다는 식의 철학적 이치로는 납득할 수 없을 정도로 저는 열이 올라 있었습니다. 다시 말해 저는 극도로 고상한 사랑의 이론가였습니다. 동시에 무엇보다 비현실적인 사랑의 실제가이기도 했습니다.

오랫동안 함께 생활하면서 당사자인 아가씨에게 저라는 사람을 보여줄 기회도 이따금 생겼지만 저는 일부러 그것을 피했습니다. 일본의 관습으로 그런 건 허용되지 않는다는 자각이 당시 제게는 강하게 박혀 있었습니다. 하지만 그것만이 저를 속박했다고 단정할 수는 없습니다. 일본인, 특히 일본의 젊은 여성은 그런 상황에서 상대방에게 자신이 생각한 바를 서슴없이 입에 담을 용기가 결여되어 있다고 단정하고 있었습니다.

35

이런 이유로 저는 이 방면으로 나아가지 못하고 멀뚱히 서 있었습니다. 몸 상태가 안 좋을 때 낮잠을 자면 눈만 말똥말똥해지고 주변에 있는 건 선명하게 보이는데 손발을 움직일 수 없게 되는 경우가 있죠. 때때로 이러한 괴로움을 저도 모르게 느꼈습니다.

그러는 사이에 해가 바뀌고 봄이 되었습니다. 어느 날 부인이 K에게 가루타歌留多15)를 할 테니 친구를 초대하면 어떻겠냐고 제안한 적이 있습니다. 그러자 K가 곧장 친구 같은 건 한 명도 없다고 대답했기에 부인은 놀라고 말았습니다. 확실히 K에게 친구라고 할 만한 친구는 한 명도 없었습니다. 거리에서 마주쳤을 때 인사를 할 정도라면 조금 있었지만 그들도 게임 같은 것을 같이 할 사이는 아니었습니다. 부인은 그러면 제 지인이라도 부르라는 식으로 말을 바꿨지만 안타깝게도 저

---

15) 일본 카드 놀이의 일종.

역시 그런 활달한 놀이를 할 마음이 들지 않았기에 적당히 건성건성 대답하며 내버려 두었습니다. 그날 밤 우리는 결국 아가씨에게 불려 나갔습니다. 손님 하나 없는 상황에서 집에 있는 적은 인원으로 게임을 하니 매우 조용했습니다. 게다가 이런 게임을 해 버릇하지 않았던 K는 팔짱을 끼고 관망하는 방관자 그 자체였습니다. 저는 K에게 백인일수[16] 노래를 알고 있느냐고 물었습니다. K는 잘 모른다고 대답했습니다. 그 말을 들은 아가씨가 어쩌면 K를 경멸할지도 모른다고 생각했던 거겠죠. 그러고 나서 명백하게 K 쪽에 가세했습니다. 결국에는 그 둘이 팀이 되어 제게 대항하는 형세가 되었습니다. 저는 상대를 보고 싸움을 시작했던 건지도 모릅니다. 다행히도 K의 태도는 처음과 조금도 다르지 않았습니다. 그의 어디에도 득의양양한 모습을 찾아볼 수 없었던 저는 무사히 게임을 끝낼 수 있었습니다.

그 후 이삼일 지난 후의 일일 겁니다. 부인과 아가씨는 아침부터 이치가야에 있는 친척 집에 간다고 하며 집을

---

16) 가인 백 명의 노래를 한 명당 한 구절씩 선별하여 만든 일본 가집. 가루타를 할 때 사용함.

나섰습니다. K도 그렇고 저도 아직 방학이었기에 있는 듯 없는 듯 그곳에 남아 있었습니다. 저는 독서를 하거나 산책하러 나가는 것도 싫었기에 그저 멍하니 화로 끄트머리에 무릎을 올리고 가만히 턱을 받치고는 생각에 잠겨있었습니다. 옆방에 있는 K도 전혀 소리를 내지 않았습니다. 서로가 있는지 없는지 모를 정도로 고요했습니다. 무엇보다 이러한 일은 우리 사이에서는 딱히 드문 일도 아니었으니 저는 별반 신경 쓰지도 않았습니다.

열 시경에 K는 불시에 칸막이 맹장지를 열고서 저와 얼굴을 마주했습니다. 그는 문지방 위에 서서 제게 무슨 생각을 하고 있느냐고 물었습니다. 저는 본래부터 아무것도 생각하지 않았습니다. 만일 생각이란 것을 하고 있었다면 평소처럼 아가씨 문제였을지도 모릅니다. 아가씨에게는 물론 부인이란 존재도 부록처럼 딸려 있었으나, 최근에는 잘라내야만 하는 사람처럼 K가 제 머릿속을 빙글빙글 돌며 이 문제를 복잡하게 만들고 있었습니다. K와 얼굴을 마주한 저는 여태껏 그를 어렴풋이 장애물처럼 의식하고 있었으면서도 분명하게 그렇다고 대답할 수 있을 리 없었습니다. 저는 그저 그의 얼굴을 보며 아무 말도 하지 않았습니다. 그러자 K 쪽이 성큼성큼 제 방으로 들어와서 제가 쬐고 있던 화로 앞에 앉았습니다. 저는 곧장 양 무릎을 화로 끄트머리에서 빼내고 그것을 K에게 밀어주는 것처럼 움직였습니다.

K는 평소와 어울리지 않는 이야기를 시작했습니다. 부인과 아가씨의 목적지를 묻는 겁니다. 저는 아마 숙모님 댁일 거라고 대답했습니다. K는 그 숙모에 대해 또 묻습니다. 저는 그 사람도 군인의 아내라고 알려주었습니다. 그러자 여성의 새해 인사는 대부분 보름이 지나서 가는데 왜 이렇게 빨리 외출하는 거냐고 질문했습니다. 저는 왜 그런지 모른다고 대답하는 수밖에 없었습니다.

36

K는 좀처럼 부인과 아가씨에 관한 이야기를 멈추지 않았습니다. 결국에는 대답할 수 없는 사사로운 것까지 제게 물었습니다. 저는 귀찮다기보다도 신기한 느낌을 받았습니다. 예전에 제 쪽에서 두 사람을 화제로 이야기를 했을 때의 그를

생각하면 그의 상태가 변했다는 걸 실감하지 않을 수 없었습니다. 저는 결국 오늘따라 왜 그런 것만 이야기하냐고 그에게 물었습니다. 그때 그는 갑자기 입을 닫았습니다. 하지만 저는 침묵한 입가의 근육이 전율하듯 떨리는 걸 주시했습니다. 그는 본래 말수가 적었고 평소 무슨 말을 하려고 하면 말하기 전에 입 근처를 우물거리는 버릇이 있었습니다. 그의 입술이 그의 의지에 반하듯이 쉽사리 열리지 않는다는 점에 말의 무게가 담겨 있었죠. 일단 소리가 입을 뚫고 나오게 되면 그 목소리에는 보통 사람보다 몇 배나 강한 힘이 실렸습니다.

그의 입가를 잠시 봤을 때 금세 무슨 말이 나올 거라는 낌새를 차렸는데 그것이 과연 무슨 준비인지 전혀 예상할 수 없었습니다. 따라서 놀랐습니다. 무거운 그의 입을 통해 아가씨에 대한 절실한 사랑을 늘어놓았을 때의 저를 상상해 보십시오. 그의 마법 지팡이에 의해 순식간에 돌로 변한 것 같았습니다. 입을 우물거리는 작용조차 제게서 사라지고 말았습니다.

그때 저는 두려움의 덩어리라고 해야 할까요? 아니면

괴로움의 덩어리라고 해야 할까요? 아무튼 하나의 덩어리였습니다. 돌이든 철이든 머리부터 발끝까지 급속하게 굳어버렸습니다. 숨 쉬는 탄력성마저 상실할 정도로 얼어붙었습니다. 다행스럽게도 이 상태는 길게 이어지지 않았습니다. 저는 순식간에 인간다운 기분을 되찾았습니다. 그러고 나서 곧장 실책이라고, 선수를 빼앗겼다고 생각했습니다.

하지만 그 후에 어찌해야 좋을지 전혀 분별이 서지 않았습니다. 아마도 생각이 날 만큼 여유가 없었던 거겠죠. 겨드랑이 밑에서 기분 나쁜 땀이 셔츠에 스미는 것을 가만히 참으며 움직이지 않고 있었습니다. K는 그사이 평소처럼 무거운 입을 열고는 띄엄띄엄 자신의 마음을 밝혀나갔습니다. 저는 괴로워서 견딜 수가 없었습니다. 아마도 그 고통은 커다란 광고처럼 제 얼굴 위에 선명한 글자로 드러났을 겁니다. 아무리 K라도 그걸 깨닫지 못할 리가 없었지만 그 또한 모든 감각을 자기 일에 집중하고 있었으니 제 표정 같은 것에 주의를 기울일 겨를이 없었던 거겠죠. 그의 자백은 처음부터 끝까지 같은 어조를 관철했습니다. 무겁고 무딘 대신에 쉽사리 변하지 않을 거라는 느낌을 주었습니다. 제 마음의 반은 그 자백을 들었고, 나머지 반은 이 상황에 대한 타개점을 고민하는 생각으로 끊임없이 들끓고 있었기 때문에 세부 내용은 거의 귀에 들어오지 않은 것과 같았는데 그런데도 그가 하는 말의 어조만은 강하게 가슴을 울렸습니다. 그 때문에 저는 전에 말한 고통뿐만 아니라 가끔은 두려움을 느끼게 되었습니다. 다시 말해 상대방은 자신보다 강하다고 하는 공포가 싹트기 시작했던 겁니다.

K가 이야기를 어느 정도 끝마쳤을 때 저는 뭐라고 할 수가 없었습니다. 자신도 그 앞에서 똑같은 의미의 자백을 해야 하는 걸까 아니면 밝히지 않는 편이 상책일까, 저는 그런 계산을 하며 가만히 있었던 게 아닙니다. 그저 아무 말도 할 수 없었던 겁니다. 말할 생각조차 들지 않았습니다.

점심 식사 때 K와 저는 마주 앉았습니다. 가정부에게 시중을 받으며 저는 평소와 달리 맛없는 식사를 끝냈습니다. 우리는 식사를 하면서도 거의 대화를 나누지 않았습니다. 부인과 아가씨는 언제 돌아올지 알 수 없었습니다.

37

우리는 각자의 방에 틀어박힌 채 얼굴을 보지 않았습니다. K가 조용한 것은 아침과 똑같았고 저도 가만히 생각에 잠겼습니다.

저는 당시 제 마음을 K에게 밝혀야만 했다고 생각했지만 이미 시기를 놓쳤다는 생각도 들었습니다. 어째서 조금 전 K의 말을 가로막고 이쪽에서도 역습을 가하지 않았는가. 그것이 엄청난 잘못처럼 보였습니다. 적어도 K의 뒤를 이어 제가 생각한 바를 그 자리에서 털어놓았더라면 더 좋았을 테죠. K의 고백에 일단락이 지어졌는데 이제 와서 이쪽에서 똑같은 말을 꺼내는 건 아무리 생각해도 이상했습니다. 저는 이 부자연스러움을 타개할 방도를 몰랐습니다. 제 머리는 회한으로 흔들려 현기증이 났습니다.

저는 K가 다시 한번 제 방문을 열고 돌진해주기를 바랐습니다. 제 입장에서 조금 전 일은 마치 불시의 기습을 당한 것과 같았습니다. 제게는 K에게 대응할 준비고 뭐고 없었던 겁니다. 저는 오전에 빼앗겼던 것을 이번에야말로 되찾겠다는 꿍꿍이가 있었습니다. 그래서 때때로 시선을 들어 맹장지를 바라봤습니다. 하지만 그 맹장지는 아무리 시간이 흘러도 열리지 않습니다. 그리고 K는 영구히 조용했습니다.

그러는 사이에 제 머리는 점차 이 고요함에 교란당하는 것 같았습니다. 지금 맹장지 너머에서 K가 무슨 생각을 하고 있는지에 대해 생각하자 그것이 신경 쓰여 견딜 수가 없었습니다. 평소에도 이런 식으로 칸막이 한 장을 사이에 두고 서로 침묵하고 있는 경우는 흔한 일이었지만 저는 K가 조용하면 조용할수록 그의 존재를 잊는 것이 보통이었기 때문에 그때의 전 꽤나 정신이 없었던 것으로 봐야겠지요. 그러면서도 자기 스스로 맹장지를 열 수 없었습니다. 일단 말할 시기를 놓친 저는 상대방이 다시 움직이기를 기다리는 것밖에 할 수 있는 일이 없었습니다.

결국 전 가만히 기다리고 있을 수 없었습니다. 억지로 가만히 기다리고 있으면 K의 방으로 뛰어들고 싶어졌습니다. 저는 어쩔 수 없이 일어나 툇마루로 나갔습니다. 거기서 거실로 나가 아무 목적도 없이 쇠 주전자의 물을 찻잔에 부어 한 잔 마셨습니다. 그러고 나서 현관으로 나갔습니다. 저는 일부러 K의 방을 회피하는 것처럼 이런 식으로 저 자신을 거리 중앙에 드러냈습니다. 물론 어디에 간다고 하는 목적도 없었습니다. 그저 가만히 있을 수 없을 뿐이었습니다. 그래서 방향도 뭣도 신경 쓰지 않고 정월 거리를 무작정 배회했습니다. 아무리 걸어도 제 머리는 K의 일로 가득 차 있었습니다. 저도 K를 떨쳐낼 마음으로 돌아다니고 있던 것은 아니었습니다. 도리어 자진해서 그의 모습을 곱씹으며 방황했습니다.

그가 그 무엇보다 풀어내기 어려운 존재로 보였습니다. 어째서 그런 사실을 갑작스레 제게 밝혔는지, 어째서 밝힐 수밖에 없을 정도로 그의 사랑이 더해져 갔는지 그리고 평소의 그는 어디로 사라져 버렸는지, 그 모든 것이 제게는 난제 그 자체였습니다. 저는 그가 강하다는 걸 알고 있었습니다. 또한 진지하다는 것을 알고 있었습니다. 저는 앞으로 제가 취해야 할 태도를 결정하기 전에 그에 관해 묻지 않으면 안 될 많은 것이 있다고 믿었습니다. 동시에 그를 상대하는 것이 이상하게 불쾌했습니다. 저는 무아지경으로 거리를 걸으며 내 방에 가만히 앉아 있을 그의 모습을 온종일 눈앞에 그려보았습니다. 게다가 제가 아무리 걸어본들 어차피 그를 움직이게 할 수 없다는 소리가 어디선가 들려왔습니다. 다시 말해 제게는 그가 일종의 마물처럼 생각되었기 때문이겠죠. 저는 영원히 그의 저주를 받은 게 아닐까 하는 기분마저 들었습니다.

제가 지쳐서 귀가했을 때 변함없이 그의 방은 기척도 없이 고요했습니다.

38

귀가 후 얼마 안 있어 마차 소리가 들렸습니다. 지금처럼 고무 바퀴가 없던 시절이었기에 덜컹거리는 듣기 싫은 소리가 먼 거리임에도 들려왔습니다. 마차는 이윽고 문 앞에 멈췄습니다.

제가 저녁 식사에 불려간 것은 그로부터 삼십 분 정도가 지난 후였는데 아직 부인과 아가씨의 빔이 널브러져 옆방을 난잡하게 수놓고 있었습니다. 늦어지면 우리에게 미안하니 식사 준비를 제시간에 끝마치기 위해 급히 돌아왔다고 합니다. 하지만 부인의 친절은 K와 제게 효과가 전혀 없었습니다. 저는 식탁에 앉으며 말을 아끼는 사람처럼 냉담한 인사만 했습니다. K는 저보다도 더 과묵했습니다. 이따금 부모 자식끼리 외출하는 두 여자의 기분이 평소보다 훨씬 더 쾌활했기 때문에 우리들의 태도는 더욱 눈에 띄었습니다. 부인은 제게 무슨 일이 있느냐고 물었습니다. 저는 조금 기분이 안 좋다고 대답했습니다. 실제로 저는 기분이 안 좋았습니다. 그러자 이번에는 아가씨가 K에게 같은 질문을 했습니다. K는 저처럼 기분이 안 좋다고 하지 않았습니다. 그저 말하고 싶지 않다고 했습니다. 아가씨는 말하고 싶지 않은 이유를 추궁했습니다. 저는 그때 문득 무거운 눈꺼풀을 들어 올리며 K의 얼굴을 보았습니다. K의 대답에 대한 호기심이 있었습니다. K의 입술은 여느 때처럼 조금 경련했습니다. 모르는 사람이 보면 대답하기 곤란해하는 것으로 보일 뿐입니다. 아가씨는 웃으면서 또 무슨 어려운 걸 생각하고 있는 거라고 말했습니다. K의 얼굴은 조금 상기되었습니다.

그날 밤 저는 평소보다 빨리 이부자리에 들었습니다. 제가 식사 때 기분이 안 좋다고 말한 걸 신경 쓰며 부인은 열 시경 메밀당수를 가져왔습니다. 하지만 제 방은 이미 어두웠습니다. 부인은 당황하며 칸막이의 맹장지를 아주 조금 열었습니다. K의 책상에서 흐릿한 램프의 빛이 비스듬히 제 방으로 들어왔습니다. K는 아직 깨어 있는 것 같았습니다. 부인은 머리맡에 앉아 어쩌면 감기에 걸렸을지도 모르니 몸을 따뜻하게 하라고 말하며 그릇을 얼굴 옆으로 들이밀었습니다. 저는 하는 수 없이 걸쭉한 메밀당수를 부인이 보는 앞에서 마셨습니다.

　저는 밤늦도록 어둠 속에서 생각에 잠겼습니다. 물론 하나의 문제를 빙글빙글 회전시킬 뿐 그 외에 다른 효과는 없었습니다. 저는 갑자기 옆방에 있는 K가 의식되었습니다. 저는 반쯤 무의식적으로 "어이." 하고 불렀습니다. 그러자 상대방도 "왜." 하고 대답했습니다. K도 아직 깨어 있던 겁니다. 저는 맹장지 너머로 아직 안 자냐고 물었습니다. 이제 잘 거라고 하는 간단한 대답이 있었습니다. 뭘 하고 있느냐고 다시 물었습니다.

이번에는 K의 대답이 없습니다. 그 대신 오륙 분 지났다고 생각될 무렵 벽장을 열어 이부자리를 펴는 소리가 손에 잡힐 듯 들려왔습니다. 저는 지금 몇 시냐고 다시 물었습니다. K는 한 시 이십 분이라고 대답했습니다. 이윽고 램프를 입으로 불어 끄는 소리가 나고 집안이 어두워지며 정적이 찾아왔습니다.

하지만 제 의식은 어둠 속에서 더욱 선명해져 갈 뿐이었습니다. 저는 다시 반쯤 무의식 상태로 "어이."라고 K를 불렀습니다. K도 조금 전과 똑같이 "왜."라고 대답합니다. 오늘 아침 그에게 들었던 것에 대하여 좀 더 자세히 이야기하고 싶은데 그의 사정은 어떠냐고 마침내 먼저 말을 꺼냈습니다. 물론 저는 맹장지 너머로 그런 대화를 주고받을 마음은 없었지만 K의 대답만은 즉시 얻을 수 있다고 봤던 것입니다. 그런데 이번에는 아까부터 두 번 "어이."라고 부른 것에 대하여 두 번 "왜."라고 대답하는 솔직한 어조로 대답하지 않았습니다. "흐음." 하고 낮은 소리를 내며 주저합니다. 저는 또다시 경악했습니다.

39

K의 대답이 건성이었다는 건 다음 날도 그랬고 그다음 날이 되어서도 그의 태도에 잘 드러났습니다. 그는 자진해서 그 화제를 꺼내려는 모습을 절대 보이지 않았습니다. 애초에 그럴 기회도 없었습니다. 부인과 아가씨가 함께 집을 하루 비우기라도 하지 않는 이상 우리는 천천히 차근차근 그런 이야기를 나눌 수도 없었으니까요. 저는 그 사실을 잘 알고 있었습니다. 알고 있으면서도 이상하게 초조해졌습니다. 그 결과 처음에는 상대방이 다가오기를 기다릴 생각으로 암암리에 준비하고 있던 제가 기회가 있으면 자신이 먼저 입을 열겠다고 결심하게 되었습니다.

동시에 저는 묵묵히 집안사람들의 모습을 관찰해 보았습니다. 하지만 부인의 태도도, 아가씨의 행동도 별달리 평소와 다른 점은 없었습니다. K의 자백 이전과 이후에 있어서 그들의 거동에 이렇다 할 차이가 없다면 그의 자백은 단순히 제게 한정된 것이었고, 중요한 본인에게도 그렇고 감독자라고 할 수 있는 부인에게도 아직 털어놓지 않은 것은 확실했습니다. 그렇게 생각했을 때 저는 조금 안심했습니다. 무리해서 기회를 만들어 일부러 말을 꺼내기보다는 자연스럽게 찾아드는 기회를 놓치지 않는 편이 나을 것으로 판단하여 그 문제는 잠시 접어두기로 했습니다.

이렇게 표현하면 단순해 보이지만 그러한 마음의 경과에는 조수 간만처럼 많은 차고 빠짐이 있었습니다. 저는 K가 움직이지 않는 모습을 보며 그것에 온갖 의미를 부여했습니다. 부인과 아가씨의 언동을 관찰하고 두 사람의 마음이 표출된 그대로인 것일지 의심해 보기도 했습니다. 그러고 나서 인간의 마음속에 장착된 복잡한 기계가 시곗바늘처럼 명료하고도 거짓 없이 반상의 숫자를 가리킬 수 있는지에 대해 생각했습니다. 요컨대 저는 같은 것을 이렇게도 생각하고 저렇게도 생각한 끝에 겨우 이곳에 안착하였다고 생각해주십시오. 좀 더 면밀하게 말하자면 안착하였다는 말은 이때 사용하기에 적합하지 않았을지도 모릅니다.

그러는 와중에 학기가 다시 시작되었습니다. 시간이 같은 날에 우린 함께 집을 나섰습니다. 일정이 맞으면 돌아올 때도 함께 돌아왔습니다. 외부에서 본 우리는 어느 것 하나 예전과

달라진 부분이 없는 것처럼 사이가 좋았습니다. 그러나 마음속으로는 서로 각자의 일을 멋대로 생각하고 있던 게 분명합니다. 어느 날 저는 거리에서 뜬금없이 K를 추궁했습니다. 제가 가장 먼저 물었던 것은 저번 고백이 나한테만 한 것인지 아니면 부인이나 아가씨에게도 전했는지 하는 점이었습니다. 제가 앞으로 취해야 할 태도는 이 질문에 대한 그의 대답에 따라 정해질 것이라고 생각했습니다. 그러자 그는 다른 사람에겐 아직 밝히지 않았다고 단언했습니다. 그의 사정이 자신이 예상한 그대로였기에 내심 기뻐했습니다. 저는 K가 저보다 얼굴이 두껍다는 것을 잘 알고 있었습니다. 그의 배짱에도 당해낼 수 없다고 자각하고 있었습니다. 하지만 한편으로는 묘하게 그를 신뢰했습니다. 학교생활에 대해 양부모를 삼 년이나 속였던 그였지만 그는 제 신용을 조금도 잃지 않았습니다. 저는 그 때문에 도리어 그를 믿게 되었을 정도입니다. 따라서 아무리 의심 많은 저라도 명백한 그의 대답을 부정할 마음은 들지 않았습니다.

저는 다시 그의 사랑을 어떻게 취급할 생각인지를

물었습니다. 단순한 자백에 불과한 건지 아니면 그런 자백을 한 김에 실제로 효과를 볼 생각인지를 물었던 겁니다. 그런데 그는 거기까지 가면 아무 말도 하지 않았습니다. 가만히 아래를 보며 걷기 시작합니다. 저는 그에게 숨길 생각 말고 생각한 바를 모조리 말해달라고 부탁했습니다. 그는 그 무엇도 제게 숨길 필요가 없다고 확언했습니다. 하지만 제가 알고자 하는 부분에 대해서는 한 마디도 대답하지 않았습니다. 저도 길거리에 멈춰 서서 속사정을 밝혀낼 수는 없었습니다. 결국 그대로 흐지부지되고 말았습니다.

40

어느 날 저는 오랜만에 학교 도서관에 갔습니다. 넓은 책상 귀퉁이에 있는 창문에서 내리쬐는 광선을 상반신에 받으면서 외국의 신간 잡지를 이리저리 넘기며 보고 있었습니다. 담임 교사로부터 다음 주까지 전공에 관한 조사를 지시받았던 겁니다. 하지만 제게 필요한 항목이 좀처럼 보이지 않았기에 몇 번에 걸쳐 잡지를 반복해서 봐야만 했습니다. 마침내 저는 제게 필요한 논문을 겨우 찾아내어 단숨에 그것을 읽었습니다. 그때 갑자기 책상 맞은편에서 작은 목소리로 제 이름을 부르는 사람이 있었습니다. 문득 시선을 들어 그곳에 서 있는 K를 보았습니다. K는 상반신을 책상 위로 굽히며 얼굴을 제게 들이댔습니다. 잘 아시는 것처럼 도서관에서는 남에게 피해를 주는 소리를 낼 수가 없으니 K의 이 동작은 누구나가 하는 평범한 것이었는데 저는 그때만은 이상한 느낌이 들었습니다.

　K는 낮은 목소리로 "공부하나?"라고 물었습니다. 저는 조사할 게 좀 있다고 대답했습니다. K는 여전히 얼굴을 제게서 떼지 않습니다. 여전히 낮은 목소리로 함께 산책하지 않겠냐고 했습니다. 저는 잠시 기다려준다면 동행하겠다고 대답했습니다. 그는 기다리겠다고 말하고 곧장 비어 있던 제 앞자리에 앉았습니다. 그러자 정신이 산만해진 저는 더 이상 잡지를 읽을 수 없었습니다. 어쩐지 K의 마음에 무슨 흉계가 있어 담판이라도 지으러 온 것 같아 견딜 수가 없었던 겁니다. 저는 별수 없이 읽다 만 잡지를 덮고 일어나려고 했습니다. K는 자리에서 일어나 벌써 끝났느냐고 물었습니다. 저는 별거 아니라고 대답하고서 잡지를 반납함과 동시에 K와 도서관을

나왔습니다.

우리는 딱히 갈 곳도 없었기에 다츠오카초竜岡町에서 이케노하타池の端로 나와 우에노 공원 안으로 들어갔습니다. 그때 그는 그 사건에 대해서 갑작스레 입을 열었습니다. 전후의 모습을 종합해서 생각해보면 K는 그 때문에 일부러 저를 산책에 끌고 온 것 같았습니다. 하지만 그의 태도는 흔들림 없이 실제적인 방면으로는 조금도 움직이지 않았고 그저 막연히 어떻게 생각하느냐고 물었습니다. 어떻게 생각하느냐는 건 연애의 늪에 빠져버린 그를 어떤 시선으로 보고 있는지에 대한 질문이었습니다. 다시 말해 그는 현재의 자신에 대하여 제 비평을 원하고 있는 것 같았습니다. 거기서 저는 평소와 다른 부분을 정확하게 엿볼 수 있었던 것 같습니다. 계속 반복하는 것 같은데 그의 천성은 남의 평판에 휘둘릴 만큼 나약하지 않았습니다. 확신이 있으면 앞뒤 재지 않고 나아갈 수 있는 도량과 용기를 갖췄습니다. 양부모 사건으로 말미암아 그 특색을 강렬하게 가슴속에 각인시켰던 제가 평소와 다르다고 확연하게 의식한 것은 지당한 결과였습니다.

제가 K에게 제 비평이 필요한 이유를 물었을 때 그는 평소와 어울리지 않게 초연한 말투로 자신이 나약하다는 것이 정말이지 수치스럽다며 치를 떨었습니다. 마음에 망설임이 생겨서 자기 자신에 대해 객관적으로 판단할 수 없으니 제게 공정한 비평을 해달라고 부탁하는 것 외에 방법이 없다고 말했습니다. 저는 즉각 망설인다는 의미를 되물었습니다. 그는 돌진과 후퇴라는 양자택일의 기로에 선 망설임이라고 설명했습니다. 저는 곧장 한 발 앞으로 나섰습니다. 그러고 나서 후퇴하겠다고 생각하면 후퇴할 수 있는지에 대해 물었습니다. 그러자 즉시 그의 말문이 막혔고 그저 괴롭다고 말할 뿐이었습니다. 실제로 그의 표정에는 괴로워 보이는 부분이 훤히 드러났습니다. 만일 상대가 아가씨가 아니었다면 저는 그에게 듣기 좋은 대답을 메말라버린 그 얼굴 위에 단비처럼 쏟아냈을지도 모릅니다. 그 정도로 아름다운 측은지심을 가지고 태어난 인간이라고 스스로가 믿고 있었습니다. 하지만 그때 전 그렇지 않았습니다.

41

저는 마치 유파가 다른 사람과 시합이라도 하는 사람처럼 K를 주의해서 관찰했습니다. 제 눈과 마음, 몸을 비롯하여 저라고 이름 붙은 모든 것을 빈틈없이 준비하여 K를 대했습니다. 순수한 K는 구멍투성이라기보다는 도리어 열어젖히고 있다고 평가하는 것이 적당할 정도로 무방비했습니다. 저는 그가 손수 보관하고 있던 요새의 지도를 양도받아 그가 보는 앞에서 차근차근 그것을 바라볼 수 있었던 것과 다르지 않습니다.

K가 이상과 현실 사이에서 방황하며 흔들리고 있다는 걸 발견했던 저는 한 방에 그를 쓰러뜨릴 수 있는 부분에만 주목했고 곧장 허점을 파고들었습니다. 저는 갑작스레 엄숙하고 새삼스러운 태도를 드러냈습니다. 물론 책략이었지만 그 태도에 상응할 정도의 긴박한 마음도 있었으니 모순이나 수치를 느낄 여유는 없었습니다. 저는 일단 "정신적인 향상심이 없는 자는 바보다."라고 말했습니다. 이것은 우리가 보슈를 여행하고 있을 때 K가 제게 했던 말입니다. 저는 그가 했던 말 그대로를 그와 똑같은 어조로 그에게 되돌려줬던 겁니다. 결코 복수는

아니었지만 복수 이상의 잔혹한 의도가 있었다는 걸 자백합니다. 저는 그 한마디 말로 K 앞에 가로놓인 사랑의 앞길을 막고자 했습니다.

K는 진종사에서 태어났습니다. 하지만 중학교 시절부터 그의 성향은 본가의 취지와 전혀 일치하지 않았습니다. 교의에 대한 구별을 못하는 제가 이런 말을 할 자격은 없지만 저는 그저 남녀에 관련된 점에 대해서만 그렇게 보고 있었습니다. K는 예전부터 정진이라는 말을 좋아했습니다. 저는 그 말속에 금욕이라는 의미도 들어 있는 것으로 해석했습니다. 실제로 나중에 들어보니 그보다도 더 엄중한 의미가 포함되어 있었기에 놀라고 말았습니다. 도를 위해서는 모든 것을 희생해야만 한다는 게 그의 첫 번째 신조였으니 욕구 절제나 금욕은 물론이고 가령 욕구를 벗어난 사랑, 그것만으로도 도에 방해가 되는 겁니다. K가 자립 생활을 하던 시기에 그의 주장을 자주 들었습니다. 그때부터 아가씨를 사모하고 있던 저는 기세든 뭐든 어떤 것을 동원해서라도 그에게 반기를 들어야만 했습니다. 제가 반대하면 그는 언제나 불쌍하다는

표정을 지었습니다. 거기에는 동정보다 경멸이 더 짙게 배어 있었습니다.

우리는 이러한 과거를 지나왔으니 정신적인 향상심이 없는 자는 바보라고 하는 말은 K에게 통절했을 게 분명합니다. 그러나 앞서 말한 대로 저는 이 한 마디로 그가 모처럼 쌓아 올린 과거를 흩뜨릴 생각은 아니었습니다. 도리어 지금까지 해온 대로 계승할 수 있게 하고자 했던 겁니다. 그것이 도로 통하든 하늘에 도달하든 상관없었습니다. 저는 그저 K가 갑자기 삶의 방향을 전환하여 제 이해관계와 충돌하는 것이 두려웠습니다. 요컨대 제 말은 단순한 이기심의 발현이었습니다.

"정신적인 향상심이 없는 자는, 바보다."

저는 두 번 똑같은 말을 반복했습니다. 그리고 그 말이 K에게 어떤 식으로 반향을 일으키는지 지켜보았습니다.

"바보다."라고 이윽고 K가 대답했습니다. "나는 바보다."

K는 떡하니 그곳에 선 채 움직이지 않았습니다. 그는 지면 위를 보고 있었고 저도 모르게 흠칫했습니다. K가 순식간에

태도를 바꾸는 강도처럼 느껴졌던 겁니다. 하지만 그런 것치고는 그의 목소리가 맥을 못 춘다는 것을 깨달았습니다. 저는 그의 눈을 참고하고 싶었는데 그는 마지막까지 제 얼굴을 보지 않았습니다. 그러고는 서서히 다시 걷기 시작했습니다.

42

저는 K와 나란히 걸으면서 마음속으로 그의 입에서 나올 다음 말을 숨죽여 기다렸습니다. 어쩌면 잠복하고 있었다고 하는 편이 적절할지도 모릅니다. 그때 저는 K를 속여넘겨도 된다는 생각까지 했습니다. 하지만 제게도 교육에 상당하는 양심은 있었으니 만일 누군가 제 곁에 와서 비겁한 짓이라고 한마디 속삭여 주는 사람이 있었더라면 저는 순간 퍼뜩 정신을 차렸을지도 모릅니다. 만일 K가 그 사람이었다면 저는 아마도 그 앞에서 얼굴을 붉혔겠죠. K는 저를 나무라기에는 너무나도 솔직했습니다. 너무나도 단순했습니다. 인격이 너무나도 양심적이었던 겁니다. 눈이 돌아간 저는 경의를 표하는 것을 잊고 도리어 그것을 물고 늘어졌습니다. 그걸 이용하여 그를 넘어뜨리려고 했습니다.

K는 얼마 안 있어 제 이름을 부르며 절 보았습니다. 이번에는 제 쪽에서 자연히 발걸음을 멈췄습니다. 그러자 K도 멈췄습니다. 저는 그제야 겨우 K의 눈을 정면에서 볼 수 있었습니다. K는 저보다 키가 컸기에 제 자세는 그의 얼굴을 올려다볼 수밖에 없었습니다. 저는 그러한 자세와 늑대와 같은 마음으로 죄 없는 양을 보았습니다.

"이제 이 이야기는 관두지."라고 그가 말했습니다. 그의 눈과 말에는 기이하게도 비통한 부분이 있었습니다. 저는 잠시 대답할 수 없었습니다. 그러자 K가 이번에는 "그만하지 않겠어?"라고 부탁하듯이 말을 바꿨습니다. 저는 그때 그에게 잔혹한 답을 주었던 겁니다. 늑대가 기회를 엿보다가 양의 숨통을 끊는 것처럼.

"그만하지 않겠냐니 내가 꺼낸 말이 아니야. 본래부터 네가 시작한 게 아닌가. 네가 관두길 바란다면야 그러도록 하지. 하지만 그저 말로 표현하지만 않아서야 의미가 없지. 네 마음이 그걸 관둘 만큼의 각오가 없어서야. 평소의 네 주장은 어떻게 되는 거지?"

제가 이렇게 말했을 때 제 앞에 있던 키가 큰 그가 자연스레 위축되어 작아진 것 같았습니다. 그는 여러 번 반복한 것처럼 상당히 완고했지만 한편으로 보통 사람보다 몇 배는 더 정직한 사람이었기 때문에, 자신의 모순 같은 것을 심하게 비난당했을 때는 결코 평정심을 유지할 수 있는 성격이 아니었습니다. 저는 그의 모습을 보고 겨우 안심했습니다. 그러자 그는 갑자기 "각오?"라고 물었습니다. 그리고 나서 제가 아직 아무 대답도 하지 않았는데, "각오, 각오라면 못할 것도 없지."라고 덧붙였습니다. 그의 말투는 혼잣말 같기도 했고 꿈속의 말 같기도 했습니다.

우리는 그대로 이야기를 끝내고 집을 향해 발걸음을 옮겼습니다. 대체로 바람 없는 따뜻한 날이었지만 어쨌든 겨울이었으니 공원 안은 적막했습니다. 특히나 뒤를 돌아보았을 때, 서리를 맞아 푸르름을 잃은 다갈색 삼나무들이 거무스름한 하늘을 향해 나란히 가지를 뻗고 있는 우듬지를 보니 추위가 등을 물고 늘어지는 기분이 들었습니다. 우리는 황혼 무렵의 혼고다이를 빠른 걸음으로 지나가며 언덕을 오르내렸습니다.

저는 그 정도 가서야 겨우 외투 속에서 몸에 온기가 돌기 시작했습니다.

서둘렀기 때문이기도 하겠지만 우리는 귀갓길에 거의 말을 하지 않았습니다. 집에 돌아가서 식탁에 앉았을 때 부인은 귀가가 늦어진 이유를 물었습니다. 저는 K의 권유로 우에노에 갔다 왔다고 대답했습니다. 부인은 추운 날씨를 들어가며 놀란 모습이었습니다. 아가씨는 우에노에 관해 물어보고 싶은 모양이었습니다. 거기엔 아무것도 없지만 그저 산책했던 거라고만 대답했습니다. 평소 무뚝뚝한 K는 더욱 입이 무거웠습니다. 부인이 말을 걸고 아가씨가 웃어도 제대로 된 대응은 하지 않았습니다. 밥을 삼키듯이 급하게 먹고는 제가 아직 자리에 앉아 있는 동안 자기 방으로 돌아갔습니다.

43

그때는 각성이나 새로운 생활이라는 말이 아직 없을 시기였습니다. 그러나 K가 낡은 자신을 훌렁 벗어던지고 새로운 방향으로 내달리지 않은 것은 그에게 현대인의 사고가 결여되어 있던 탓은 아니었습니다. 그에게는 벗어던지는 것이 불가능할 정도로 소중한 과거가 있었기 때문입니다. 그는 그 때문에 오늘날까지 살아왔다고 해도 과언이 아닙니다. 따라서 K가 일직선으로 사랑의 목적물을 향해 맹렬히 돌진하지 않는다고 해서 그 사랑이 미적지근하다는 것을 뒷받침하지는 않습니다. 아무리 격렬한 감정으로 불타올라도 그는 무턱대고 움직일 수 없습니다. 전후를 잊을 정도의 충동이 생길 여지를 그에게 주지 않는 이상 K는 어떡해도 잠시 멈춰 서서 자신의 과거를 돌아보지 않을 수 없었던 것입니다. 그렇게 되면 과거가 가리키는 길을 기존 방식대로 걸을 수밖에 없습니다. 게다가 그에게는 현대인에게는 결여된 완강함과 인내심이 있었습니다. 저는 그와 같은 두 부분에서 그의 마음을 꿰뚫고 있었다고 봅니다.

  우에노에서 돌아왔던 그때는 비교적 평정심을 되찾은 상태였습니다. 저는 K가 방으로 가고 난 후에 뒤따라가서 그의 책상 옆에 앉았습니다. 그러고 나서 일부러 두서없는 세상 이야기를 했습니다. 그는 곤혹스러워 보였습니다. 제 눈은 승리의 빛을 띠고 있었겠죠. 제 목소리에는 우쭐한 울림이 분명히 섞여 있었습니다. 저는 얼마간 화로 하나를 두고 K와 함께 손을 녹이다가 제 방으로 돌아왔습니다. 다른 것에 대해서는 그를 따라갈 수 없던 저도 그때만은 그를 두려워할 필요가 없다는 자각이 있었습니다.

저는 곧 온화한 수면에 빠져들었습니다. 그러나 갑자기 제 이름을 부르는 소리에 눈을 떴습니다. 그곳을 보자 맹장지 틈새가 사람이 드나들 정도로 열려 있었고 그곳에 K의 검은 그림자가 서 있었습니다. 밤인 것인지 그의 방에는 등불이 켜져 있었습니다. 갑작스레 세계가 변한 상황에서, 얼마 동안 말을 걸지도 못하고 멍하니 그 광경을 바라보고 있었습니다.

그때 K는 벌써 잠들었냐고 물었습니다. K는 올빼미형 인간이었습니다. 저는 시커먼 그림자 같은 K를 향해 무슨 용건이냐고 되물었습니다. K는 딱히 용건은 없다. 그저 벌써 자는지 아니면 깨어 있는지 화장실 가는 김에 물어봤을 뿐이라고 대답했습니다. K는 램프의 불빛을 등지고 있었기에 그의 얼굴색이나 눈빛은 전혀 보이지 않았습니다. 하지만 그의 목소리는 보통 때보다도 더욱 차분해져 있었습니다.

이윽고 K는 열었던 맹장지를 닫았습니다. 제 방은 곧장 본연의 어둠으로 돌아갔습니다. 저는 그 어둠보다도 조용한 꿈을 꾸고자 다시 눈을 감았습니다. 저는 그 이후론 아무것도 모릅니다. 하지만 다음 날 아침에 어젯밤 일을 생각해보니 어쩐지 이상했습니다. 어쩌면 모든 것이 꿈이었을지도 모르겠다고 생각했습니다. 그래서 밥을 먹을 때 K에게 물었습니다. K는 맹장지를 열고 제 이름을 불렀다고 했고 이유를 묻자 딱히 명확하게 대답하지 않았습니다. 그에 대한 흥미가 떨어졌을 무렵 최근 숙면하고 있느냐고 도리어 상대방이 제게 물었습니다. 저는 어쩐지 이상한 느낌이 들었습니다.

그날 마침 시간이 겹치는 일정이었기에 우리는 이윽고 함께 집을 나섰습니다. 오늘 아침부터 어젯밤 일이 신경 쓰였던 저는 가는 도중에 K를 추궁했습니다. 하지만 K는 여전히 제가 만족할 만한 대답을 하지 않습니다. 저는 그 사건에 대해서 할 말이 있던 게 아니었느냐고 몇 번이고 확인해 보았습니다. K는 그게 아니라고 강한 어조로 확답했습니다. 어제 우에노에서 "그 이야기는 이제 그만두지."라고 말한 걸 강조하는 것처럼 들리기도 했습니다. K는 이러한 점에서 예민한 자존심을 가진 남자였습니다. 문득 그것을 알아차린 저는 갑자기 그가 사용한 '각오'라는 말이 연상되었습니다. 그러자 지금까지 전혀 신경 쓰이지 않았던 그 두 글자가 묘한 압력으로 제 머리를 압박하기 시작했습니다.

44

K의 과감하고 단호한 성격에 대해 저는 아주 잘 파악하고 있었습니다. 이 사건에 대해서만 그가 우유부단한 이유도 확실히 이해했습니다. 다시 말해 저는 전반적인 것을 이해하고 있는 데다 예외인 경우까지 확실히 잡아내고 있다는 착각으로 우쭐했던 겁니다. 그런데 '각오'라는 말을 머릿속에서 몇 번이고 반추해 보는 사이에 제 자신감은 점차 빛을 잃고 끝끝내 흔들리기 시작했습니다. 저는 어쩌면 이 경우도 예외가 아닐 수 있겠다 싶었습니다. 모든 의혹과 번민, 고민을 단번에 해결할 최후의 수단을 마음속에 구축했을 가능성에 대해 의심하기 시작했습니다. 그러한 새로운 빛을 가지고 각오라는

두 글자를 바라본 저는 깜짝 놀랐습니다. 그때 제가 놀랐던 것을 계기로 다시 한번 그가 입에 담은 각오의 내용을 공정하게 둘러봤다면 다른 결론에 다다랐을지도 모르지만 슬프게도 저는 눈이 멀었습니다. 저는 단순히 K가 아가씨에게 다가간다는 의미로 그 말을 해석했습니다. 과감하고 단호했던 그의 성격이 사랑이라는 방면으로 발휘된 것이야말로 그의 각오일 거라고 외곬으로 단정 짓고 말았던 겁니다.

최후의 결단이 필요하다는 목소리를 마음의 귀로 들었고 곧장 그 소리에 따라 용기를 짜냈습니다. 저는 K보다 먼저, 거기다 K가 모르는 사이에 일을 진행해야겠다는 각오를 다졌고 가만히 기회를 엿보았습니다. 하지만 이틀이 지나고 사흘이 지나도 때를 잡을 수가 없었습니다. 저는 K와 아가씨가 집을 비울 때를 기다려 부인과 담판을 지으려고 했던 겁니다. 하지만 한쪽이 없으면 다른쪽이 방해하는 나날이 이어지며 이렇다 할 기회를 잡지 못했습니다. 저는 초조해졌습니다.

일주일 후 결국 참지 못하고 저는 꾀병을 부렸습니다. 부인과 아가씨, K 본인에게도 일어나라는 재촉을 받은 저는 건성으로 대답하며 열 시경까지 이불을 뒤집어쓰고 누워있었습니다. K와 아가씨가 집을 나가고 집안이 완전히 조용해졌을 때를 틈타 이부자리에서 나왔습니다. 제 얼굴을 본 부인은 곧장 어디가 안 좋으냐고 물었습니다. 식사는 방으로 가져다줄 테니 좀 더 누워있으라고 충고했습니다. 몸이 말짱했던 저는 누울 마음이 없었고 세수한 후 평소처럼 거실에서 식사를 했습니다. 그때 부인은 긴 화로 맞은편에서 시중을 들어주었습니다. 저는 아침인지 점심인지 어중간한 밥그릇을 손에 든 채 어떤 식으로 이야기를 꺼낼지 기회를 엿보는 것에만 열중하고 있었기에 제삼자가 보면 상태가 좋지 않은 병자처럼 보였을 것입니다.

저는 식사를 마치고 담배를 피웠습니다. 제가 일어나지 않았기에 부인도 곁을 떠날 수 없었습니다. 가정부를 불러 상을 치우게 한 후 쇠 주전자에 물을 넣거나 화로 끝을 닦으며 제 곁을 지켰습니다. 저는 부인에게 특별한 용건이라도 있느냐고 물었습니다. 부인은 부정했지만 이번에는 상대방이 그 이유에 대해 되물었습니다. 저는 잠시 할 말이 있다고 대답했습니다. 부인은 가만히 제 얼굴을 보았습니다. 부인의 모습은 제 마음이 파고들기에는 가벼워 보였기에 해야 할 말이 잘 나오지 않았습니다.

저는 하는 수 없이 적당한 담소로 에두른 후 K가 최근 무슨 말을 하지 않았는지 부인에게 물어보았습니다. 부인은 생각지도 못했다는 식으로 "뭘?" 하고 다시 반문했습니다. 그리고 제가 대답하기 전에 "당신에게 무슨 말이라도 했나요?"라고 도리어 되물었습니다.

45

K가 털어놓은 이야기를 부인에게 전할 생각이 없었던 저는 "아뇨."라고 말한 후에 곧장 자신의 거짓말이 꺼림칙했습니다. 어쨌든 아무것도 부탁받은 기억은 없으니 K에 관한 용건은 아니라고 말을 고쳤습니다. 부인은 "그래요."라고 하며 다음 말을 기다립니다. 저는 어떻게 해서든 말을 꺼내야만 했고 다짜고짜 "부인, 아가씨를 제게 주십시오."라고 말했습니다. 부인은 예상했던 만큼 놀란 모습을 보이지는 않았지만 그래도 얼마간 대답을 고민하는 것으로 보였고 묵묵히 제 얼굴을 바라보았습니다. 일단 말을 꺼낸 저는 시선으로 얼굴이

뚫어진다고 해도 그것에 신경 쓰고 있을 수 없었습니다. "주십시오, 제발 주십시오."라고 이어서 말하고는 "제 아내로 맞이하고 싶습니다."라고 덧붙였습니다. 부인은 나이가 있는 만큼 저보다도 훨씬 더 차분했습니다. "허락은 둘째치고 너무 갑작스럽지 않습니까?"라고 물었습니다. 제가 "하루빨리 주셨으면 합니다."라고 곧장 대답했더니 부인은 웃었습니다. 그리고 "곰곰이 생각은 해 본 겁니까?"라고 재차 확인했습니다. 저는 갑작스럽게 말을 꺼낸 건 맞지만 오랜 시간 숙고했다는 것을 단호한 어조로 설명했습니다.

그로부터 두어 개의 문답이 있었는데 저는 그에 대한 것은 잊어버렸습니다. 사내처럼 시원시원한 구석이 있던 부인은 보통 여자와 다르게 이런 상황에도 기분 좋게 이야기를 할 수 있는 사람이었습니다. 결국 "좋지요. 허락하지요."라고 말했습니다. "허락한다는 식의 거만한 말을 할 수 있는 처지는 아니지요. 부디 그 아이를 잘 부탁드립니다. 잘 아시는 것처럼 아버지가 없는 가여운 아이입니다."라고 나중에는 상대방이 부탁했습니다.

저는 간단명료하게 일을 끝마쳤습니다. 처음부터 끝까지 아마 십오 분도 걸리지 않았을 겁니다. 부인은 아무 조건도 내걸지 않았습니다. 친척과 의논할 필요도 없이 나중에 통보하는 걸로 충분하다고 말했습니다. 본인의 의향이 확실하기만 하면 족하다고 단언했습니다. 이런 부분에서는 학문을 했던 제 쪽이 도리어 형식에 구애받는 것 같습니다. 친척은 그렇다 치고 당사자에게 제대로 이야기를 하고 승낙을 얻는 것이 순서 같다고 제가 화제를 전환했을 때 부인은 "문제 될 것이 없어요. 본인이 원하지 않는데 제가 그 아이를 보낼 리가 없으니까요."라고 말했습니다.

　제 방으로 돌아온 저는 우여곡절 없이 일이 진행된 걸 의식하고는 도리어 기분이 이상했습니다. 이게 맞는 일인지 의심하는 불안한 마음이 머릿속 어딘가에서 기어 다니고 있었을 정도입니다. 하지만 제 미래의 운명은 이걸로 결정 났다는 관념이 제 모든 것을 새롭게 했습니다.

　저는 오후쯤 다시 거실로 나와 오늘 아침 일은 아가씨에게 언제 전해줄 것이냐고 부인에게 물었습니다. 부인은 저만 괜찮으면 언제든 이야기해도 될 거라는 식으로 대답했습니다. 이렇게 되고 보니 저보다도 상대방이 남자다웠기에 저는 그대로 물러나려고 했습니다. 그러자 부인이 저를 만류하며 만일 빠른 게 좋은 거라면 수업에서 돌아오면 곧장 이야기를 꺼내겠다는 겁니다. 저는 그렇게 해주시는 게 좋겠다고 대답하고 나서 다시 제 방으로 돌아왔습니다. 하지만 묵묵히 책상 앞에 앉아서 두 사람이 소곤거리는 말을 먼 곳에서 듣고 있는 저를 상상해 보니 어쩐지 마음이 진정되지 않았습니다. 결국 모자를 쓰고 밖으로 나갔습니다. 그리고 언덕 밑에서 아가씨와 마주쳤습니다. 아무것도 모르는 아가씨는 저를 보고 놀란 것 같았습니다. 제가 모자를 벗고 "지금 오시나요."라고 물었을 때 상대방은 이제 아픈 건 다 나았느냐며 신기한 듯이 물었습니다. 저는 "네, 나았습니다, 나았죠."라고 대답하고 스이도바시 방향으로 꺾었습니다.

46

  저는 사루가쿠초猿樂町에서 진보초神保町 길로 나와 오가와마치小川町 방향으로 꺾었습니다. 이 일대를 걷는 건 언제나 고서점을 기웃거리는 것이 목적이었는데 그날은 마모된 서적 따위를 바라볼 마음이 좀처럼 생기지 않았습니다. 저는 걸으면서 끊임없이 집에 대해 생각하고 있었습니다. 방금 전 부인과 나눈 대화와 함께 아가씨가 귀가한 후를 상상했습니다. 저는 다시 말해 이 두 가지 일 때문에 걷게 된 것과 다르지 않았습니다. 게다가 때때로 거리 중앙에서 저도 모르게 우두커니 멈춰 섰습니다. 그러고 나서 지금쯤 부인이 아가씨에게 그 이야기를 하는 건 아닐지 생각했습니다. 또한 어느 때는 이제 그 이야기를 끝마쳤을 때라고 생각하기도 했습니다.

　저는 마침내 만세이바시万世橋를 건너 묘진노사카明神の坂를 지나 혼고다이에 갔다가 다시 기쿠자카菊坂를 통해 고이시카와 언덕으로 내려갔습니다. 제가 걸었던 거리는 세 지역에 걸쳐 일그러진 원을 그리고 있었다고도 할 수 있지만 저는 이런 긴 산책로를 걷는 동안 K에 대해 거의 떠올리지 않았습니다. 지금 그때의 저를 회고하며 이유를 자문해 봐도 전혀 모르겠습니다. 그저 신기할 따름입니다. 제 마음이 K를 잊을 수 있을 정도로

한껏 긴장했다고 본다면 그뿐이겠지만 제 양심이 그걸 허락할
리가 없었으니까요.

K에 대한 제 양심이 부활했던 것은 제가 집 현관에서
방으로 들어갈 때, 즉 평소처럼 그의 방을 지나치려던
순간이었습니다. 그는 평소처럼 책상 앞에 앉아 독서를 하고
있었습니다. 그는 항상 그랬던 것처럼 책에서 시선을 떼고 저를
보았습니다. 하지만 평소처럼 지금 왔느냐고는 묻지
않았습니다. 그는 "아픈 건 이제 다 나았나. 병원에라도
갔었던가."라고 물었습니다. 저는 그 순간 그 앞에 엎드려
사죄하고 싶어졌습니다. 그때 저의 충동은 절대로 약하지
않았습니다. 만일 K와 단둘이서 광야의 한가운데 서
있었더라면 틀림없이 양심이 명령하는 대로 그 자리에서
그에게 사죄했을 것입니다. 하지만 안에는 사람이 있었습니다.
제 자연스러운 감정은 곧장 저지당하고 말았습니다. 그리고
슬프게도 영원히 부활하지 않았습니다.

저녁 식사 때 K와 저는 다시 얼굴을 마주했습니다. 아무것도
모르는 K는 그저 침착하게 앉아 있을 뿐, 의심스러운 시선을

제게 향하지 않습니다. 아무것도 모르는 부인은 평소보다 기뻐 보였습니다. 저만이 모든 것을 알고 있었습니다. 저는 납덩이 같은 밥을 먹었습니다. 그때 아가씨는 평소처럼 우리와 같이 식탁에 앉지 않았습니다. 부인이 재촉하자 옆방에서 "지금 갈게요."라고 대답할 뿐이었습니다. 그것을 K는 신기하게 듣고 있었습니다. 결국 무슨 일이냐고 부인에게 물었습니다. 부인은 아마도 쑥스러운 걸 거라고 하며 살며시 제 얼굴을 보았습니다. K는 더욱 신기하다는 듯이 왜 쑥스러운 거냐고 추궁해왔습니다. 부인은 미소 지으며 다시 제 얼굴을 보았습니다.

저는 식탁에 앉은 다음부터 부인의 표정으로 일의 진행 상황을 적당히 추측했습니다. 하지만 K에게 설명하기 위해 그것을 낱낱이 드러내는 걸 듣고 있을 수 없었습니다. 부인은 그런 일을 아무렇지도 않게 실행하는 사람이었기에 저는 조마조마했습니다. 다행히도 K는 다시 본래의 침묵으로 돌아왔습니다. 평소보다 조금 더 기분이 좋았던 부인도 제가 걱정하던 부분까지는 이야기를 진척시키지 않았습니다. 저는 한숨을 내쉬고 방으로 돌아갔습니다. 하지만 제가 앞으로 K에게 취해야 할 태도는 무엇인가. 그에 대해 생각하지 않을 수 없었습니다. 저는 속으로 여러 가지 변명을 준비해 보았습니다. 하지만 어떤 변명도 K의 얼굴을 마주하면 충분하지 않았습니다. 비겁한 저는 결국 제 입으로 자신에 관해 설명하기 싫어졌습니다.

47

그대로 이삼일을 지냈습니다. 그동안 K에 대한 끊임없는 불안이 제 가슴을 무겁게 만든 것은 말할 필요도 없었습니다. 안 그래도 그에게 미안했습니다. 게다가 부인의 모습이나 아가씨의 태도가 온종일 저를 찌르는 것처럼 자극하니 더욱 괴로웠습니다. 대장부다운 성격을 갖춘 부인이 언제 갑자기 식탁에서 제 일을 발설할지 가늠할 수 없었습니다. 그 후 특히나 눈에 띄게 달라진 저에 대한 아가씨의 행동거지도 K의 마음을 어둡게 하는 원인 모를 씨앗이 되지 않으리라고는 단언할 수 없었습니다. 저는 어떻게든 저와 이 가족 간에 생긴 새로운 관계를 K에게 알려야만 하는 상황에 처했습니다.

하지만 윤리적인 약점이 생겼다고 저 스스로 인정한 상황에서 그것은 고역으로 느껴졌습니다.

저는 부인에게 대신 전해달라고 부탁하는 것에 대해서도 고려해 보았습니다. 물론 제가 없을 때 말입니다. 하지만 있는 그대로 사실을 말해서는 직접과 간접의 차이가 있을 뿐 면목이 없다는 것에 변함은 없습니다. 그렇다고 준비된 말을 전해달라고 부탁하면 부인이 그 이유를 추궁할 게 뻔했습니다. 만일 부인에게 모든 사정을 밝히고 부탁한다면 저 스스로 제 약점을 자신이 사랑하는 사람과 그 어머니 앞에 드러내야만 했습니다. 성실한 저는 그것이 제 미래의 신용에 지장을 줄 것으로 생각했습니다. 결혼하기 전부터 연인의 신용을 잃는 건 티끌만큼이래도 견딜 수 없는 불행처럼 보였습니다.

요컨대 저는 정직한 길을 걸을 생각을 하다가 어느새 발을 헛디딘 바보와 같았습니다. 그게 아니라면 그저 교활했습니다. 그리고 그걸 깨닫고 있는 건 하늘과 제 마음뿐이었습니다. 하지만 다시 일어서서 한 발 더 앞으로 나아가려면 발을 헛디딘 사실을 주위 사람에게 반드시 알려야만 하는 궁지에

몰렸습니다. 아무튼 저는 정도에서 어긋난 사실을 숨기고 싶었습니다. 동시에 어떻게든 앞으로 나아가야만 했습니다. 저는 이 사이에 끼어서 이러지도 저러지도 못했습니다.

오륙일이 지난 후 부인은 뜬금없이 K에게 그 일에 대해 말했느냐고 물었습니다. 저는 아직 말하지 않았다고 대답했습니다. 그러자 왜 말하지 않느냐고 부인이 제게 따집니다. 저는 이 질문 앞에서 굳었습니다. 그때 부인이 저를 경악하게 만든 말을 지금까지도 잊지 않고 기억합니다.

"그래서 제가 말을 했더니 이상한 표정을 지었던 거군요. 당신도 사람이 나쁘네요. 평소 그렇게 친하게 지내고 있는 사이인데 아무 말 없이 시치미를 떼는 얼굴이라니."

전 K가 그때 다른 말을 하진 않았느냐고 부인에게 물었습니다. 부인은 별말은 없었다고 대답했습니다. 하지만 저는 좀 더 자세한 상황을 묻지 않을 수 없었습니다. 애초에 부인은 아무것도 숨길 이유가 없었습니다. 별 이야기도 아니라고 운을 떼면서 K의 모습을 차근차근 설명해주었습니다.

부인의 말을 종합해서 생각해보면 K는 이 최후의 일격을 극도의 차분한 놀람으로 맞이한 것 같았습니다. K는 아가씨와 저 사이에 맺어진 새로운 관계에 대하여 처음에는 "그렇습니까?" 하는 단 한마디로 반응했다고 합니다. 하지만 부인이 "당신도 축복해주세요."라고 말했을 때 그는 처음으로 부인의 얼굴을 보고 미소를 흘리며 "축하드립니다."라고 말한 다음 자리에서 일어났다고 합니다. 그러고 나서 거실문을 열기 전에 다시 부인을 돌아보고 "결혼은 언제 합니까?"라고 물었다고 합니다. 그러고 나서 "선물을 주고 싶은데 전 돈이 없으니 줄 수가 없습니다."라고 말했다고 합니다. 부인 앞에 앉아 있던 저는 그 이야기를 듣고 가슴이 막힌 듯한 괴로움을 느꼈습니다.

48

부인이 K에게 결혼 이야기를 하고 나서 이틀 남짓이 지났습니다. 그 사이에 K는 예전과 다른 모습을 조금도 내비치지 않았기에 저는 그에 대해 전혀 알아차리지 못했습니다. 그의 초연한 태도는 설령 외관뿐이라고 해도 탄복할 만하다고 생각했습니다. 그와 저를 머릿속에서 나란히 견주어 보니 그가 끝없이 늠름해 보였습니다. '책략으론 이겼어도 인간으로서는 졌다'라고 하는 느낌이 제 가슴에 소용돌이를 일으켰습니다. 그때 K가 저를 경멸하고 있을 것 같아서 홀로 얼굴을 붉혔습니다. 하지만 이제 와서 K 앞에서 수치를 당하는 건 제 자존심에 크나큰 고통이었습니다.

고민을 거듭하며 일단 다음날을 기약한 것은 토요일 밤이었습니다. 그런데 그날 밤에 K는 자살했습니다. 지금도 그 광경을 떠올리면 섬뜩해집니다. 평소 동쪽으로 머리를 두고 자는 제가 그날 밤에는 우연히 서쪽으로 베개를 두고 이불을 깐 것도 운명의 장난이었는지도 모릅니다. 저는 머리맡에서 불어오는 차가운 바람에 의해 문득 눈을 떴던 겁니다. 그러자 항상 꽉 닫혀 있는 K와 제 방을 나누는 칸막이 맹장지가 저번 밤과 비슷하게 열려 있었습니다. 하지만 그때처럼 K의 검은 모습은 보이지 않았습니다. 저는 암시를 받은 사람처럼 이불에 무릎을 찧으며 일어나서는 가만히 K의 방을 들여다보았습니다. 램프가 어둡게 빛나고 있었고 거기다 이불도 깔려 있었습니다. 하지만 덮는 이불은 차버린 것처럼 아래쪽에 찌그러져 있었습니다. 그리고 K 본인은 맞은편을 향해 엎드려 있었습니다.

저는 "어이." 하며 말을 걸었습니다. 하지만 아무런 대답도 없습니다. "이봐 무슨 일이야."라고 저는 다시 K를 불렀습니다. 그런데도 K의 몸은 조금도 움직이지 않습니다. 저는 곧장 일어나서 문지방에 다가갔습니다. 그곳에서 어두운 램프 빛에 의존하여 방 안 상황을 둘러보았습니다.

그때 제가 받은 첫 느낌은 K에게 갑작스러운 사랑의 자백을 듣게 되었을 때의 그것과 매우 흡사했습니다. 제 눈은 그의 방을 보자마자 마치 유리로 만든 의안처럼 움직일 능력을 상실하였습니다. 저는 막대기처럼 우두커니 서 있었습니다. 그것이 질풍처럼 저를 통과한 후에 '아아 뭔가 잘못됐다.'라고 생각했습니다. 다시는 돌이킬 수 없는 거무죽죽한 광선이 순식간에 제 미래를 관통하며 제 앞에 가로놓인 모든 생애를 무시무시한 기세로 비췄습니다. 그리고 저는 바들바들 떨기 시작했습니다.

그러면서도 결코 의식을 놓을 수 없었습니다. 곧장 책상 위에 놓인 편지가 눈에 들어왔습니다. 그것은 예상대로 제게 보낸 것이었습니다. 저는 정신없이 봉투를 뜯었지만 제가 상상했던 건 아무것도 적혀 있지 않았습니다. 저를 엄청나게 괴롭게 만들 구절이 그 안에 적혀 있을 거라고 예상했던 겁니다. 그리고 만일 그것이 부인이나 아가씨의 눈에 들어간다면 경멸당할지도 모른다고 하는 공포심이 있었습니다. 저는 잠시 훑기만 하고 일단 다행이라고 생각했습니다. 본래 체면만 생각해 봐도 다행이었지만 이 경우에 그 체면이란 것이 제게 중대한 사항으로 보였던 겁니다.

　편지 내용은 간단했고 도리어 추상적이었습니다. 자신은 의지박약하여 결단력이 없고 어차피 앞날이 밝지 않으니 자살한다고 할 뿐이었습니다. 그리고 아주 간단하게 지금까지 제게 신세를 졌다는 감사 인사가 그 뒤에 적혀 있었습니다. 신세를 진 김에 사후 처리도 부탁하고 싶다는 말도 있었습니다. 부인께 폐를 끼쳐 죄송하니 사죄의 말을 전해달라고 하는 구절과 고향에 소식을 전해달라고 하는 부탁도 있었습니다. 필요한 것은 모두 한 마디씩 적혀 있는 그곳에 아가씨의 이름만 어디에도 찾아볼 수 없었습니다. 저는 끝까지 읽고서 곧장 K가 일부러 회피했다는 걸 알았습니다. 하지만 제가 무엇보다 통절하게 느꼈던 것은 남은 먹물로 마지막에 덧붙인 걸로 보이는, '좀 더 빨리 죽어야만 했는데 어째서 지금까지 살아 있었던 걸까.'라는 의미의 구절이었습니다.

저는 떨리는 손으로 편지를 접어 다시 봉투 안에 넣고 곧장 사람들이 발견할 수 있도록 원상 복귀시켰습니다. 그리고 뒤를 돌았을 때 맹장지에 용솟음치고 있는 핏자국을 처음으로 발견하였습니다.

49

저는 돌연 K의 머리를 감싸 안으며 양손으로 조금 들어 올렸습니다. K의 죽은 얼굴이 한번 보고 싶었던 겁니다. 하지만 엎드려 있는 그의 얼굴을 아래에서 들여다보았을 때 저는 곧장 그 손을 떼고 말았습니다. 섬뜩하기만 했던 게 아닙니다. 그의 머리가 너무나 무겁게 느껴졌습니다. 방금 만졌던 차가운 귀와 평상시와 다름없는 짧고 짙은 머리카락을 얼마간 내려다 보았습니다. 저는 울 기분이 들지 않았고 그저 두려웠습니다.

그리고 그 두려움은 눈앞의 광경이 관능을 자극하여 생기는 단조로운 두려움이 아니었습니다. 저는 갑작스레 차가워진 이 친구에 의해 암시를 받은 운명의 두려움을 절절하게 감지한 것입니다.

아무튼 저는 아무 생각 없이 다시 제 방으로 돌아왔습니다. 그리고 제 방 안에서 빙글빙글 돌기 시작했습니다. 무의미해도 당분간 그렇게 움직이라고 제 머리가 제게 명령했습니다. 저는 무슨 일이든 해야만 한다고 생각함과 동시에 더는 할 수 있는 게 아무것도 없다고 생각하기도 했습니다. 방을 배회하지 않으면 견딜 수 없었습니다. 우리 안에 갇힌 곰 같은 태도로.

저는 때때로 부인을 깨우러 가야겠다는 생각이 들었습니다. 하지만 여성에게 이 두려운 상황을 보여서는 안 된다고 하는 마음이 곧장 저를 막았습니다. 부인은 논외로 치고 아가씨를 놀라게 하는 일은 결코 할 수 없다고 하는 강한 의지가 저를 억눌렀습니다. 저는 또다시 빙글빙글 돌기 시작했습니다.

그러다가 제 방의 램프를 켰습니다. 그리고 나서 때때로 시계를 보았습니다. 그때의 시계만큼 진척 없이 느린 건 없었습니다. 제가 일어났던 시간은 정확히 알 수 없지만 얼마 안 있어 동이 틀 무렵이었던 것만은 분명했습니다. 빙글빙글 돌면서 동이 트기를 간절히 기다렸던 저는 어두운 밤이 영원히 이어지는 게 아닐까 하는 불안에 시달렸습니다.

　우리는 보통 일곱 시 전에 일어났습니다. 학교는 여덟 시에 시작하는 일이 많았기에 그러지 않으면 수업에 늦었던 겁니다. 가정부는 그런 관계로 여섯 시경에 일어났습니다. 하지만 그날 제가 가정부를 깨우러 간 것은 여섯 시 전이었습니다. 그러자 부인이 오늘은 일요일이라고 하며 주의를 주었습니다. 부인은 제 발소리 때문에 깬 것입니다. 저는 부인에게 일어나셨다면 잠시 제 방에 와 주십사 부탁했습니다. 부인은 잠옷 위에 평상복을 걸치고 제 뒤를 따랐습니다. 저는 방에 들어가자마자 여태껏 열려 있던 칸막이 맹장지를 곧장 닫았습니다. 그리고 부인에게 말도 안 되는 일이 일어났다고 작은 소리로 말했습니다. 부인은 그에 관해 물었습니다. 저는 턱으로 옆방을 가리키며 "놀라지 마십시오."라고 말했습니다. 부인의 얼굴은 창백했습니다. "부인, K가 자살했습니다."라고 제가 다시 말했습니다. 부인은 그곳에 눌러 박힌 듯이 제 얼굴을 보며 입을 열지 않았습니다. 그때 저는 갑작스레 부인 앞에 손을 내밀고 머리를 숙였습니다. "죄송합니다. 제가 잘못했습니다. 부인께도 아가씨에게도 죄송한 일이 되었습니다." 하고 사죄했습니다. 저는 부인과 직접 볼 때까지 그런 말을 입에 담을 생각은 추호도 없었습니다. 하지만 부인의 얼굴을 본 순간 갑자기 저도 모르게 그렇게 말하고 있었습니다. K에게 사죄할 수 없는 저는 이렇게 부인과 아가씨에게 사죄하지 않고는 견딜 수 없어졌다고 생각해주십시오. 다시 말해 제 근원적 마음이 평소의 저를 앞질러 비틀거리면서 참회의 입을 연 것입니다. 부인이 그런 심오한 의미로 제 말을 해석하지 않았던 것은 제게 있어서 다행스러운 일이었습니다. 창백한 얼굴로 "뜻밖의 사고라면 어쩔 수 없지요."라고 격려하듯이 말해주었습니다. 하지만 그 얼굴에는 놀람과 두려움이 새겨진 것처럼 딱딱하게 근육을 경직시키고 있었습니다.

50

부인에게는 안된 일이지만, 저는 다시 일어나서 방금 닫았던 장지를 열었습니다. 그때 K의 램프에 기름이 전부 타버린 걸로 보였고 방안은 아주 깜깜했습니다. 저는 제 방 전등을 손에 들고 입구에 서서 부인을 돌아보았습니다. 부인은 제 뒤에 숨듯이 K의 방안을 들여다보았습니다. 하지만 들어오려고는 하지 않았습니다. 그곳은 그대로 두고 덧문을 열어달라고 제게 말했습니다.

그 후 부인의 일 처리는 군인의 아내였기 때문인지 아주 적절했습니다. 저는 병원에도 가고 경찰서에도 갔습니다. 하지만 모두 부인의 분부에 따라 간 겁니다. 부인은 그러한 절차가 끝날 때까지 누구도 K의 방에 들이지 않았습니다.

K는 작은 나이프로 경동맥을 잘라 즉사했습니다. 다른 상처 같은 건 전혀 없었습니다. 꿈처럼 어두컴컴한 빛을 통해 보았던 장지의 혈류는 그의 목덜미에서 단번에 용솟음친 것이라는 걸 알 수 있었습니다. 저는 대낮의 빛을 통해 선명한 그 흔적을 재차 바라보았습니다. 그리고 인간이 지닌 피의 격렬한 기세에 압도당했습니다.

부인과 저는 가능한 한 수습에 힘쓰며 K의 방을 청소했습니다. 혈흔의 대부분은 다행히 그의 이불에 흡수되었기 때문에 바닥은 많이 상하지 않고 끝났으므로 처리는 그나마 편했습니다. 우리는 그의 시체를 제 방으로 옮긴 후 평소처럼 자는 자세로 눕혔습니다. 저는 그 후 그의 생가에 전보를 치러 갔습니다.

제가 돌아왔을 때 K의 머리맡에는 이미 선향이 올라가 있었습니다. 방에 들어가자 곧장 절 느낌이 나는 연기로 코를 찔린 저는 그 연기 속에 앉아 있는 두 여자를 보았습니다. 제가 아가씨의 얼굴을 본 것은 어젯밤 이후 이때가 처음이었습니다. 아가씨는 울고 있었고 부인도 눈을 붉히고 있었습니다. 사건이 일어나고 나서 그때까지 우는 걸 잊고 있던 저는 그때 겨우 슬픈 기분에 휩싸일 수 있었습니다. 그 슬픔 덕분에 제 마음이 얼마나 안심할 수 있었는지 모릅니다. 고통과 공포로 꽉 죄어든 제 마음에 한 방울의 윤기를 주었던 것이 그때의 슬픔입니다.

저는 가만히 두 사람 곁에 앉았습니다. 부인은 제게도 향을 올리라고 말했습니다. 저는 향을 올리고 다시 가만히 앉아 있었습니다. 아가씨는 제게 아무 말도 하지 않았습니다. 가끔 부인과 한두 마디 말을 교환하는 일이 있었지만 그건 당장의 용건에 대한 것뿐이었습니다. K의 생전에 대해 말할 정도의 여유는 아직 없었던 겁니다. 그런데도 저는 어젯밤 목격한 충격적인 모습을 그녀가 보지 않고 끝나서 그나마 다행이라고 마음속으로 생각했습니다. 젊고 아름다운 사람에게 흉측한 것을 보여주면 모처럼 아름다웠던 것이 그로 인해 파괴될 것 같아 두려웠던 것입니다. 두려움이 제 머리카락 끝까지 도달했을 때조차 저는 그 생각을 도외시하며 행동할 수가 없었습니다. 아무 이유 없이 죄 없는 예쁜 꽃을 함부로 짓밟는 것과 같은 불쾌함이 그 안에 담겨 있었습니다.

고향에서 K의 아버지와 형이 방문했을 때 저는 K의 유골을 묻을 장소에 대한 제 의견을 말했습니다. 그가 살아 있을 때 조시가야 근처를 함께 산책했던 적이 자주 있습니다. K는 그곳을 꽤나 마음에 들어 했습니다. 그래서 저는 반은 농담으로 그렇게 좋아하니 죽으면 이곳에 묻어 주겠다고 약속한 기억이 있습니다. 약속대로 K를 조시가야에 묻었다고 해서 무슨 의미가 있겠냐는 생각을 합니다. 하지만 제가 살아 있는 한 K의 무덤 앞에 무릎을 꿇고 다달이 저의 참회를 새로이 하고 싶었습니다. 지금까지 하나하나 마음 써주지 못한 K의 모든 것을 제가 도왔다는 의리도 있었겠죠. K의 아버지와 형도 제 말을 들어주었습니다.

51

K의 장례식에서 돌아오는 길에 그의 친구 중 한 명이 제게 K가 자살한 이유를 물었습니다. 사건 발생 후 벌써 몇 번이고 이 질문으로 괴로워했습니다. 부인도 아가씨도, 고향에서 온 K의 아버지와 형도 기별을 보낸 지인도, 그와는 아무런 연고도 없는 신문기자까지 똑같은 질문을 제게 하지 않는 법이 없었습니다. 그때마다 제 양심은 콕콕 찌르듯이 아팠습니다. 그리고 저는 이 질문의 이면에서 네가 죽였노라고 당장 자백하라는 말을 들었습니다.

제 대답은 언제나 똑같았습니다. 그저 그가 제게 남긴 편지 내용을 반복할 뿐 다른 말은 한마디도 덧붙이지 않았습니다. 장례식장에서 돌아가는 길에 똑같은 질문을 받고 동일한 대답을 얻은 K의 친구는 가슴팍에서 한 장의 신문을 꺼내어 제게 보여주었습니다. 저는 걸으면서 그 친구가 가리키는 부분을 읽었습니다. 거기에는 K가 아버지와 형으로부터 의절 당한 결과 염세적인 생각을 하게 되어 자살했다고 적혀 있었습니다. 저는 아무 말도 않고 그 신문을 접어 친구의 손에 돌려주었습니다. 친구는 그 외에도 K가 미쳐서 자살했다고 적은 신문도 있다고 알려주었습니다. 분주했기에 신문을 읽을 여유가 거의 없었던 저는 그런 방면의 지식을 전혀 얻지 못했지만 마음속으로는 온종일 신경 쓰였던 참이었습니다. 저는 무엇보다도 부인과 아가씨에게 피해를 끼칠 기사가 나는 것이 두려웠습니다. 특히 이름뿐이라고 해도 아가씨가 연루되어 나온다면 견딜 수 없을 것 같았습니다. 저는 그 친구에게 그 외에 다른 기사는 없는지 물었습니다. 친구는 자신이 본 건 두 종류뿐이라고 대답했습니다.

제가 지금 있던 집으로 거처를 옮긴 건 그로부터 얼마 지나지 않아서입니다. 부인과 아가씨도 전에 있던 곳을 싫어했고 저도 그날 밤의 기억을 매일 밤 반복하는 것이

고통스러웠기에 의논하고서 옮기기로 했습니다.

　이사 후 이 개월쯤 지난 후 저는 무사히 대학을 졸업했습니다. 졸업하고 반년도 채 지나지 않아 마침내 아가씨와 결혼했습니다. 겉으로 보면 만사가 예정대로 굴러갔으니 경사라고 하지 않을 수 없었습니다. 부인과 아가씨도 지극히 행복해 보였고 저도 행복했습니다. 하지만 제 행복에는 검은 그림자가 드리워져 있었습니다. 저는 이 행복이 결과적으로 저를 슬픈 운명으로 이끌 도화선은 아닐까 싶었습니다.

　결혼했을 때 아가씨가, 이제 아가씨가 아니니 아내라고 표현하겠습니다. 아내가 무슨 생각인지 둘이서 성묘하러 가자는 말을 꺼냈습니다. 저는 의미도 없이 그저 마음이 철렁했습니다. 갑자기 그런 생각을 한 이유를 물었습니다. 아내는 둘이 함께 성묘하면 K가 아주 기뻐할 거라고 했습니다. 저는 아무것도 모르는 아내의 얼굴을 가만히 보고 있었는데 아내에게 왜 그런 표정이냐는 질문을 받고서 처음으로 그 사실을 깨달았습니다.

　저는 아내의 바람대로 함께 성묘하였습니다. 저는 K의

묘지에 물을 끼얹었었습니다. 아내는 그 앞에 선향과 꽃을 올렸습니다. 우리는 머리를 숙이고 합장했습니다. 아내는 분명 저와 결혼하게 된 사실을 말하며 K를 기쁘게 할 생각이었겠지요. 저는 마음속으로 그저 제가 잘못했다고 반복할 뿐이었습니다.

그때 아내는 K의 묘지를 쓰다듬어 보더니 훌륭하다고 평가했습니다. 그 묘지는 그렇게 거창한 건 아니었지만 제가 석수장이를 찾아가 직접 보고 판단한 인연이 있는 것이었기에 아내는 더욱 그렇게 말하고 싶었던 거겠죠. 저는 새로운 묘와 아내 그리고 땅속에 묻혀있는 K의 새로운 백골을 비교하며 운명의 냉소와 조소를 느끼지 않을 수 없었습니다. 그 이후로 다시는 아내와 함께 K의 성묘를 가지 않기로 했습니다.

52

죽은 친구에 대한 이러한 제 감정은 영원히 이어졌습니다. 애초에 저도 이걸 두려워했던 겁니다. 바라 마지않던 결혼조차 불안 속에서 식을 올렸다고 하지 못할 것도 아니었죠. 하지만 본인 스스로 자신의 앞날을 볼 수 없는 인간의 일이니 때에 따라서는 이것이 제 기분 전환으로 이어지며 새로운 생애에 들어설 계기가 될지도 모른다고도 생각했습니다. 그런데 드디어 남편으로서 매일 아내와 얼굴을 마주하고 보니 저의 덧없는 희망은 매서운 현실로 인해 너무도 쉽게 무너졌습니다. 저는 아내와 얼굴을 마주할 때마다 돌연 K에게 위협당했습니다. 다시 말해 아내가 중간에 서서 K와 저를 영원히 연결하고 놓지 않는 것 같았습니다. 아내의 어디에서도 부족함을 느끼지 않는 저는 그저 그 한 가지 부분에서 그녀를 멀리하고 싶었습니다. 그러자 여자의 마음에는 곧장 그것이 비칩니다. 그렇지만 이유는 모릅니다. 저는 때때로 아내로부터 어째서 그렇게 생각하고 있느냐, 마음에 안 드는 게 있지 않으냐는 힐문을 받았습니다. 웃으면서 얼버무리는 건 문제가 없었으나 때에 따라서는 아내의 신경질도 더해져 갑니다. 결국 "당신은 절 싫어하고 계시죠."나 "제게 무언가 숨기고 있는 게 틀림없어요." 같은 원망도 들어야만 했습니다. 저는 그때마다 괴로웠습니다.

저는 마음을 단단히 먹고, 차라리 아내에게 진실을

털어놓고자 한 적이 몇 번인가 있습니다. 하지만 막상 말하려고 하면 미지의 힘이 불시에 찾아들어 저를 저지합니다. 저를 이해해준 당신이니 설명할 필요도 없을 거라고 봅니다만 말해야만 할 일이니 적습니다. 그 당시 아내에게 꾸며낸 절 드러낼 생각은 전혀 없었습니다. 만일 제가 죽은 친구를 대하는 것과 같은 선량한 마음으로 아내에게 참회의 말을 늘어놨다면 아내는 기쁨의 눈물을 흘리더라도 저의 죄를 용서해줄 게 분명했습니다. 애써 그러지 않는 제게 이해타산이 있을 리가 없습니다. 저는 그저 아내의 기억에 암흑의 한 점을 각인시키는 것이 견딜 수가 없었기에 밝히지 않았을 뿐입니다. 새하얀 종이에 한 방울의 잉크라도 떨어지는 건 제게 어마어마한 고통이었다고 해석해 주십시오.

일 년이 지나도 K를 잊을 수 없었던 제 마음은 항상 불안했습니다. 저는 이 불안을 몰아내기 위하여 책에 몰두했고 맹렬한 기세로 공부하기 시작했습니다. 그리고 그 열매를 세상에 공표할 수 있는 날이 오기를 기다렸습니다. 하지만 억지로 목적을 준비하고 무리해서 그 목적을 달성할 날을 기다리는 것은 거짓부렁이니 불쾌합니다. 저는 아무래도 책에 마음을 파묻고 있을 수 없었고 다시 팔짱을 끼고서 세상을 바라보기 시작했습니다.

아내는 생활하는 데 지장이 없으니 절실함이 부족하여 마음에 느슨함이 생기는 거라고 관찰하고 있었던 것 같습니다. 아내의 집에도 모녀 두 명쯤 아무것도 하지 않아도 어떻게든 살아갈 수 있는 재산이 있는 데다 저도 직업을 갖지 않아도 지장이 없는 상황이었으니 그렇게 생각되어도 하등 이상할 게 없습니다. 저도 얼마간 망가졌다는 느낌은 있었죠. 하지만 제가 움직이지 않게 된 주된 원인은 전혀 그런 것에 있지 않았습니다. 숙부에게 기만당한 그때의 저는 타인은 신뢰할 수 없다는 걸 절절하게 느꼈지만 남을 나쁘게 봤을 뿐이지 자신은 아직 믿을 만하다고 생각했습니다. 세상은 어찌 되었든 이 몸만은 훌륭한 인간이라고 하는 신념이 어딘가에 내재하여 있던 겁니다. 그것이 K로 인해 완벽하게 파괴되고 자신 역시 숙부와 똑같은 인간이라고 의식했을 때 저는 격하게 흔들렸습니다. 타인에게 정이 뚝 떨어진 저는 자신에게도 정이 떨어져 움직일 수 없게 된 것입니다.

53

 책 속에 자신을 생매장할 수 없었던 저는 술에 영혼을 잠기게 하며 자신을 잊어보려고 시도한 시기도 있습니다. 저는 술을 별로 좋아하지 않습니다. 하지만 마시면 마실 수 있는 체질이었기에 그저 양에 의지하여 마음이 곯아떨어지도록 노력했습니다. 이 천박한 방편은 얼마 지나지 않아서 저를 더욱 염세적으로 만들었습니다. 저는 만취된 상태에서 문득 자신의 현실을 깨닫습니다. 일부러 고통스럽다는 흉내를 내면서 자기자신을 속이고 있는 어리석은 자라고 하는 것을 깨닫습니다. 그러자 몸이 떨려 옴과 동시에 눈도 마음도 각성하고 말았습니다. 때로는 아무리 마셔도 이러한 가장된 상태에 접어들지 못하고 무턱대고 침잠하는 때도 생겼습니다. 게다가 물질을 통해 유쾌함을 산 후에는 반드시 침울한 반동이 있습니다. 제가 누구보다 사랑하고 있는 아내와 그 어머니에게 언제나 그것을 드러내야만 했습니다. 게다가 그들은 그들에게 자연스러운 입장에서 저를 해석하려고 했습니다.

　장모님은 때때로 거북스러운 말을 아내에게 하는 것 같았습니다. 그에 대해 아내는 제게 말하지 않았습니다. 하지만 그와 별개로 본인 나름대로 절 책망하지 않고는 견딜 수 없었던 것 같습니다. 책망이라고 표현했으나 많이 모질지 않았습니다. 아내에게 무슨 말을 듣고서 제가 격해진 경우는 거의 없었으니까요. 아내는 몇 번이고 어디가 마음에 들지 않는지 기탄없이 말해달라고 부탁했습니다. 그리고 제 미래를 위해 술을 끊으라고 충고했습니다. 어떤 때는 울면서 요즘 사람이 달라졌다고 말했습니다. 그것뿐이라면 아직 괜찮았지만 "K 씨가 살아 있었더라면 당신도 이렇게 되지는 않았겠죠."라고 합니다. 저는 그럴지도 모르겠다고 대답한 적이 있는데 제가 대답한 의미와 아내가 이해한 의미는 전혀 달라서 내심 슬펐습니다. 그렇지만 저는 아내에게 그 무엇도 설명할 마음이 들지 않았습니다.

　저는 때때로 아내에게 사과했습니다. 그것은 대체로 술에 취해 늦게 돌아온 다음 날 아침 일이었는데 아내는 웃거나 아무 말도 하지 않았습니다. 가끔 눈물을 펑펑 흘린 적도 있습니다. 어느 쪽이든 불쾌해서 견딜 수가 없었습니다. 따라서 제가 아내에게 사죄한 것은 자신에게 사죄한 것과 그야말로 같은 것이 됩니다. 저는 결국 술을 끊었습니다. 아내의 충고로 끊었다기보다 스스로 싫어졌기에 끊었다고 하는 편이 타당하겠죠.

술은 끊었지만 뭘 할 마음은 들지 않았습니다. 하는 수 없으니 책을 읽습니다. 하지만 다 읽으면 읽은 대로 방치해둡니다. 아내에게 때때로 뭐 하려고 공부를 하느냐는 질문을 받았습니다. 저는 그저 씁쓸하게 웃었습니다. 하지만 마음속으로는 세상에서 자신이 가장 믿고 사랑하는 단 한 명의 인간조차 자신을 이해하고 있지 않다는 생각이 들자 서글펐습니다. 이해시킬 수 있는 수단이 있는데 용기가 나지 않는다고 생각하면 더욱더 슬퍼졌습니다. 저는 적막했습니다. 모든 것과 분리되어 세상에 홀로 사는 기분이 든 적도 많습니다.

동시에 저는 K의 사인에 대해 거듭 반추했습니다. 그

당시에는 머리가 연애라는 두 글자에 지배당하고 있던 탓도 있겠지만 제 관찰은 지극히 단순하고 직선적이었습니다. K는 아마도 실연 때문에 죽었다고 곧장 결론을 냈습니다. 하지만 냉정한 마음으로 같은 현상을 바라보니 쉽사리 결론이 나지 않았습니다. 현실과 이상의 충돌, 그것도 여전히 불충분했습니다. 저는 결국 K가 저처럼 홀로 쓸쓸해서 견딜 수 없게 된 결과 급작스러운 결심을 한 게 아닐까 의심하기 시작했습니다. 그러고 나서 다시 섬뜩해졌습니다. 저도 K가 걸어온 길을 K와 똑같이 밟고 있는 것 같다는 예감이 때때로 바람처럼 제 가슴을 스쳐 가기 시작했던 탓입니다.

54

그러는 사이에 장모님께서 병에 걸렸습니다. 진찰을 받았더니 불치병이라는 진단이 나왔습니다. 저는 힘이 닿는 데까지 친절하고 공손하게 병간호했습니다. 이것은 병자 자신을 위한 일이면서 사랑하는 아내를 위한 일이기도 했는데 좀 더 커다란 의미에서 보자면 결국 인간을 위해서였습니다. 저는 그때까지도 뭔가 하고 싶어서 견딜 수가 없었지만 뭘 할 수가 없었기에 어쩔 수 없이 아무것도 하지 않았던 게 분명했습니다. 세상과 유리된 제가 스스로 손을 뻗어 어느 정도 좋은 일을 했다고 하는 자각을 얻는 것은 이때가 처음입니다. 저는 속죄라고 이름이라도 붙여야만 할 기분에 지배당했습니다.

장모님은 돌아가셨고 저와 아내 둘만 남았습니다. 아내는 제게 앞으로 세상에서 의지할 수 있는 건 한 명밖에 없다고 말했습니다. 자기 자신조차 의지할 수 없던 저는 아내의 얼굴을 보고 저도 모르게 울먹였습니다. 그러고 나서 아내를 불행한 여자라고 생각했습니다. 또한 불행한 여자라고 소리 내어 말해보기도 했습니다. 아내는 이유를 묻습니다. 아내는 제가 말한 의미를 이해할 수 없었던 겁니다. 저도 그것을 설명해줄 수가 없었습니다. 아내는 울었습니다. 제가 평소 뒤틀린 생각으로 그녀를 관찰하고 있는 탓에 그런 말도 하게 되는 거라고 원망했습니다.

장모님께서 돌아가시고 난 후 저는 가능한 한 아내를 친절히 대했습니다. 단순히 당사자를 사랑하고 있었기 때문만은 아닙니다. 저의 친절에는 개인을 떠나 좀 더 넓은 배경이 있는 것 같았습니다. 장모님의 간호를 했던 때와 똑같은 의미로 제 마음이 움직였던 것 같습니다. 아내는 만족스러워 보였습니다. 하지만 그 만족에는 절 이해할 수 없기 때문에 생기는 뿌옇고 희박한 점 하나가 어딘가에 포함된 것 같았습니다. 하지만 아내가 저를 이해할 수 있었다고 해도 이 부족함이 늘거나 줄 염려는 없었습니다. 여자는 커다란 인도적 차원에서 오는 애정보다도 다소 의리를 저버려도 자신에게만 집중하는 친절을 기뻐하는 성질이 남자보다도 강해 보이니까요.

아내는 어느 날 남자와 여자의 마음은 아무래도 완벽히 일치되기 힘들지 않으냐고 말했습니다. 저는 그저 젊을 때라면 가능할 거라고 모호하게 대답해 두었습니다. 아내는 자신의 과거를 돌아보는 것 같았지만 이윽고 희미한 한숨을 내쉬었습니다.

제 마음속에는 그때부터 때때로 두려운 그림자가 번뜩였습니다. 처음에는 우연히 바깥에서 덮쳐왔습니다. 저는 놀랐고 경악했습니다. 하지만 얼마간 시간이 흐르면서 제 마음이 그 무시무시한 섬광을 따르게 되었습니다. 결국에는 외부에서 오지 않아도 태생적으로 잠재되어 있던 것처럼 마음속으로 생각하기 시작했습니다. 저는 그러한 기분이 들 때마다 제 머리가 망가진 게 아닐까 의심해 보았습니다. 하지만 저는 의사나 그 누구에게도 진찰받을 생각이 들지 않았습니다.

저는 그저 인간의 죄라는 것을 강하게 느꼈습니다. 그 느낌이 매달 K의 묘지로 가게 했고 장모님을 간호하게 만들었습니다. 그리고 그 느낌이 아내에게 상냥하게 대하라고 제게 명령했습니다. 저는 그 느낌 때문에 생판 남인 사람에게 채찍질을 당하고 싶다고 생각한 적까지 있습니다. 이러한 단계를 밟아가는 사이에 남에게 채찍질을 당하기보다도 스스로 자신을 채찍질해야만 한다는 생각이 들었습니다. 스스로 자신을 채찍질하기보다는 스스로 자신을 죽여야만 한다는 생각이 생겼습니다. 저는 죽었다는 생각으로 살아가려고 결심했습니다.

제가 그렇게 결심하고 나서 오늘까지 몇 년이나 지났을까요? 저와 아내는 예전처럼 사이좋게 살아왔습니다. 우리는 절대 불행하지 않습니다. 행복합니다. 하지만 제가 가진 한 점, 제게 있어 중대한 이 하나의 점이 아내에게는 항상 암흑으로 보였다고 합니다. 그걸 생각하면 아내에게 너무도 미안한 기분이 듭니다.

55

죽었다는 생각으로 살려고 결심했던 제 마음은 때때로 외부 세계의 자극으로 도약했습니다. 하지만 제가 작정을 하고 어느 방면으로 나가려고 생각하자마자 무시무시한 힘이 어디선가 나타나서 제 마음을 꽉 죄며 조금도 움직일 수 없게 만들었습니다. 그리고 그 힘이 제게 너는 뭘 할 자격이 없다고 짓누르듯이 속삭였습니다. 그러면 저는 그 한 마디 말로 곧장 풀이 죽습니다. 얼마 후 심기일전하면 다시 죄어옵니다. 저는 어금니를 꽉 물고 왜 사람을 방해하느냐고 격노합니다. 불가사의한 힘은 냉담하게 웃습니다. '스스로 잘 알고 있는 주제에'라고 말합니다. 저는 다시 무장해제를 당합니다.

파란도 곡절도 없는 단조로운 생활을 이어온 저의 내면에는 언제나 이러한 고통스러운 전쟁이 있었다고 생각해주십시오. 아내가 답답해하기 전에 저 자신이 몇 곱절이나 갑갑한 생각을 반복해 왔는지 모릅니다. 제가 이 감옥에 가만히 있는 것이 불가능해지고 무슨 짓을 해도 그 감옥에서 빠져나올 수 없었을 때, 가장 쉽고 편하게 수행할 수 있는 건 필경 자살 외엔 없다고 느끼게 되었습니다. 당신은 이유를 따지며 눈을 치켜뜰지도 모릅니다만 언제나 제 마음을 옥죄어 오는 불가사의하고 두려운 이 힘은 온갖 방면에서 제 활동을 가로막고 제약을 걸면서도 죽음의 길만은 자유롭게 열어두었던 겁니다. 움직이지 않으면 몰라도 조금이라도 움직이는 이상 그 길 외에 나아갈 곳이 없습니다.

저는 오늘에 이르기까지 이미 두어 번 운명이 인도하는 가장 쉬운 방향으로 나아가고자 한 적이 있습니다. 하지만 그럴 때마다 언제나 아내에게 마음을 빼앗겼습니다. 아내를 함께 데려갈 용기는 물론 없습니다. 아내에게 모든 것을 밝힐 수 없는 저인데 제 운명의 희생양으로 하늘에서 부여한 아내의 수명을 빼앗는다고 하는 거친 행위는 생각만으로도 두렵습니다. 제게 저의 숙명이 있는 것처럼 아내에게는 아내의 운명이 있습니다. 두 사람을 하나로 묶어 불을 지피는 건 불가능하다는 점에서 본다면 참혹한 극단에 있다고 여겨질 정도입니다.

동시에 제가 없어지고 난 후의 아내를 상상해 보면 너무나도 측은했습니다. 장모님께서 운명하셨을 때 앞으로 세상에서 의지할 수 있는 사람은 저밖엔 없다고 하는 그녀의 말을 뼈저리게 기억합니다. 저는 언제나 주저했습니다. 아내의 얼굴을 보고 실행하지 않은 걸 다행으로 여긴 적도 있습니다. 그리고 또다시 위축됩니다. 아내는 때때로 뭔가 부족한 듯한 시선을 보내왔습니다.

기억하십시오. 저는 이런 식으로 살아왔습니다. 처음 가마쿠라에서 당신을 만났을 때도, 당신과 함께 교외를 산책했을 때도 제 마음은 그다지 변하지 않았습니다. 제 뒤에는 언제나 검은 그림자가 붙어 있었습니다. 저는 아내 때문에 목숨을 부지하며 세상을 걷고 있던 것과 다르지 않습니다. 당신이 졸업 후 고향에 돌아갈 때도 똑같았습니다. 구월이 되면 다시 당신을 만나겠다고 약속한 저는 거짓말을 한 게 아닙니다. 정말 만날 생각이었습니다. 가을이 지나고 겨울이 오고 그 겨울이 끝나도 반드시 만날 생각이었습니다.

그런데 한창 더운 여름에 메이지 텐노가 붕어하셨습니다.

그때 저는 메이지 정신이 텐노로 시작하여 텐노로 끝나는 듯한 기분이 들었습니다. 무엇보다 강하게 메이지의 영향을 받은 우리가 그 후에 살아남는다는 것은 분명 시대에 뒤떨어진 거라는 느낌이 격렬하게 제 가슴을 후볐습니다. 저는 적나라하게 아내에게 그와 같이 말했습니다. 아내는 웃으며 상대해주지 않았지만 무슨 생각을 했는지 갑자기 제게 그러면 순사殉死라도 하면 어떻겠냐고 놀렸습니다.

56

저는 순사, 따라 죽는다는 말을 거의 잊고 있었습니다. 평소 사용할 필요가 없는 말이니 기억 깊은 곳에 가라앉은 채 썩어가고 있던 걸로 보입니다. 아내의 우스갯소리를 듣고서 처음으로 그것을 떠올렸을 때 아내에게 만일 제가 순사 한다면 메이지 정신에 순사 할 생각이라고 대답했습니다. 제 대답도 물론 우스갯소리에 불과했지만 저는 그때 어쩐지 오래되고 불필요한 말에서 새로운 의의를 얻은 것 같았습니다.

그로부터 약 일 개월이 지났습니다. 국가의 상을 치르는 밤 저는 평소처럼 서재에 앉아 신호를 보내는 총소리를 들었습니다. 그것이 메이지가 영원히 사라지는 통보처럼 들렸습니다. 나중에 생각해보니 그건 노기 대장이 영구히 사라졌다는 통보기도 했습니다. 호외를 손에 들고 저도 모르게 아내에게 "순사다, 순사다." 하고 말했습니다.

저는 신문에서 노기 장군이 죽기 전에 남기고 간 것을 읽었습니다. 서남전쟁 때 적에게 깃발을 빼앗긴 이후 죄송스러운 마음에 죽겠다고 생각하며 어느새 지금까지 살았다는 구절을 봤을 때 저는 손가락을 접어가며 노기 씨가 죽을 각오로 살아온 세월을 계산해 보았습니다. 서남전쟁은 1877년에 일어난 일이니 1912년까지는 35년의 텀이 있습니다. 노기 씨는 35년간 죽을 생각을 하며 때를 기다렸다고 합니다. 저는 이런 사람에게 있어서 살아 있던 35년과 칼을 배에 쑤셔 넣었을 때의 한순간 중 어느 쪽이 더 괴로울까를 생각했습니다.

그러고 나서 이삼일 후 저는 자살할 결심을 했습니다. 제가 노기 씨가 죽은 이유를 잘 모르듯이 당신도 제가 자살하는 이유를 명확하게 이해할 수 없을지도 모르지만, 만일 그렇다면 그건 시대의 추이로 인한 인간의 차이일 뿐이겠죠. 어쩌면 개인이 타고난 성격 차이라고 하는 편이 더 정확할지도 모릅니다. 저는 상술한 내용을 통하여 불가사의한 저라는 존재를 당신이 이해할 수 있도록, 제가 가진 혼신의 힘을 다했습니다.

저는 아내를 남기고 갑니다. 제가 없어도 아내에게 의식주의 걱정이 없다는 게 행복합니다. 아내가 잔혹한 공포를 느끼지 않길 바랍니다. 저는 아내에게 핏빛을 보여주지 않고 죽을 참입니다. 아내가 모르게 조용히 이 세상에서 사라질 겁니다. 아내가 급사했다고 생각하면 좋겠습니다. 미쳤다고 생각되어도 만족입니다.

제가 죽음을 결심하고 나서 벌써 십일 이상이 지났는데 그 대부분의 시간은 당신에게 이 긴 자서전의 한 구절을 남기기 위해 사용된다고 생각해주십시오. 처음에는 당신과 만나서 이야기할 생각이었지만 적고 보니 도리어 이편이 자신에 대해 선명하게 묘사할 수 있었던 것 같아서 만족스럽습니다. 저는 술기운으로 적는 게 아닙니다. 저라는 인간을 낳은 제 과거는 인간 경험의 일부분으로서 저 이외에는 그 누구도 이야기할 수 없을 테니 그것을 거짓 없이 남기는 제 노력은 인간을 이해하기 위해 당신이나 다른 사람에게도 헛된 일은 아니리라 생각합니다. 와타나베 가잔渡辺華山17)은 한단邯鄲이라는 그림을 그리기 위해 임종을 일주일간 미뤘다고 하는 이야기를 최근 들었습니다. 남이 보면 쓸데없는 짓으로 해석될 수 있지만 당사자에게는 본인에게 걸맞은 요구가 마음속에 있었다고 할 수 있겠죠. 제 노력도 단순히 당신과의 약속을 지키기 위한 것만은 아닙니다. 반 이상은 자기 자신의 요구에 따라 움직인 결과입니다.

하지만 저는 지금 그 요구를 달성했습니다. 더 이상 필요한 것은 없습니다. 이 편지가 당신 손에 들어갈 무렵엔 전 이미 이 세상에는 없겠죠. 진작에 죽었을 테죠. 아내는 십 일쯤 전에 이치가야에 있는 숙모님 댁에 갔습니다. 숙모의 병으로 일손이 부족하다고 해서 보냈습니다. 저는 아내가 집을 비운 사이에 편지의 대부분을 적었습니다. 종종 아내가 돌아오면 곧장 이것을 감췄습니다.

---

17) 에도시대 후기 무사이자 화가

저는 제 과거를 선악에 관계없이 사람들에게 참고가 되도록 제공할 생각입니다. 하지만 아내만은 단 한 명의 예외라고 이해해주십시오. 아내에게는 그 무엇도 알리고 싶지 않습니다. 아내가 제 과거에 대해 가진 기억을 가능한 한 순백으로 보존해두고 싶은 것이 제 유일한 바람이니 제가 죽은 후에도 아내가 살아 있는 동안에는 당신에게만 밝힌 비밀로서 이 모든 것을 마음속에 묻어 주십시오.

마음

발 행 │ 2024년 6월 13일

저 자 │ 나츠메 소세키(역. 이은)

펴낸이 │ 한건희

펴낸곳 │ 주식회사 부크크

출판사등록 │ 2014.07.15.(제2014-16호)

주 소 │ 서울 금천구 가산디지털1로 119, SK트윈타워 A동 305호

전 화 │ 1670 - 8316

이메일 │ info@bookk.co.kr

ISBN │ 979-11-410-8972-6

www.bookk.co.kr